이혼 상식과 사례

감수 박근영

대한민국 법률지식의 중심
법률미디어

머 리 말

법은 사람의 공동생활에 있어서 행위의 준칙으로서 국가에 의하여 강행되는 사회규범이다.

사회가 복잡하여지고 신속 정확한 지식과 정보가 필요로 한 변화와 개혁이 일어나고 있는 이 때에도 우리는 주위에서 법률상식을 몰라서 막대한 손해를 입고 불이익을 당하는 사람과 반면에 법률을 잘 활용해서 어려운 일들을 해결해 나가는 사람을 두루 볼 수 있다.

법은 많이 알수록 재산이 된다는 이야기를 많이 들었을 것이다. 알 때와 모를 때의 차이를 엄청나게 느낄 수 있는 것이 바로 법률이다.

특히 경제가 급속도로 발전하고 점차 세분화하는 이 사회를 살아가려면 법률상식은 필수라 하겠다.

시대의 흐름에 따라 사회·경제·문화의 여러 분야에서 급속한 변화와 개혁이 일어나고 있고 특히 법률은 새로 제정되고 개정되는 일이 많아 그 변화가 심하다고 할 수 있다.

이처럼 하루가 다르게 변하는 법률을 따라가는 것은 쉬운 일이 아니다. 일일이 공부하며 법률지식을 넓힌다든가 법률 전문가라도 두어 자문을 받으면 되겠지만 현실이 그렇지 못하여 뜻하지 않게 손해를 보는 경우가 많을 것이다.

법률 지식은 어느 정도만 알고 있어도 혼자서 해결할 수 있는 문제를 가지고 일일이 법률사무소나 법률전문가를 찾을 수도 없는 노릇이다. 또 법률전문가에게 찾아간다 해도 어느 정도 기초적인 지식을 알고 상담해야 많은 도움을 받을 수 있고 유익한 것이다.

오늘날과 같은 법률문화와 법률적 분쟁이 증가하는 시대에서는 자기관리와 방어를 잘해야 경쟁에서 살아남을 수 있을 것인데 법률지식도 급변하는 사회에 적응하는 중요한 경쟁력이라 할 것이다.

이에 본사에서는 이혼에 관한 길라잡이가 될 수 있는 책으로 분석 정리하며 확실하고 명쾌하게 해결할 수 있는 방법을 제시하였다.

끝까지 마무리할 것 이 책의 편찬은...

제1편 이혼이란?
제1장 이혼의 정의
제2장 협의 이혼
제3장 재판상 이혼
제4장 이혼의 효과
제5장 이혼관련 Q&A
제2편 이혼관련 질의답변
제3편 이혼 관련서식
부록1. 가정법원과 가사조정에 관하여
부록2. 가정폭력에 관하여

를 실어 체계적이고 일목요연하게 편집하였다.

이 책으로 각종 법률 문제들의 해결방법을 자세히 알아 법률상식을 알지 못해 당할 수 있는 피해를 예방하는데 도움이 되고 권익을 찾는데 보탬을 주려 한다. 이 책이 복잡한 사회를 살아가는 사람들의 반려자로서 자리매김할 것을 믿으며 신속 정확한 법률업무처리와 법률문화창달에 이바지 할 것을 기대한다.

마지막으로 이 이혼총서가 출간되기까지 집필과 자료분석교정에 수고한 여러 편집진의 노고에 깊은 사의를 표하고 또 출판시장의 어려운 현실에서도 집필을 도와주시고 이혼총서를 출간한 법문출판사 김현호 대표와 편집팀 여러분께도 감사드린다.

2005. 6

편저자 드림

참 고 문 헌

결혼 이혼 상속 법대로 해결하기	법률미디어
법률구조공단법률상담사례	
나홀로 이혼소송(판례로 풀어보는)	신원문화사
이혼소송 권리찾기	바른지식
작은상식 큰권리(이혼 위자료 재산분할편)	더난출판사
새로짓는 우리집(이혼 사별로~)	학민사
이혼 재산분할 요점정리	법률정보센타
이혼과 자녀	삼지원
왜 이혼 못하는가	현민시스템
이혼소송과 재산분할 생활법률의 기본지식	가림 M&B
인구동태통계연보(혼인 이혼편)	통계청
약혼 이혼 위자료의 법률상담	법전출판사

차 례

제1편 이혼이란?

제1장 이혼의 정의 · 3

제2장 협의이혼 · 7

제3장 재판상 이혼 · 13

제4장 이혼의 효과 · 29

제5장 이혼관련 Q&A · 47

제2편 이혼관련 질의 답변

제3편 이혼 관련서식

부록1. 가정법원과 가사조정에 관하여

1. 가정법원 · 291

2. 가사 조정신청 안내 · 292

3. 조정절차 · 298

부록2. 가정폭력에 관하여

제1편. 이혼이란?

제1장 이혼의 정의

1. 이혼이란

이혼이란 부부가 서로의 합의나 재판상의 청구에 따라 부부 관계를 끊는 일을 말합니다.

친자 관계와 같이 출생으로 당연히 발생하는 신분관계는 사망에 의하여 소멸되지만 계약에 의하여 창설되는 신분관계는 사망 이외에 당사자의 합의나 재판에 의해서도 소멸되는 수가 있습니다. 이혼은 사망에 의하지 않은 혼인관계의 소멸입니다. 근대 혼인법은 남녀평등의 원칙에 입각하여 부부의 자유의사를 존중하여 당사자가 합의, 증인 2인이 연서한 서면을 가정법원의 확인을 받아 호적법의 정한 바에 따라 신고를 함으로써 이혼이 성립하도록 하고 있습니다.(민법 제836조). 하지만 무분별하게 늘어나는 이혼을 방지하기 위하여 서울가정법원에서는 2005년 3월 2일부터 협의이혼을 하는 경우에도 숙려기간제도 및 상담제도를 시범실시하여 좀더 숙고하여 이혼을 다시 한번 생각할 수 있도록 하고 있습니다. 이혼금치산자는 부모나 후견인의 동의를 얻어서 이혼할 수 있으며(민법 제835조) 당사자는 그 자(子)의 양육에 관한 사항을 협의에 의하여 정하며, 협의가 되지 아니하거나 협의할 수 없는 때에는 가정법원은 당사자의 청구에 의하여 그 자(子)의 연령, 부모의 재산상황 기타 사정을 참작하여 양육에 필요한 사항을 정하며 언제든지 그 사항을 변경 또는 다른 적당한 처분을 할 수 있도록 하고 있습니다(민법 제837조①항, ②항). 부부의 합의가 없더라도 어느 한 쪽에 일정한 사유(예를 들어 불륜, 가정폭력 등)가 있을 때에는 재판상이혼을 할 수도 있습니다. 재판상이혼 원인으로는 배우자의 부정행위· 악의의 유기·배우자의 직계존속에게 심히 부당한 대우를 하거나 부당한 대우를 받은때, 그리고 3년 이상 생사의 불명 및 혼인을 계속할 수 없는 중대사유가 있을 때 등입니다(민법 제840조). 재판상의 이혼은 가사소송법에 의하여 가정법원에 먼저 조정신청을 하고 조정이 이루어지지 않으면 심판으로 행하여집니다.

물론 가장 좋은 방법은 부부간의 문제가 발생한 경우 대화로 문제를 해결하고 서로의 문제점을 노력하여 개선하여야 됩니다.

부부간의 문제는 부부일방의 문제만이 아닌 부부쌍방의 문제에서 기인하는 것입니다. 따라서 서로의 잘못만을 탓하지 말고, 내 자신의 문제를 먼저 돌아보고 대화하는 것이 서로의 이해를 높이는 것입니다.

대화로도 문제가 서로간의 문제가 해결되지 않으면 가정법원에서 운영하는 상담실 및 전국 가정문제 상담전화 등을 이용하여 서로의 문제점을 개선할 수 있도록 해야 합니다.

이혼은 최후의 선택이므로 자녀의 유·무를 불문하고 서로의 인생에 상처가 되지 않도록 신중히 결정하여야 합니다.

2. 이혼의 종류

이혼에는 부부 서로간의 합의에 의한 협의이혼과 부부간의 조정이 되지 않을 경우하는 재판상 이혼으로 나눌 수 있습니다.

협의 이혼에서 가장 중요한 것은 당사자의 합의이지만 합의만으로는 이혼이 성립하지 않습니다. 먼저 부부가 서로 이혼하기로 합의하고 법원에 함께 가서 판사의 확인을 받은 다음, 본적지나 주소지의 시·구·읍·면사무소 호적계에 이혼신고서를 제출하여 호적에 기재가 되어야 완전한 이혼이 됩니다.

재판상 이혼은 법이 정해 놓은 이혼사유가 발생하여 한쪽은 이혼하려고 하는데 다른 한쪽이 이혼에 합의하지 않는 경우에 가정법원의 판결의 선고로써 이혼이 되는 것을 말하며 이혼사유는 다음과 같습니다.

① 배우자에 부정한 행위가 있었을 때
부정행위는 '간통' 보다 넓은 개념으로 정조의무에 위반되는 모든 행위를 가리킵니다.

② 배우자가 악의로 다른 일방을 유기한 때
여기서 유기란 정당한 사유없이 부부간의 동거, 부양, 협조의 의무를 이행하지 않는 것을 말합니다.

③ 배우자 또는 그 직계존속으로부터 심히 부당한 대우를 받았을 때

④ 자기의 직계존속이 배우자로부터 심히 부당한 대우를 받았을 때

⑤ 배우자의 생사가 3년 이상 분명하지 아니한 때

⑥ 기타 혼인을 계속하기 어려운 중대한 사유가 있을 때

3. 사실혼

사실혼이란 혼인에 대한 합의가 있고 부부공동생활의 실체는 있으나 단지 혼인신고가 되어 있지 않은 혼인을 말합니다. 법률상 부부가 되는 것은 혼인신고를 마침으로써만 가능하기에 결혼식을 올리고 보통의 부부와 같이 함께 살더라도 남녀의 관계는 혼인신고를 하지 않으면 여전히 사실혼 관계에 해당합니다.

현행법에서는 사실상의 혼인관계 또는 사실혼이라고 규정하고 있으며, 판례 및 법규정은 사실혼관계도 되도록 법률혼에 가까운 법적 보호를 주려고 합니다. 그러나 법률혼은 일정원인이 없으면 재판상의 이혼을 할 수 없으나 사실혼의 경우는 일방적 파기로써 해소할 수 있습니다. 그러나 내연은 일종의 혼인예약이므로 부당한 파기는 곧 예약불이행을 구성하게 됩니다. 따라서 부당한 파기자는 그에 대한 손해배상책임을 져야 한다고 해석됩니다. 내연관계의 다른 문제 는 자(子)의 지위에 관한 것으로 내연에서 출생한 자(子)는 적출자 가 되지 못하나, 혼인외 자를 보

호하기 위하여 민법 제782조는 가(家)에 입적시켜 성과 본을 취득케 하고 그 친계촌수 및 인지를 받도록 하였습니다(민법 제779·781·855조 등 참조). 그리고 사회보 장에 있어서의 급부 등의 관계에서 내연의 처는 법률상의 처와 같은 취급을 받는 경우가 많습니다.

제2장 협의 이혼

(1) 협의 이혼의 개념

부부는 협의에 의하여 이혼할 수 있습니다. 그 원인은 묻지 않는 것이 원칙입니다. 그러나 최근 들어서 이혼율이 세계 제일이 된 우리나라의 이혼율 저하와 성급한 이혼으로 후회하는 부부들이 많은 점에 착안하여 2005년 3월 2일부터 서울가정법원에서는 숙려기간제도 및 상담제도를 도입하여 시범운영하고 있습니다.

※ 2005년 3월 2일부터 시범 운영되는 숙려기간제도 및 상담제도

협의 이혼의 경우 관할법원에서 부부가 협의이혼의사를 확인 받은 후 그 확인서를 첨부하여 관할호적관서에 이혼신고를 하면 이혼의 효력이 발생하는데, 현재 서울가정법원에서는 신청서가 접수되면 오전에 접수된 사건은 당일 오후에, 오후에 접수된 사건은 다음날 오전에 협의이혼의사 확인을 하여 확인해 주었습니다.

그러나 경솔한 이론을 방지하고 이혼결정에 대하여 다시 한번 재고할 기회를 주기 위하여 가정폭력등 급박한 사유가 있는 경우를 제외하고는 협의이혼의사확인 신청을 한 때로부터 1주일(일종의 숙려기간임)후에 협의이혼의사확인기일을 제정하였습니다.

그리고 협의이혼신청을 하는 부부중 혼인기간이 1년이내이거나 15세 이하의 자녀가 있는 경우에는 원칙적으로 부부쌍방을 대상으로 상담을 실시하기로 하고 상담을 받은 후에는 그 다음날로 협의이혼의사확인이 가능하도록 하였습니다. 즉 위와 같은 부부의 경우에는 상담을 받은 후 그 다음날에 확인을 받든지, 상담을 받지 않고 1주일 후에 확인을 받든지 둘 중에 하나를 선택할 수 있도록 하였습니다.

시범운영기간을 거쳐 공청회 등을 통하여 개선할 사항등을 수렴한뒤

전국적으로 시행하게 되며 숙려 기간은 시범운영기간에는 1주일이지만 기간이 끝나면 3개월입니다.

(2) 협의이혼의 성립요건

① 당사자 사이에 이혼의사의 합치가 있을 것
② 가정법원에서 이혼의사 확인절차를 거칠 것
③ 이혼신고를 할 것

을 원칙으로 하고 있습니다.

※ 협의이혼의 신고는 가정법원의 확인을 받은 날로부터 3개월 이내에 신고를 해야 하고, 위 기간이 경과한 때에는 가정법원의 확인은 그 효력을 잃게 됩니다.
3개월 이내란 예를 들면 2005.8.1. 법원에서 확인을 받은 사람은 2005.10.31.까지 신고를 하여야 한다는 뜻입니다.
즉 확인을 받은 날(초입산입)부터 계산하는 점을 주의해야 합니다.

(3) 협의이혼의 절차

협의이혼신고서 3통과 협의이혼 의사확인서 1통을 작성해야 합니다(양식은 구청 · 시청 그리고 법원에 비치되어 있음).

그리고 호적등본 1통, 주민등록등본 1통을 준비해야 합니다.

※ 부인들의 경우 자기호적등본을 어디서 발급받느냐고 종종 물어보는데 부인들 호적은 남편호적에 있지 친정호적에 있는 것이 아님을 유념해야 합니다.
남편과 부인의 주민등록이 따로되어 있는 경우는 각각1통씩

위 서류를 본적지 또는 주소지(남편 또는 처)의 관할법원에 접수합니다. 그러면 정해진 시간에 남편과 부인이 주민등록증과 도장을 지참하고 협의이혼확인실에 출두하여 판사 앞에서 두 사람이 진정한 의사에 의하

여 협의이혼 한다는 확인을 받아야 합니다.

협의이혼은 변호사 또는 대리인에 의한 신청은 불가합니다.

※ 반드시 두 사람이 함께 출석하여야하며 어느 일방이 참석하지 않으면 이혼이 되지를 않습니다. 예를 들어 남편이 해외출장이라든가 또는 입원치료중이라든가 하는 이유 때문에 출석을 못하였을 경우 비록 이혼에 합의가 되었더라도 결코 협의이혼을 할 수가 없습니다.

판사의 확인을 받은 뒤 이혼신고서와 법원에서 준 협의이혼의사확인서를 3개월 이내에 본적지 또는 주소지관할 구청·읍·면사무소에 제출, 신고하여야 합니다(동사무소가 아니라 구청입니다).

성인 2인을 협의이혼의 증인으로 서도록 하므로 2인의 인적사항을 알아서 신고서의 증인란에 기재해야 합니다.

※ 이때는 남편이든 부인이든 어느 한 사람만 가면 되며, 부인의 친정 본적지에서 제적증명 초본 1통을 발부받아 첨부하여야 합니다.

(4) 협의이혼의 신고

협의이혼의 신고는 주소지 또는 본적지를 관할하는 구청호적계에 신고하면 됩니다.

필요한 서류는

① 이혼신고서 3통, ② 협의이혼의사확인서 1통, ③ 등본 및 확정증명서 1통, ④ 여자의 친정호적등본 2통(여자의 호주가 바뀌었을 경우 前호주의 제적등본 2통 포함), ⑤ 남자의 호적등본 2통입니다.

(5) 협의이혼의 무효의 경우

① 당사자 사이에 이혼의사가 없는데 이혼신고가 수리된 경우

② 이혼할 의사없이 채권자의 집행을 면하기 위해 이혼한 경우

③ 혼인 외의 출생자를 혼인 중의 출생자로 하기 위한 방편으로 이혼

한 경우

④ 당사자 일방 또는 쌍방이 모르는 사이에 누군가가 이혼신고를 한 경우

⑤ 유효하게 이혼신고서와 확인절차를 거쳤더라도 그 접수 이전에 호적공무원에게 이혼의사를 철회한 경우

등이 있습니다.

※ 주의

① 일시적으로 법률상의 부부관계를 해제할 의사로서 한 이혼신고는 유효한 것으로 봅니다.

② 해외이주목적으로 일시적으로 한 이혼신고의 효력은 유효하다고 봅니다.

③ 장인을 상대로 노임청구를 하기 위한 방편으로 일시적으로 한 이혼신고의 효력은 유효하다고 봅니다.

④ 처가 혼인 전에 내연관계를 맺은 다른 남자로부터 경제적 도움을 받고자 일시적으로 한 이혼신고의 효력은 유효하다고 봅니다.

(6) 협의이혼의 취소의 경우

사기, 강박으로 인하여 이혼의 의사표시를 한 사람은 그 취소를 가정법원에 청구할 수 있습니다.

(7) 부부 중 한사람이 외국에 있는 경우의 협의이혼

국내에 거주하는 배우자와 재외국민(일시해외체류자는 제외)이 이혼을 하고자 할 때에는 그 거주지역을 관할하는 재외공관의 장(그 지역을 관할하는 재외공관이 없는 때에는 인접지역의 장)에게 협의이혼의사확인을 신청하면, 재외공관장은 신청서 및 진술서를 국내의 서울가정법원에 보내고, 법원에서는 한국에 거주하는 상대방 배우자를 소환하여 협의이혼의사 확인절차를 밟습니다.

또는 국내에 있는 배우자가 혼자서 서울가정법원에 협의이혼의사확인 신청을 하면, 서울가정법원에서는 외무부를 경유하여 재외국민이 거주하는 지역을 관할하는 재외공관장에게 협의이혼의사확인을 촉탁하여 그 회보서의 기재로써 그 상대방에 대한 이혼의사의 확인에 갈음하게 됩니다. 외국에서 이혼신고를 할 경우에는 재외공관장에게 협의이혼의사확인서 등본을 교부받은 날로부터 3개월 이내에 이혼신고를 할 수 있습니다(호적법 제39조).

(8) 수감 중인 사람과의 협의이혼

수감자로서 협의이혼의사 확인을 받기 위해 법원에 출석하기 어려운 경우에는, 교도소(구치소)의 장에게 협의이혼의사확인을 촉탁하여 그 회보서의 기재로써 수감자의 출석, 진술에 갈음할 수 있으며(호적법 시행규칙 제87조 제3항), 국내와 외국에 떨어져 있는 부부가 재외공관을 통하여 협의이혼의사를 확인하여 이혼신고하는 것과 마찬가지이므로, 재외공관을 교도소장(구치소장)으로 바꾸어서 생각하면 됩니다.

(9) 이혼의사철회

상대방이 이혼신고를 하기 전에 남자의 주소지나 본적지 시·구·읍·면사무소를 찾아가, 협의이혼의사확인등본을 제출하며 이혼할 마음이 없다고 이혼의사철회신청을 하면 됩니다. 일단 이혼의사철회신청이 된 이상 상대방은 이혼신고를 할 방법이 없으며, 반대로 상대방의 이혼신고가 먼저 접수된 후에 이혼의사철회신청서가 제출되었다면 그 이혼철회신청은 받아들여 지지 않습니다.

(10) 이혼의 효과

이혼한 처는 친가(친정)의 호적에 복적하거나 일가(一家)를 창립할 수 있지만, 한번 일가창립한 경우에는 친가의 호적에 입적할 수 없습니다.

자녀는 친권행사자나 양육자가 누구인가에 관계없이 부(父)인 남편의 호적에 남게되나, 이혼후에도 부모의 권리·의무는 호적에 관계없이 그대로 유지됩니다.

제3장 재판상 이혼

(1) 재판상 이혼의 개념

이혼원인이 충분히 있음에도 불구하고 당사자 일방이 이혼에 불응할 경우에 부득이 법원에 이혼해달라고 청구하는 것이 재판상 이혼입니다.

참고로 말씀드리면, 부부생활이 파탄에 이르게 된 경우에 있어서 그 잘못은 반드시 상대방에게만 전적으로 있는 것이 아니고 대부분 자기자신에게도 조금씩은 있게 마련입니다.

판사나 타인에게 자기주장을 납득시키려면 상대방의 잘못만을 부각시키기 보다는 자신에게도 잘못은 없는 가에 대한 깊은 반성을 전제로 이혼소장을 작성하시면 좋겠습니다.

(2) 이혼소송준비

재판상 이혼소송을 청구하기 위해서는 이혼사유에 해당하는 사실관계를 자세히 정리하여 소장을 작성할 필요가 있으므로 혼인생활 중 겪은 일들을 구체적으로 사실감 있게 서면으로 편지나 일기를 쓰듯이 일자별로 상대방의 혼인관계의 파탄사유를 정리하여 두어야 소제기와 소송절차의 진행이 원활하게 될 것입니다.

① 증거의 수집, 확보

소송에서 법원의 사실판단은 증거에 입각해 이루어지므로 이혼소송에 앞서 자신의 주장을 뒷받침할 수 있는 각 사실관계를 증거에 의하여 입증할 수 있는 증거들을 확보하여 두는 것이 필요할 것입니다.

② 준비서류 : 호적등본, 주민등록등본 각 1통

· 배우자의 부동산 등기부등본

· 배우자의 폭행이나 배우자 부모의 학대사실을 증언해 줄 수 있는 증인
· 증인에 대한 사실확인서 〔인감증명, 인증증서(공증)〕 확보
· 폭행이나 파괴행위 등을 담은 사진
· 배우자의 폭행으로 입은 상해진단서 및 신체부위 사진 촬영
· 배우자의 귀책사유에 해당하는 녹음(녹취록) 단, 제3자들 사이에서 대화내용을 녹음하는 행위는 위법행위가 될 수 있으므로 각별히 유의하여야 합니다.

(3) 이혼소송청구 절차

☞ 이혼소송의 제기 〔이혼〕 〔위자료〕 〔재산분할〕 〔양육권자 지정신청〕 〔친권자 지정신청〕

↓

조정위원회 또는 조정담당판사

↓

제소신청

↓

합의부 단독판사

↓

판 결 심 판

☞ 조정위원회 또는 조정담당판사

이혼소송청구 절차 안내

상대방에게 이혼을 청구할 아래와 같은 유책사유가 있는데도 이혼 요구에 불응하고 있는 경우

1. 재판상 이혼사유(민법 제840조)
2. 배우자에 부정한 행위가 있었을 때 (예를 들면 간통행위 등)
3. 배우자가 악의로 다른 일방을 유기한 때 (예를 들면 이유없는 가출 등)
4. 배우자 또는 그 직계존속으로부터 심히 부당한 대우를 받았을 때
5. 자기의 직계존속이 배우자로부터 심히 부당한 대우를 받았을 때
6. 배우자의 생사자 3년 이상 분명하지 아니한 때
7. 기타 혼인을 계속하기 어려운 중대한 사유가 있을 때

청 구 절 차

이혼소송 소장을 작성 관할 가정법원에 제출(인지첨 부 및 송달료 납부)

첨 부 서 류

호적등본	1통
본인 및 상대방의 주민등록초본	각 1통
기타 소명자료	

송 달

상대방의 행방을 알 수 없는 경우에는 최후주소지 통·반장의 부재확인서(통·반장 주민등록등본 또는 초본 첨부) 및 기타 소명자료 첨부하여 공시송달신청을 하여야 함.

이 혼 신 고

소정의 소송절차에 의하여 재판 후 승소하여 판결이 확정되면 법원에 확정증명을 신청 교부받아 확정된 날로부터 1월 이내에 주소지나 본적지에 이혼신고 함으로써 종결됨.

(4) 한눈에 살펴보는 이혼소송 절차

가. 가압류, 가처분신청

이혼에 따른 위자료 및 재산분할을 생각하는 입장이라면, 가장 먼저 신경써야 하는 것은 상대방이 재산을 없애지 못하도록 가압류하거나 가처분을 해 두는 것입니다.

가압류나 가처분이 되면 가압류나 가처분된 재산을 팔 수도 없고 그것을 담보로 대출을 받을 수도 없고, 다른 사람 명의로 명의를 변경할 수도 없고, 전세를 들어오려고 하지도 않는가 하면, 예금이 가압류되면 이를 찾을 수도 없고, 월급이 가압류되면 월급의 1/2 밖에는 받을 수가 없는 등 재산이 묶여 있게 됩니다.

나. 소장접수

관할법원에 이혼소장 접수하는 것으로써 이혼소송을 제기하게 됩니다.

소장에는 호적등본 1통, 본인 및 상대방의 주민등록등본 각 1통 기타 소명자료를 첨부하고, 법원에 소장을 접수할 때 인지대와 송달료를 납부합니다.

1) 관할

① 부부가 같은 법원의 관할구역 내에 주소가 있을 때는 그 법원

② 부부가 함께 살던 주소지에 해당하는 법원의 관할구역 내에 한 사람이 살고 있는 경우에는 그 법원

③ 상대방의 현재 주소지

④ 최후 주소 등이 국내에 없을 때 : 서울가정법원

2) 답변서 제출 및 응소 안내문

접수일로부터 약 2주일을 전후해서 담당재판부는 피고에게 '소장부

본' 및 '답변서 제출 및 응소 안내문'을 보냅니다.

3) 주소보정명령

① 피고가 이사불명, 주소불명, 폐문부재 등으로 소장 부본이 송달되지 않으면 재판을 진행할 수 없으므로 법원은 원고에게 피고의 주소를 보정하라는 '주소보정명령'을 내리게 됩니다.

② 주소보정기간 : 보정명령을 받은 날로부터 7일 이내에 주소보정을 해야 합니다.

③ 주소보정명령이 내렸음에도 불구하고 원고가 피고의 주소를 보정하지 않으면 재판장은 그 소를 각하(소송을 끝내버림)할 수도 있습니다.

4) 공시송달신청

상대방의 행방을 알 수 없는 경우에는 최후주소지 통·반장의 부재확인서 및 기타 소명자료 첨부하여 공시송달신청을 하여야 합니다.

5) 변론기일소환장

'변론기일소환장'이란 법원에서 정한 기일에 법정에 나와 재판을 받으라는 통지서입니다.

변론기일소환장에 적힌 날짜에 법원에 출석할 수 없는 경우에는 담당조사관에게 기일을 변경해 달라고 미리 이야기를 해도 되고, 서면으로 변론기일변경신청서를 제출해도 됩니다.

기일변경신청서 등의 준비없이 법정에 2회 이상 나오지 않으면 재판이 끝나버리게 됩니다.

6) 재판기일의 실시

재판장이 출석한 원고·피고 본인여부를 확인 원고가 소장진술 피고가 답변서나 반소장을 진술 쌍방이 서증의 제출, 증인신청 내지 검증·감정신청.

이혼소송의 경우에도 재판공개의 원칙이 적용되기 때문에 일반인의 방청이 가능합니다.

7) 증거

소송에는 어떤 주장사실을 뒷받침할 수 있는 증거들이 반드시 필요하며, 증거들이 없으면 이혼도, 위자료나 재산분할, 자녀양육문제에 이르기까지 자기가 원하는 바를 얻기 힘들어 질 수 있습니다.

※ 이혼사유 및 위자료 판단을 위한 증거 : 상해진단서, 치료사실확인서, 사진, 녹음, 각서, 편지, 통화내역서 등
※ 재산분할을 위한 각종 증거 : 부동산등기부등본, 전세계약서, 각서, 은행통장사본, 분양계약서 등

8) 재판의 종료와 상소

이혼소송의 판결은 선고로 그 효력이 생깁니다. 그러나 그 판결에 불복이 있으면 판결정본이 송달된 날로부터 2주일 이내나 판결정본의 송달 전에 항소법원에 항소할 수 있습니다. 항소법원의 판결에 대하여 불복이 있으면 판결정본이 송달된 날로부터 2주일 이내나 판결정본의 송달 전에 대법원에 상고할 수 있습니다.

9) 이혼신고

이혼의 소를 제기한 자는 재판확정일로부터 1개월 이내에 남편의 본적지나 주소지에 이혼신고를 하여야 합니다.

이혼신고시 필요 서류

① 이혼신고서 1통

② 남자 호적등본 2통

③ 여자 친정호적등본 2통(친정복적시)

④ 판결문 정본 1통

⑤ 확정증명원 1통

※ 재판이혼의 경우 당사자가 이혼신고를 하지 않아도 판결확정과 동시에 이혼으로서의 법적인 효력은 발생합니다. 다만, 이혼신고를 하지 않으면 과태료가 부과될 뿐입니다.
간혹, 재판이혼을 했음에도 불구하고 호적에 신고를 하지 않아 호적상으로는 부부로 되어 있는 경우가 있습니다. 호적상 부부로 남아 있다고 하더라도 법적으로 이혼이 성립된 것이며, 언제든지 부부 중 한명이 관련서류를 구비하여 이혼신고를 하면 호적이 정리됩니다. 대신, 늦게 신고한 대가로 상당한 과태료가 부과됩니다.

(5) 법에서 규정한 이혼소송에서의 원인(민법 제840조)

가. 1호 : 배우자의 부정한 행위가 있었을 때

• 배우자의 부정한 행위

간통보다는 더 넓은 개념으로써 간통에까지는 이르지 않았으나 부부의 정조의무에 충실하지 않는 일체의 행위를 말합니다.

자신의 자유로운 의사에 의하여 혼인의 순결성을 저버린 행위로서 단지 1회로 족하고 계속적일 것은 필요치 않다고 봅니다.

1) 부정한 행위라고 본 구체적인 사례

- 처가 있는 남자가 다른 여자와 지속적인 교제관계를 맺어 왔다면 간통행위에 대한 확증이 없더라도 부정한 행위로 봅니다.
- 정조의무는 단순히 육체적인 것이 아니라 정신적인 것까지 포함(하급심 1996. 10. 4. 96드77812)
- 간통죄로 무죄판결을 받았더라도 정조의무에 위반하였다고 본 사례(대법원 1993. 4. 9. 선고 92므938 판결)
- 고령이고 중풍으로 정교능력이 없어 실제로 정교를 갖지 못했다 하더라도 배우자 아닌 자와 동거한 행위는 부정한 행위로 본다

(대법원 1992. 11. 10. 선고 92므68 판결).

- 배우자 일방이 다른 여자와 여관에 투숙하여 팬티만 입고 앉아있고, 다른 여자는 팬티차림으로 욕실에 들어가 있다가 발각된 경우 이는 부정한 행위에 해당한다고 본다(대법원 1988. 5. 24. 선고 88므7 판결).
- 배우자 일방이 상대방이 출타하고 없음을 기화로 다른 남자를 거실에 불러 이불을 깔고 누운 채 자금의 대여를 부탁하면서 소근거리다가 적발된 경우에 가령 위 배우자 일방이 다방 경영자이더라도 부정한 행위에 해당한다(1963. 3. 14. 63다54).

2) 부정한 행위가 아니라고 본 사례

- 카바레에서 다른 남자를 사귀었다는 사실(대법원 1990. 7. 24. 선고 89므1115 판결, 대법원 1986. 6. 10. 선고 86므8 판결)
- 부인이 부정행위를 한데 대하여 남편에게 책임이 있는 경우 그 부정행위만을 들어 이혼을 구할 수 없다(대법원 1987. 9. 29. 선고 87므22 판결).

■ 부정한 행위의 사전 동의 또는 사후 용서 ■

사전동의가 있었다고 보기 위해서는 적어도 상대방이 부정한행위를 하더라도 이의가 없다는 적극적인 표시 방법이 있어야 합니다.

예) 남편이 부인에게 간통을 종용한 경우

사후용서란 단순히 부정행위의 사실을 인식하고 이를 묵인하거나 지나치는 것을 일컫는 것이 아니고, 부정행위를 문책하지 않겠다는 적극적인 표시방법이 있어야 합니다.

예) 처가 부정한 행위를 한 남편에 대하여 그 사실을 알면서 부부생활을 지속한 경우

부정한 행위는 이를 안 날로부터 6월, 그 사유가 있은 날로부터 2년을 경과한 때에는 이혼을 청구할 수 없음을 알아야 하겠습니다.

나. 2호 : 배우자가 악의로 다른 일방을 유기한 때

• 악의의 유기

유기란 정당한 이유가 없이 동거, 부양, 협조의 의무를 포기하는 것으로서, 상대방을 내쫓거나 또는 두고 나가버린다든지, 상대방으로 하여금 나가지 않을 수 없게 만든 다음 돌아오지 못하게 함으로써 계속해서 동거에 응하지 않는 경우를 말합니다.

1) 악의의 유기라고 본 사례

- 남편이 정신이상 증세가 있는 처를 두고 가출하여 비구승이 된 것(대법원 1990. 11. 9. 선고 90므583 판결)
- 시어머니와의 불화를 이유로 별거하게 된 처자식을 돌보지 않은 경우(대법원 1990. 10. 12. 선고 90므514 판결)
- 처가 아기를 낳을 수 없다는 것을 이유로 남편이 학대한 경우(대법원 1990. 11. 27. 선고 90므484 판결)
- 혼인신고한 후 20일간 동거하다가 가출한 경우(대법원 1986. 10. 28. 선고 86므83 판결)
- 채무를 견디다 못하여 가출하여 6년간 처자식을 돌보지 않는 경우(대법원 1983. 4. 26. 선고 82므63 판결)
- 남편이 처의 만류에도 불구하고 그의 형수와 매사를 논의하고 같이 외출, 여관 출입을 하여 처가 가출한 경우(대법원 1986. 5. 27. 선고 86므26 판결)
- 정신박약자인 아들의 감호양육을 소홀히 하고 춤바람 나서 가출한 경우(대법원 1984. 7. 10. 선고 84므27 판결)

2) 악의의 유기가 아니라고 본 사례

- 남편이 처에게 혼인 전부터 가진 신앙을 포기하도록 요구하면서 폭행함으로써 처가 가출한 경우(대법원 1990. 8. 10. 선고 90므

408 판결)

- 남편의 행패를 견디지 못하고 가출한 처(대법원 1990. 3. 23. 선고 89므1085 판결)
- 배우자를 버리고 8년간 자식집을 전전한 경우(대법원 1986. 8. 19. 선고 86므75 판결)
- 자살을 기도하여 병원에 입원치료를 받아야 하고 그 상태가 호전되지 않는 경우(대법원 1986. 8. 19. 선고 86므18 판결)
- 주거에서 나와 별거하게 된 원인이 상대방의 폭행때문일 경우(대법원 1986. 5. 27. 선고 85므87 판결)
- 처가 시가에서 쫓겨난 경우(대법원 1980. 7. 8. 선고 80므23 판결)
- 가정불화로 일시 가출하여 생활비를 주지 않은 경우(대법원 1986. 6. 24. 선고 85므6 판결)

다. 3호 : 배우자 또는 그 직계존속으로부터 심히 부당한 대우를 받았을 때

• 부당한 대우

혼인관계의 지속을 강요하는 것이 참으로 가혹하다고 여겨질 정도의 폭행이나 학대 또는 중대한 모욕을 받았을 경우를 말합니다.

부부생활의 계속에 관하여 사회통념상 고통을 느낄 정도의 신체, 정신에 대한 학대 또는 명예에 대한 모욕을 의미한다.

1) 부당한 대우가 아니라고 본 사례

- 만75세의 처가 민법 제840조 제3호, 제6호 소정의 이혼사유가 있음을 전제로 만83세의 남편을 상대로 이혼소송을 제기하였다하여 이를 심히 부당한 대우를 받았다거나 혼인관계가 회복할 수 없을 정도

로 파탄에 이르렀다고 볼 수 없다(소위 황혼이혼사례)(대법원 1999.11.26. 선고 99므180 판결).

- 부부일방의 부모에게 뺨을 맞은 경우(소극)(대법원 1990. 10. 30. 선고 90므569 판결)
- 남편의 직장에 찾아가 행패를 부린 경우(소극)(대법원 1989. 10. 13. 선고 89므785 판결)
- 남편을 멸시하고 가정을 돌보지 아니한 처가 친정아버지로부터 몇차례 구타당하여 경미한 상처를 입은 경우(대법원 1986. 9. 9. 선고 86므68 판결)
- 처의 무분별한 행동을 제지하기 위해 구타한 경우(대법원 1986. 9. 9. 86므56 판결)
- 가정불화의 와중에서 서로 몇차례의 폭행 및 모욕적인 언사를 하였을 경우(대법원 1986. 6. 24. 선고 85므6)
- 시어머니에 대한 다소 불손한 행위(대법원 1986. 2. 11. 선고 85므37 판결)

2) 부당한 대우라고 본 사례

- 배우자의 결백을 알면서도 간통죄로 고소하고 제3자에게 거짓 진술을 부탁한 경우(대법원 1990. 2. 13. 선고 88므504 판결)
- 지참금을 가져오지 아니하였다하여 처를 구타한 경우(대법원 1986. 5. 27. 선고 86므14 판결)
- 처가 교수인 남편이 직장인으로서의 본분을 다할 수 없게끔 한 경우(대법원 1986. 3. 25. 선고 85므72 판결)
- 처가 남편을 정신병자로 몰아 정신병원이나 요양원에 보내기 위해 강제로 납치를 기도한 경우(대법원 1985. 11. 26. 선고 85므51 판결)
- 무단 가출(대법원 1985. 7. 9. 선고 85므5 판결)

- 옛애인을 못잊어 배우자를 학대하는 경우(대법원 1983. 10. 25. 선고 82므28 판결)

라. 5호 : 배우자의 생사가 3년 이상 분명하지 아니한 때

- 생사가 3년 이상 분명하지 아니한 때

말그대로 3년 이상 생사불명이어야 하고 현재도 생사불명이어야 합니다. 생사불명의 원인은 묻지 않습니다.

문제는 생존은 하고 있으나 부재인 경우인데, 이때는 생사불명이 아니라 악의의 유기가 되느냐 여부에 관한 문제입니다.

생사불명이 3년 이상일 경우 이혼청구는 공시송달과 결석판결에 의하게 됩니다.

이혼판결이 확정된 후에는 상대방이 살아서 돌아오더라도 혼인이 당연히 부활하는 것이 아닙니다.

마. 6호 : 기타 혼인을 계속하기 어려운 때, 중대한 사유가 있을 때

- 혼인을 계속하기 어려운 사유가 있을 때(제840조 제6호)

혼인을 계속하기 어려운 사유란 부부에 따라 천차만별이고, 또 추상적, 상대적 개념이어서 그 기준을 잡기가 매우 어려우나 보통은 혼인관계가 심각하게 파탄되어 다시는 혼인에 적합한 생활공동관계를 회복할 수 없을 정도에 이르고 이러한 경우 혼인생활의 계속을 강요하는 것이 일방 당사자에게 참을 수 없는 고통을 주는 경우를 말합니다.

1) 인용을 한 구체적인 사례

- 과도한 신앙생활로 인하여 가정 및 혼인생활을 소홀히 한 경우 (대법원 1996. 11. 15. 선고 96므851 판결)

- 혼인 중 발생한 중증의 조울증도 이혼사유에 해당한다(대법원 1997. 3. 20. 선고 96므608 판결).
- 부부 중 일방이 불치의 정신병에 이환된 경우(대법원 1995. 5. 16. 선고 95므90 판결)
- 처가 외박을 하면서 도박한 경우(대법원 1991. 11. 26. 선고 91므559 판결)
- 성격상 차이에서 생기는 부부간의 갈등을 수습하지 못하고 이혼과 별거를 강요한 경우(대법원 1990. 4. 27. 선고 90므95 판결)
- 부부가 20년간 별거하면서 각각 다른 사람과 동거하는 경우(대법원 1991. 1. 11. 선고 90므552 판결)
- 부부일방이 그동안 살던 집을 팔아버리고 다른 거처로 옮겨버린 경우(대법원 1990. 4. 24. 선고 89므214 판결)
- 혼담이 오가는 과정에서 학력과 직업을 속이고 혼인 후 이를 추궁하는 상대방을 구타한 경우(대법원 1987. 7. 21. 선고 87므24 판결)
- 부부일방이 징역 15년과 자격정지 15년의 형을 선고 받은 경우(대법원 1987. 4. 13. 선고 86르358 판결)
- 배우자가 상대방에게 부당하게 가정생활과 신앙생활의 양자택일을 강요한 경우(대법원 1981. 7. 14. 선고 81므26 판결)

2) 부정을 한 구체적인 사례

- 혼인 중 우울증 증세를 보였으나 병세가 호전되어 일상생활을 하는데 지장이 없는 경우(대법원 1995. 12. 22. 선고 95므861)
- 종가집 종손인 남편의 처가 임신불능한 경우(대법원 1991. 2. 26. 89므365 판결)
- 종교에 대한 신앙을 심중에 표시하는 행위(하급심 1990. 2. 23.

선고 89르3755 판결)

- 이혼에 합의한 바 있는 경우(대법원 1996. 4. 26. 선고 96므226 판결)
- 이혼에 합의하고 위자료 명목으로 금전을 주고 받은 경우(대법원 1990. 9. 25. 선고 89므112 판결)
- 간통한 남편과 폭행한 시아버지를 고소하고 이혼조건으로 고소를 취하한 경우(대법원 1991. 11. 22. 선고 91므23 판결)
- 약혼기간 중 다른 남자와 정교하고 임신하고는 남편의 자인양 속여 출생신고를 한 행위(대법원 1991. 9. 13. 선고 91므85 판결)
- 협의이혼의사 확인을 한 경우(대법원 1988. 4. 25. 선고 87므28 판결)
- 6·25사변 때 부역한 사실이 있는 경우(대법원 1987. 7. 21. 선고 87므16 판결)
- 처가 담배를 피우는 경우(대법원 1984. 6. 26. 선고 83므46 판결)
- 남편이 무정자증으로 생식불능이고 성적기능이 다소 원활하지 못한 때(대법원 1982. 11. 23. 선고 82므36 판결)

바. 유책 배우자의 이혼청구권

부부관계가 회복할 수 없을 정도로 파탄되었으나, 그 파탄의 책임이 전적으로 또는 주로 있는 일방에게 이혼청구권을 주느냐 마느냐 하는 문제입니다.

원칙적으로 파탄의 책임이 전적으로 또는 주로 있는 유책배우자는 이혼청구를 할 수 없습니다

다만, 부부관계는 상호적인 것이므로 혼인파탄의 책임이 많든 적든 남

편이나 아내에게 조금씩은 있게 마련이다. 따라서 청구인과 피청구인 쌍방에 같은 정도의 파탄의 책임이 있는 경우(쌍방유책)에는 이혼청구를 할 수 있다고 보아야 합니다.

사. 예외적으로 유책배우자가 이혼청구를 할 수 있는 경우

혼인생활의 파탄에 대하여 주된 책임이 있는 배우자는 그 파탄을 사유로 하여 이혼을 청구할 수 없는 것이 원칙이나, 다만 상대방도 그 파탄 이후 혼인을 계속할 의사가 없음이 객관적으로 명백하고, 다만 오기나 보복적 감정에서 이혼에 응하지 않고 있을 뿐이라는 등의 특별한 사유가 있는 경우에만 예외적으로 이혼을 청구할 수 있습니다.

제4장 이혼의 효과

(1) 일반적 효과

- 부부관계 소멸

① 이혼한 처는 친가에 복적하거나 일가를 창립

② 배우자의 혈족과의 사이에 생긴 인척관계 소멸

③ 재혼가능

④ 배우자의 4촌 이내 혈족과는 재혼 불가능

⑤ 이혼한 처는 이혼 후 6개월이 경과해야 재혼가능(이 규정은 2005년 3월 31일 공포된 개정민법에 의거 2008년부터는 폐지됩니다)

(2) 자(子)에 대한 효과

가. 자(子)의 양육문제

① 민법 제837조 제1항 : 당사자는 그 자(子)의 양육에 관한 사항을 협의에 의하여 정한다.

② 제2항 : 제1항의 양육에 관한 사항이 협의가 되지 아니하거나 협의할 수 없는 때에는 가정법원은 당사자의 청구에 의하여 그 자의 연령, 부모의 재산상황 기타 사정을 참작하여 양육에 필요한 사항을 정하여 언제든지 그 사항을 변경 또는 다른 적당한 처분을 할 수 있다.

③ 제3항 : 제2항의 규정은 양육에 관한 사항외에는 부모의 권리의무에 변경을 가져오지 아니한다.

④ 가사소송규칙 제100조 : 자(子)의 양육에 관한 처분과 변경을 하는 경우에도 자(子)가 15세 이상이면 가정법원은 그 자(子)의 의견을 들어야 한다.

1) 양육비 청구문제

처가 자녀를 양육하게 된 경우 부에게 양육비 청구 이전의 과거의 양육비의 상환을 청구할 수 있는지 여부

어떠한 사정으로 인하여 부모 중 어느 한 쪽만이 자녀를 양육하게 된 경우에, 그와 같은 일방에 의한 양육이 그 양육자의 일방적이고 이기적인 목적이나 동기에서 비롯한 것이라거나 자녀의 이익을 위하여 도움이 되지 아니하거나 그 양육비를 상대방에게 부담시키는 것이 오히려 형평에 어긋나게 되는 등 특별한 사정이 있는 경우를 제외하고는, 양육하는 일방은 상대방에 대하여 현재 및 장래에 있어서의 양육비 중 적정 금액의 분담을 청구할 수 있음은 물론이고, 부모의 자녀 양육의무는 특별한 사정이 없는 한 자녀의 출생과 동시에 발생하는 것이므로 과거의 양육비에 대하여도 상대방이 분담함이 상당하다고 인정되는 경우에는 그 비용의 상환을 청구할 수 있습니다.

2) 과거의 양육비 분담기준

과거의 양육비라 할지라도 당사자 사이에 양육비를 지급하기로 협정하였다면 그 협정 범위 내에서 과거의 양육비를 청구할 수 있습니다.

한 쪽의 양육자가 양육비를 청구하기 이전의 과거의 양육비 모두를 상대방에게 부담시키게 되면 상대방은 예상하지 못하였던 양육비를 일시에 부담하게 되어 지나치게 가혹하며 신의성실의 원칙이나 형평의 원칙에 어긋날 수도 있으므로, 이와 같은 경우에는 반드시 이행청구 이후의 양육비와 동일한 기준에서 정할 필요는 없고, 부모 중 한 쪽이 자녀를 양육하게 된 경위와 그에 소요된 비용의 액수, 그 상대방이 부양의무를 인식한 것인지 여부와 그 시기, 그것이 양육에 소요된 통상의 생활비인지, 아니면 이례적이고 불가피하게 소요된 다액의 특별한 비용(치료비 등)인지 여부와 당사자들의 재산 상황이나 경제적 능력과

부담의 형평성 등 여러 사정을 고려하여 적절하다고 인정되는 분담의 범위를 정할 수 있습니다(대법원 전원합의체판결 참조).

3) 양육자 지정신청 시기

이혼소송과 병합하여 할 수도 있고, 이혼소송 확정이후 또는 협의이혼 신고가 끝난 다음에 별도로 청구해도 무방합니다.

① 친권자와 양육자가 다른 경우

예를 들어 친권자는 부, 양육자는 모가 되었을 경우, 모는 자를 양육하는데 그치고, 부와 자 사이에는 상속권이나 부양의무는 그대로 존속합니다.

다만, 자(子)의 양육권자는 자의 양육, 교육에 필요한 거소지정, 부당하게 자(子)를 억류하는 자에 대한 인도청구, 방해배제 청구의 권한이 있으므로, 친권의 내용중 이와 배치되는 권한은 제한되며, 친권자가 임의로 이를 변경할 수 없습니다.

② 추후 양육에 관한 사항 변경 가능 여부

당사자 사이에 양육에 관한 사항을 협의하였거나, 재판상 화해로 정하였거나를 떠나 필요한 경우 가정법원은 당사자의 청구에 의하여 언제든지 그 사항을 변경할 수 있습니다.

나. 자(子)의 친권자 결정

부모가 이혼을 하게 되면, 자에 대한 공동양육이 어렵게 되므로 자에 대한 공동친권은 단독친권으로 변하게 되는 것이 보통이며, 따라서 부모중 어느 한쪽을 친권자로 정하지 않으면 안되게 됩니다.

즉 부모가 이혼을 한 경우에는 부모의 협의로 친권을 행사할 자를 정하고 협의를 할 수 없거나 협의가 이루어지지 않는 경우에는 당사자의 청구의 가정법원이 결정하게 됩니다.

부모의 협의로 친권을 행사할 자를 정할 경우 단독친권으로 하든 공동친권으로 하든 자유로이 결정할 수 있습니다. 만약 부모가 협의를 하지 않았을 경우에는 공동친권으로 됩니다.

협의이혼의 경우에는 이혼신청서에 친권을 행사할 자를 기재하도록 하고 있으며, 재판상 이혼의 경우에는 가정법원이 친권을 행사할 자에 관하여 부모에게 미리 협의하도록 권고하고 있습니다.

친권자와 양육자를 각각 달리할 수 있습니다. 또한 미성년의 자녀가 여러 명일 경우에 원칙적으로 부모 중 한쪽이 일괄하여 친권을 행사하도록 유도하나, 구체적인 사정에 따라 자녀별로 친권행사자가 다를 수도 있습니다.

예를 들어 딸은 어머니가, 아들은 아버지가 친권행사자로 지정될 수도 있습니다. 일단 친권자가 정하여졌더라도 그것이 적당하지 않은 사정이 생겨서, 친권자를 변경할 필요가 있는 경우에도 가정법원의 조정 또는 심판에 의하여 변경할 수 있습니다.

부모가 별거하고 있으나 이혼에 이르지는 않은 경우 법원으로서는 친권의 행사방법을 정할 수는 있어도 부모 일방을 친권행사자로 지정할 수는 없다고 할 것입니다.

1) 친권행사자지정에 대하여

① 친권의 개념과 친권행사자

㉠ 친권은 부모가 미성년의 자녀에 대하여 가지는 권리이자 의무입니다. 부모는 자식을 보호하고 양육할 권리·의무와 거소지정권, 징계권, 자식의 특유재산에 대한 관리권, 자식의 법률행위대리권 등을 가지고 있고, 이것이 친권의 내용을 구성하는 것입니다. 친권은 부모가 혼인 중인 때에는 공동행사하는 것이 원칙이고, 부모의 의견이 일치하지 않을 때에는 법원에 청구하면 법원에서 이를 정해줍니다.

㉡ 이혼을 할 때에는 미성년인 자녀에 대하여 친권을 행사할 자를 지정하여야 하고, 나중에 사정의 변경이 생길 때는 친권행사자를 변경할 수 있습니다. 이혼재판을 할 때에는 당사자가 미성년자녀에 대한 친권행사자지정을 별도로 신청하지 않았어도 법원이 친권행사자를 지정하는 협의를 하라고 권고하고 협의가 이루어지면 이를 판결의 주문에 기재하도록 하고 있습니다.

㉢ 친권행사자를 지정, 변경하는 문제는 이혼에만 국한된 문제가 아니고 부모가 혼인 중에도 의견이 다를 때에도 문제될 수 있을 뿐만 아니라, 혼인 외의 자(子)가 있는 경우에 그 자녀의 아버지와 생모 중 누가 친권을 행사할지 등에 있어서도 문제가 됩니다. 친권행사자는 부모가 협의로 정하는 것이 원칙이고, 협의가 이루어지지 않을 때에 법원에 신청하여 친권행사자를 지정하는 재판을 받을 수 있습니다. 친권행사자가 일단 지정된 후에도 사정변경이 있으면 당사자 협의로 친권행사자를 변경할 수 있고, 협의가 이루어지지 않으면 법원에 신청하여 친권행사자를 변경하는 재판을 받을 수 있습니다.

② 친권행사자 지정, 변경의 기준

㉠ 미성년자녀에 대한 친권행사자를 정함에 있어서 가장 중요한 기준은 '아이의 복지와 이익에 가장 도움이 되는 것이 무엇인가'입니다. 특별한 사정이 없는 한 현재 자녀를 보호, 양육하고 있는 쪽이 우선하고 자녀의 나이가 어릴수록 모친이 우선합니다. 자녀가 사리를 분별할 나이인 경우에는 자녀의 의향이 존중됩니다. 자녀가 15세이상인 경우에는 법원은 심판에 앞서서 자녀의 의견을 청취하도록 규정되어 있습니다.

㉡ 자녀의 정신적, 정서적, 물질적, 경제적 측면을 종합 고려하여

야 합니다.

㉢ 부모의 애정의 정도, 부모와 아이의 성격, 부모의 감호능력, 자녀가 처한 환경, 생활상황, 부모의 과거의 양육실태 등 자(子)의 양육에 관련한 모든 요인을 비교, 고려합니다. 재산이 많고 풍족한 쪽이라고 하여 우선한다는 원칙은 없습니다. 유책행위를 하여 이혼을 당할 경우 그 잘못된 행동을 자녀가 인식하고 어떻게 반응하는가, 그 잘못된 행동이 자녀에게 어떤 영향을 미칠 것인가 등이 고려되므로, 유책배우자의 경우는 친권행사자로 지정되기 어려울 수 있고, 심지어는 면접교섭권을 제한, 박탈당할 수도 있습니다.

㉣ 미성년의 자녀가 여러 명일 경우에 원칙적으로 부모 중 한쪽이 일괄하여 친권을 행사하도록 유도하나, 구체적인 사정에 따라 자녀별로 친권행사자가 다를 수도 있습니다. 예를 들어 딸은 어머니가, 아들은 아버지가 친권행사자로 지정될 수도 있습니다.

㉤ 친권행사자의 지정 및 변경 재판을 하게 될 경우에는 위와 같은 여러 가지 사정에 대한 자료를 수집하고 입증하는 것이 주안점이 될 것입니다.

㉥ 친권행사자의 지정, 변경이 있으면, 호적관청에 신고하여야 합니다. 호적관청은 호적 중 아이의 신분사항란에 이러한 친권행사자가 지정이 되었다는 취지가 기재되어 객관적으로 공시되게 됩니다.

2) 상실의 재판

부모 중 어느 일방이 친권을 가지는 것이 부당할 경우에는 친권을 상실시키는 재판 을 청구할 수도 있습니다.

과거에는 부부가 이혼하면 아버지가 친권을 가지고 어머니는 친권을 갖지 못하던 시절도 있었으나, 현재는 이혼을 하여도 부모 모두 친권을 가지는 것이고, 다만 그 친권행사자를 어느 한쪽으로 정하도록 하고 있습니다.

이혼 후 친권을 행사하던 아버지가 사망하여 자녀들이 재산을 상속하게 된 경우에 아버지가 사망함으로써 자녀에 대한 친권은 자동적으로 이혼한 어머니가 행사하게 되는 경우가 발생합니다.

이 경우에 이혼한 어머니가 술집접대부 등으로 난잡한 생활을 한다든가 또는 이미 다른 남자와 결혼하여 아이까지 낳고 있다는 등의 이혼한 어머니에게 아이들의 친권을 행사하게 함은 부적당한 경우가 생기는 경우가 많습니다.

예를 들어 친권을 행사하던 쪽의 부모가 교통사고로 사망한 경우에 보험회사로부터 받을 손해배상금을 이혼한 어머니가 수령하는 것을 방지하기 위하여 친권상실재판을 하는 경우도 실무상으로는 많이 있습니다. 이런 경우에 아이들의 아버지쪽의 친척(할아버지, 할머니, 백부, 숙부 등)이 이혼한 어머니의 친권을 상실하게 하는 재판을 청구할 수 있습니다.

친권상실재판의 결과 친권이 상실되면, 법정순위에 따라 할아버지 등 친척이 후견인으로 됩니다. 이 때에도 친권상실과 후견인 신고를 호적관청에 하여야 합니다.

다. 면접교섭권

자를 직접 양육하지 아니한 부모 중 일방은 면접교섭권을 가집니다(민법 제837조의2).

남편 또는 부인이 서로 이혼하고 더욱이 자녀들과의 동거생활 마저도 상실당한 경우, 멀리서 또는 담 너머서 자녀의 성장을 지켜보는 이의 마음은 괴로울 것입니다. 이에 현실적으로는 자녀를 양육할 권리가 없다고 하더라도 자녀와 면접하여 애정을 보여줄 기회를 주는 제도가 면접교섭권인 것입니다.

• 면접교섭권 주문례

1) 동거

청구인은 사건본인의 방학기간 중인 매년 1월과 8월 중 청구인이 회망하는 각 7일간 사건본인과 청구인의 주소지 또는 청구인이 책임질 수 있는 장소에서 동거할 수 있다.

2) 면회

면회청구인은 매월 둘째 일요일의 오전 10시부터 오후 10시까지 상대방의 주소지로 사건본인을 방문할 수 있다.

3) 방문

청구인은 매월 둘째 일요일에 오전 9시부터 오후 6시까지 상대방의 주소지로 사건본인을 방문할 수 있다.

4) 데려가기

청구인은 매년 설날과 추석날에 사건본인을 청구인의 집으로 데려가서 차례 및 성묘에 참례하게 할 수 있다.

5) 전화통화

청구인은 매주 수요일과 일요일 오전 7시부터 9시까지 중 임의의 시간 또는 당사자들이 합의한 그외의 시간에 공인된 전화 또는 상호 양해된 전화번호로 15분을 넘지 않는 범위 내에서 사건본인과 전화통화를 할 수 있다.

6) 편지교환

청구인은 사건본인과 주1회의 범위내에서 편지교환을 할 수 있다.

(3) 재산분할 청구권

재산분할의 구체적 인정범위

가. 재산분할청구권이란?

혼인 중 부부쌍방의 협력에 의하여 형성된 재산에 관하여 자기가 재산형성에 협력한 몫을 되돌려 주라는 권리를 말합니다.

나. 재산분할의 대상

혼인 중 쌍방의 협력에 의하여 취득한 재산

혼인 전에 부부일방이 취득하여 소유하고 있던 재산(특유재산)은 분할의 대상이 아닙니다.

또한 혼인 중이더라도 쌍방의 협력과는 관계없이 부부의 일방이 상속, 증여 등에 의하여 취득한 재산도 분할의 대상이 아닙니다.

단, 상대방이 그 특유재산의 유지에 적극적으로 협력하여 감소를 방지하였을 경우에는 그 한도 내에서 분할의 대상이 될 수 있습니다.

1) 재산분할청구인 자신명의의 재산

혼인 중 쌍방의 협력에 의하여 취득한 재산이라면 소유명의가 누구에게 있는가를 불문하고 청산의 대상이 됩니다.

2) 제3자 명의의 재산

부부 중 일방이 제3자에게 명의신탁한 부동산도 청산의 대상이 된다.

3) 무형재산

예를들면 혼인 중 일방이 상대방의 도움으로 장래 고액의 소득을 얻게 하는 능력이나 전문적 자격을 취득한 경우 이 능력이나 자격으로 인한 예상 수입도 청산의 대상이 됩니다.

4) 혼인 중 주로 일방에 의하여 형성된 재산

부부 중 일방이 경영하는 사업, 병원 등의 영업자산도 분할의 대상이 됩니다. 이러한 영업자산은 일방의 특유한 능력에 의하여 형성되고, 상대방은 그 취득에 대하여 직접적으로 협력하지는 않았지만 간접적으로 가사노동 등의 내조에 의하여 협력하였다고 볼 수 있으므로 청산의 대상이 됩니다.

5) 퇴직금, 연금

부정한 사례(퇴직하지 않고 직장에 근무하고 있는 경우)

긍정한 사례(이미 퇴직하여 퇴직금을 수령한 경우)

6) 일방의 제3자에 대한 채무

부부일방이 혼인 중 제3자에게 부담한 채무는 일상 가사에 관한 것 이외에는 원칙적으로 그 개인의 채무로서 청산의 대상이 되지 않습니다.

일방 당사자의 사업상의 채무는 재산분할의 대상인 소극재산에 포함되지 않습니다.

다만 그 채무가 공동재산의 형성에 수반하여 부담한 채무일 경우에는 청산의 대상이 됩니다. 다만 공동재산이라고 할만한 것이 없는 경우 재산분할을 할만한 재산이 없으므로 재산분할을 할 수 없습니다.

7) 일방이 재산형성에 기여한 바가 없는 경우

청구인이 혼인 중에 집에 있는 돈을 들고 가출하거나 밤낮으로 외출

하여 다른 남자와 놀러다니느라고 가사에 충실히 하지 않는 경우

원심에서는 혼인 중 형성된 재산에 대하여 청구인이 기여한 바가 없다하여 재산분할 청구 기각

대법원에서는 청구인이 가사노동에 충실하지 않았다하여도 이와 같은 사정은 재산 분할의 액수와 방법을 정함에 있어서 참작할 사유는 될지언정 그와 같은 사정만으로 청구인이 위와 같은 재산의 형성에 기여하지 않았다고 단정할 수는 없다고 보았습니다.

혼인초부터 심한 정신질환 증세를 보이며 정상적인 결혼생활을 하지 못하였던 처의 재산분할청구에 대하여 처가 위 재산의 취득에 기여하였다고 볼만한 증거가 없다하여 기각한 사례가 있습니다.

다. 이혼에 따른 재산분할의 액수와 방법

재산분할을 할 것인지 여부 및 그 액수와 방법은 당사자의 협의에 의하고, 협의가 되지 아니하거나 협의를 할 수 없는 때에는 가정법원은 당사자의 청구에 의하여 당사자 쌍방의 협력으로 이룩한 재산의 액수 기타 사정을 참작하여 분할의 액수와 방법을 정합니다.

1) 재산분할협의가 있었다고 볼 수 없는 사례

부부가 협의이혼을 전제로 재산분할 약정을 한 경우 그 후 혼인관계가 존속하거나 재판상 이혼이 이루어진 경우에는 그 협의는 조건의 불성취 협의이혼이 안된 사실로 인하여 효력이 발생하지 않으므로 재산분할에 관한 심판을 청구해야 합니다.

재산분할을 청구할 수 있는 사람의 범위는,

① 협의이혼한 사람의 일방

② 재판상 이혼을 청구한 사람

③ 실혼관계를 해소한 사람의 일방

④ 유책배우자

등이며 재산분할은 부부쌍방의 공동재산에 대한 기여비율에 따른 분배이기 때문에 혼인파탄에 대한 귀책문제는 전혀 고려될 여지가 없습니다. 따라서 유책배우자도 재산분할을 청구할 수 있습니다.

2) 이혼과 병합하여 재산분할 청구를 하는 경우 가집행선고를 붙일 수 있는지 여부

민법상의 재산분할 청구권은 이혼을 한 당사자 일방이 다른 일방에 대하여 재산분할을 청구할 수 있는 권리로서 이혼이 성립한 때에 그 법적 효과로서 비로소 발생하는 것이므로 당사자가 이혼이 성립하기 전에 이혼소송과 병합하여 재산분할청구를 하고, 법원이 이혼과 동시에 재산분할을 명하는 판결을 하는 경우에도 이혼판결은 확정되지 아니한 상태이므로 그 시점에서 가집행을 허용할 수는 없습니다.

• 재산분할청구권의 행사기간
재산분할청구권은 이혼한 날로부터 2년 이내에 행사하여야 하고, 그 기간이 경과되면 청구권이 소멸되어 이를 청구할 수 없습니다.

라. 위자료 청구권

부부일방과 상대방 사이의 혼인이 일방의 유책행위로 말미암아 회복할 수 없을 정도로 파탄상태에 이름으로써 상대방이 커다란 정신적 고통을 받으리라는 점은 경험칙상 쉽게 짐작할 수 있으므로 그 일방은 상대방에게 위자료를 지급할 의무가 있습니다.

1) 위자료 지급기준

유책배우자의 위자료 액수를 산정함에 있어서는,

① 유책행위에 이르게 된 경위와 정도

② 혼인관계 파탄의 원인과 책임

③ 배우자의 연령

④ 재산상태

⑤ 학력

⑥ 성별

⑦ 혼인기간

⑧ 혼인기간 중 부부의 협력

⑨ 재산을 축적한데 대한 공로 등

변론에 나타나는 모든 사정을 참작하여 법원이 직권으로 하게 됩니다.

판례의 경향을 보면 유책배우자의 현재 재산이 얼마나 되느냐하는 점이 가장 큰 요인으로 작용하고 있는 것으로 보입니다.

마. 제3자의 불법행위 책임

제3자가 혼인생활에 부당하게 간섭하여 혼인(사실혼관계 포함)을 파탄에 이르게 한 행위를 한 자는 불법행위를 원인으로 한 손해배상을 하여야 합니다.

예를 들어,

① 시어머니가 혼인생활의 파탄에 가담한 경우 시어머니도 배상책임을 집니다.

② 배우자의 일방과 간통한 자는 다른 일방의 배우자에게 불법행위 책임을 집니다.

③ 유부녀에 대한 강간 또는 강간미수범

④ 배우자의 일방과 간통한 자(첩)

⑤ 유부남인줄 알면서도 지속적인 교제를 하는 경우

등이 있습니다.

(4) 이혼경력의 삭제

구청에 본적지를 바꾸는 전적신고를 하면 됩니다. 그러나 원적조회를 하면 이혼경력이 나타나므로 완벽하게 이혼경력을 삭제하는 것은 불가능합니다.

가. 장남인 남자가 이혼한 경우

호적등본 2통, 전적신고서 2통을 제출하면 본적이 옮겨지면서 이혼경력이 삭제됩니다. 이를 위해서는 전적(본적지를 옮길)할 주소지가 호적이 있는 본적지와 다른 도 · 시 · 구 · 읍 · 면에 있어야 한다. 따라서 주민등록을 본적지와 다른 도 · 시 · 구 · 읍 · 면으로 옮긴 뒤 본적을 옮기는 전적신고를 하면 됩니다.

나. 장남 아닌 남자가 이혼한 경우

본적지를 바꾸면 이혼한 사실 자체는 없어집니다. 그러나 호적부의 본적기재란 밑의 호적사항란의 '20○○. ○. ○. 혼인신고에 의하여 법정분가 편재'라는 기재는 지워지지 않고, 호적 기재란 밑의 신분사항란의 이혼경력만 삭제됩니다.

다. 여자가 이혼한 경우

1) 친정호적으로 돌아간 경우

친정호적(본적)을 바꾸면 '결혼으로 친정호적에서 말소된 사실'과 '이혼으로 다시 친정 호적에 되돌아 온 사실'을 기재한 내용은 없어집니다. 그러나, 이렇게 본적을 바꾸어도 이름 옆의 '전호주'란에는 여전히 전남편의 본적과 호주 이름이 나타납니다.

친정의 본적지를 바꾼 상태에서 다시 자기가 단독호주로 분가신고를 하면, 분가된 새 호적에는 전호주란에 친정아버지의 본적과 호주이름이 나타나게 됩니다.

2) 일가창립한 경우

이혼한 직후 친정으로 돌아가지 않고 일가창립을 하게 되면 호적에 이혼경력이 그대로 기재됩니다. 일가창립한 본적을 한번 더 바꾸면, 이혼한 내용은 없어집니다. 그러나 그렇게 일가창립한 뒤 본적지를 다시 바꾸더라도 자기 이름 옆의 '전호주'란에 전남편의 이름과 호적이 나타나는 것은 어쩔 수 없는 일입니다.

재혼을 하게 되면 일가창립한 호적이 없어지면서 이혼경력이나 전남편의 이름 등이 완전히 없어지고, 재혼할 남편의 호적에는 전남편과 관련된 기재가 전혀 따라 오지 않습니다.

(5) 간 통

가. 간통이란

유부남이 자기 처가 아닌 다른 여자와 또는 유부녀가 자기 남편이 아닌 다른 남자와 서로 합의하에 정교관계를 맺는 죄 및 그 유부남 유부녀와 상간하는 죄를 말하며 형법 제241조 제1항에는 "배우자가 있는 자가 간통한 때에는 2년 이하의 징역에 처한다. 그와 상간한 자도 같다"라고 규정되어 있습니다.

1) 이혼의 전제

간통으로 고소하고자 하는 때에는 혼인이 해소되거나 이혼소송을 제기한 후가 아니면 고소할 수 없도록 되어 있습니다. 즉, 간통죄는 이혼을 전제로 해서만 고소가 가능한 것입니다.

2) 쌍벌규정

남편은 용서 해주되 남편과 상간한 여자는 처벌을 받게 하고 싶다고 해서 그 여자만을 따로 고소할 수는 없도록 되어 있습니다.

3) 사전승낙

배우자의 일방이 상대방 배우자의 간통을 사전승낙했거나 용서한 때에는 고소할 수 없습니다.

4) 고소기간

간통죄는 범인을 알게 된 날로부터 6개월을 경과하면 고소하지 못하도록 되어 있습니다.

간통죄는 매행위마다 범죄가 성립하므로 현재도 불륜이 지속되고 있다면 남편이 다른 여자와 살림을 산지 10년 이상 되었더라도 간통고소는 가능합니다.

5) 고소권자

간통죄는 친고죄로서 피해를 입은 배우자의 고소가 있어야 논할 수 있습니다. 간통 고소권자인 배우자가 간통사건 직후 사망한 경우 그 직계친족, 형제자매가 대신 고소할 수 도 있습니다

6) 고소취하

간통고소의 취하가 접수되었다고 하여도 당장 석방되는 것은 아니며, 재판부에서 별도로 공소기각의 판결이 있을 때 까지는 구금상태가 계속 됩니다. 간통죄의 고소취하는 1심판결 선고 전까지만 가능합니다. 그러므로 1심판결 선고 후에 한 고소취하는 재판부가 형량을 정함에 있어서 참작할 뿐입니다. 고소를 한 번 취소한 자는 다시 고소하지 못합니다. 일단 이혼소송을 제기하면서 고소를 하였더라도 나중에 그 이혼소송을 취하한다면 그때로부터 간통고소도 자동적으로 취소된

것으로 간주합니다.

이혼한 후에 밝혀진 과거(혼인 중)의 간통행위에 대하여서도 고소할 수 있습니다. 사실혼관계에 있는 내연의 부부는 그 중 일방의 외도를 간통으로 고소할 수 없습니다.

상간녀로부터 폭행고소 당하고 아내로부터 간통고소 당한 남편의 경우 폭행과 간통 두가지 형 중 '중한 형의 1/2' 까지 가산해서 가중처벌하게 됩니다.

제5장 이혼관련 Q&A

1. 배우자가 이혼소송을 제기했으나 이혼하고 싶지 않습니다.

배우자가 작성하여 법원에 제출한 이혼청구소장을 받게 되면, 그것을 잘 읽어 보고, 이혼을 원하지 않는다는 내용의 답변서를 제출해야 합니다. 배우자가 작성한 이혼소장에는 본인의 어떠한 잘못으로 인하여 이혼을 하려 한다는 내용이 있을 것이므로, 그것이 사실이 아닐 경우에는 이를 밝히고, 본인에게 이혼을 당할 법적인 사유가 없음을 주장하여야 합니다.

이혼을 원하지 않더라도 상대방의 이혼청구를 무시하여 법원의 출석요구에 응하지 않거나 답변서 등을 제출하지 않으면 본인에게 불리하게 이혼이 될 수도 있으므로 적극적으로 대처하는 것이 좋습니다.

2. 배우자가 이혼소송을 제기했는데 저도 이제는 이혼을 원합니다.

이혼에는 서로 동의한다면 위자료나 재산문제, 그리고 자녀의 친권자 및 양육권자 결정에도 합의가 되는지가 중요합니다. 만약 합의가 된다면 협의이혼을 하거나 재판상 화해를 하실 수 있습니다. 협의가 되지 않는다면 상대방의 이혼소장에 대응하여 본인도 상대방과는 다른 사유와 조건으로 이혼을 원한다는 취지의 반소장을 작성하여 법원에 제출하면 됩니다.

3. 유책배우자(잘못이 있는 배우자)의 이혼청구도 가능한지요?

이혼에는 서로 동의한다면 위자료나 재산문제, 그리고 자녀의 친권자 및 양육권자 결정에도 합의가 되는지가 중요합니다. 만약 합의가 된다면 협의이혼을 하거나 재판상 화해를 하실 수 있습니다. 협의가 되지 않는다면 상대방의 이혼소장에 대응하여 본인도 상대방과는 다른 사유와 조건으로 이혼을 원한다는 취지의 반소장을 작성하여 법원에 제출하면 됩니다.

4. 주소를 모르는 배우자를 상대로 이혼을 청구하려면?

법원에 재판상 이혼을 청구하면서 동시에 공시송달을 신청하시면 됩니다.

5. 저도 모르게 일방적으로 이혼을 당하였는데...

먼저 어떤 경위로 이혼이 되었는지 가정법원에 알아 보십시오. 배우자가 당신의 주소를 알고 있으면서도 소재불명이나 허위주소로 하여 재판이혼을 했다면 가정법원에 재심청구를 할 수 있습니다(민사 소송법 제422조 제1항). 그러나 재심사유를 안 날로부터 30일 이내, 그리고 판결확정 후 5년 이내에만 재심청구를 할 수 있습니다(동법 제426조 제1항, 제3항)

6. 미국인과 결혼하여 미국대사관에서 혼인수속을 하고 시청에 혼인신고까지 하였는데, 남편이 외도를 하고 있어 이혼하려 합니다. 한국에서도 가능한지요?

귀하의 경우는 미국법에 의하여 혼인이 성립되었습니다. 그런데 미국인과 결혼했다가 이혼할 경우 이혼사유는 부의 본국법에 의하게 되어 있습니다(섭외사법 제18조). 또 부의 본국지 법과 우리나라의 법이 충돌되지 않아야 우리나라에서 재판이혼을 할 수 있습니다. 귀하의 경우, 미국은 어느 주를 막론하고 간통이 이혼의 원인이 되고 있으므로 남편의 '부정한 행위'를 이유로 법원에 이혼청구를 할 수 있습니다. 미국에는 협의이혼이 없으므로 반드시 재판상 이혼을 해야합니다.

7. 강간당한 것이 이혼사유가 됩니까?

강간을 당한 것은 고의로 부정한 행위를 저지른 것이 아니고 불가항력의 상태에서 당한 피해이므로 이혼사유가 될 수 없습니다.

8. 혼인 전의 성관계가 이혼사유가 되는지요?

부부는 결혼 후 서로 정조를 지킬 의무가 있습니다. 그러나 혼인 전에 다른 사람과 성관계가 있었다 하더라도 결혼 후 정조를 지켰다면 과거를 이유로 이혼할 수는 없습니다.

9. 배우자의 부정한 행위는 이혼사유

배우자의 외도 등 부정한 행위는 이혼사유가 됩니다. 이것을 이유로 이혼소송을 제기하려면 부정한 행위에 대한 사진 등의 증거자료나 증인이 필요합니다.

10. 간통죄란 무엇입니까?

우리 형법 제241조는 배우자 있는 자가 간통한 때에는 2년 이하의 징역에 처하며, 그와 상간한 자도 같다고 규정하고 있습니다. 또한 간통죄는 배우자의 고소가 있어야 처벌할 수 있습니다. 간통죄는 형사상의 처벌이 가해지는 죄이므로 간통고소를 하기 위해서는 민사상의 '배우자의 부정한 행위' 보다 훨씬 더 엄격하고 객관적인 증거자료가 필요합니다. 또한 간통고소를 하기 위해서는 반드시 이혼청구를 하여야 하므로 이혼하지 않고 간통으로만 처벌할 수는 없습니다.

11. 배우자는 제외하고 그 상대자만을 간통죄로 고소할 수 있습니까?

배우자는 처벌하지 않으면서 상대만을 간통죄로 처벌할 수는 없습니다.

12. 간통을 용서해 주었으나 시간이 지날수록 불쾌한데 이혼할 수 있습니까?

간통 등 배우자의 부정한 행위는 재판상 이혼사유가 됩니다. 그러나 부정한 행위를 알고도 일단 용서해 주었다면 그 후 또다른 부정행위가 없는 한 이혼청구를 할 수는 없습니다(민법 제841조). 물론 형사상 간통죄 고소도 할 수 없습니다(형법 제241조 제2항).

13. 1년 전 지방으로 간 남편이 생활비는 물론, 연락도 없는데 이혼할 수 있나요?

부부는 동거하고 협조하며 부양할 책임이 있습니다. 남편이 직업상 사업 때문에 지방으로 다니는 경우 고의로 부인을 유기한 것은 아니라고 볼 수도 있습니다. 그러나 계획적으로 행방을 감추고 연락을 끊고 생활비도 보내주지 않는다면 고의로 동거, 협조, 부양의무를 저버린 것이고, 이는 악의의 유기로써 재판상 이혼사유가 될 것입니다(민법 제840조 제2호).

14. 가출한 지 6개월이 지나면 자동이혼이 된다는데 사실입니까?

우리 나라의 법률상 '자동이혼'은 없습니다. 협의이혼과 재판에 의한 이혼의 두 가지 방법이 있을 뿐입니다. 배우자가 정당한 이유없이 장기간 가출하여 돌아오지 않는 것은 재판상 이혼사유가 되므로 이혼재판을 청구할 수 있습니다. 그러나 가출사유가 가출한 배우자에게 있는 것이 아니라 폭력 등을 못 견뎌 집을 나간 것이라면 악의의 유기가 아니므로 단순히 가출만을 이유로 이혼청구를 할 수는 없습니다.

15. 허영때문에 가출한 아내와 이혼할 수 있습니까?

부부는 서로 협조하고 부양해야 할 의무가 있습니다. 경제적으로 풍족치 못하다고 함께 노력해서 알뜰히 살아가야 할 의무가 있는 부인이 가출하여 돌아오지 않는 것은 정당한 이유없는 별거이고 남편을 유기한 잘못입니다. 부인이 끝내 돌아올 것을 거절하면 악의의 유기를 원인으로 하여 이혼청구를 할 수 있습니다.

16. 취업차 외국에 간 남편이 2년 전부터 시어머니에게는 생활비를 보내면서 저와 아이들에게는 생활비는 물론, 연락도 끊겼는데 이혼할 수 있는지요?

부부는 동거의무가 있으나 일시적으로 정당한 사유있는 별거는 인정됩니다. 그러나 만약 남편이 고의로 연락을 끊고 주소조차 가르쳐 주지 않으며 생활비도 주지 않는 것은 악의의 유기로서 재판상 이혼사유가 됩니다.

17. 남편과 합의하에 별거중인데 6개월이 되면 이혼할 수 있습니까?

정당한 이유없는 별거라면 모르지만 서로 합의하에 별거하기로 하였다면 기간에 관계없이 이혼사유에 해당되지 않습니다. 따라서 협의가 되지 않으면 이혼하기 어렵습니다.

18. 구타당해 집을 나갔는데 남편은 무단가출이라며 이혼소송을 제기하였습니다.

남편의 구타를 피해 피신한 것은 무단가출이 아닙니다. 따라서 이혼사유가 되지 않으므로 당신이 원하지 않는 한 이혼은 되지 않습니다.

19. 남편과 1년 전 다툰 후부터 남편은 각방을 쓰며 전혀 부부관계를 하지 않는데...

부부는 성생활을 하며 동거할 의무가 있습니다(민법 제826조 제1항). 이유없이 성생활을 계속 거절하는 것은 배우자를 고의로 유기하는 것이 되고(민법 제840조 제2호), 나아가 아내를 부당하게 대우하는 것이 되며(민법 제840조 제3호), 혼인을 계속할 수 없는 중대한 사유에 해당되므로 이혼사유가 됩니다(민법 제840조 제6호).

20. 아이들이나 누가 있는 자리에서도 남편은 저에게 항상 상스런 욕을 하는데 이혼사유가 됩니까?

배우자의 심히 부당한 대우에는 육체적인 고통을 가하는 폭력 외에 인격을 모욕하는 폭언, 욕설도 포함됩니다. 욕설을 일상용어처럼 해대고 그것도 아이들과 남이 보는 앞에서까지 서슴없이 한다면 이혼사유가 될 수 있습니다(민법 제840조 제3호).

21. 구타하여 낙태시킨 남편과 이혼할 수 있는지요?

남편의 구타로 인하여 낙태가 되었다면 가정법원에 남편의 심히 부당한 대우를 이유로 하는 이혼 및 위자료 청구 등을 할 수 있습니다(민법 제840조 제3호, 제843조). 또한 형사상 처벌을 원하시면 진단서를 첨부하여 상해죄로 관할 경찰서에 고소할 수 있습니다(형법 제257조).

22. 남편과 시부모의 욕설과 폭행이 이혼사유가 되는지요?

우리 민법은 재판상 이혼사유로 배우자 또는 그 직계존속으로부터 심히 부당한 대우를 받았을 때를 규정하고 있습니다(민법 제840조 제3호). 부당한 대우란 정신적, 육체적인 것을 다 포함합니다. 욕설, 폭행 등으로 인격적인 대우를 하지 않는 남편과 시부모의 행동은 심히 부당한 대우에 해당된다고 보여집니다. 남편과 시부모의 부당한 대우를 이유로 하는 재판상 이혼청구를 할 수 있습니다.

23. 남편이 저와 친정부모에게 욕설과 폭행을 했는데 이혼할 수 있습니까?

아내를 때리는 것만으로도 이혼사유가 되는데 친정부모에게까지 폭행을 했다면 충분한 이혼사유가 됩니다. 배우자의 부당한 대우(민법 제840조 제3호) 및 배우자에 의한 직계존속 부당대우 (민법 제840조 제4호)를 이유로 이혼청구소송을 제기할 수 있습니다.

24. 의처증이 심한 남편은 안팎으로 저를 감시하고 폭행을 하더니 급기야 뱃속의 아이까지 혈통을 의심하며 괴롭히는데 이혼사유가 되는지요?

남편의 심한 의처증은 혼인을 계속하기 어려운 중대사유에 해당됩니다(민법 제840조 제6호). 의처증으로 아내를 학대한 남편에 대해 이혼 판결을 내린 판례도 있습니다(1980. 12. 11. 서울 가정법원 판결).

25. 5년 전 집을 나간 남편이 연락도 없고 행방을 알 길이 없는데 이혼할 수 있습니까?

3년 이상 배우자의 생사가 불명일 때는 재판상 이혼사유가 됩니다(민법 제840조 제5호).

26. 협의이혼하고 헤어진 후 신고하지 않은 경우, 재판이혼의 사유가 됩니까?

협의이혼 의사의 확인을 받으면 3개월 내에 신고를 해야만 이혼이 됩니다. 이 기간 내에 신고를 하지 않으면 이혼확인은 무효가 됩니다. 이혼확인을 받았다 하더라도 신고하기 전까지는 당사자는 언제나 이를 철회할 수 있도록 되어 있으므로 협의이혼확인을 받았다고 하여 단순히 이를 재판이혼의 사유로 보기는 어렵습니다.

27. 3년 이상 별거하면 자동이혼이 되는지요?

우리나라의 법에는 자동이혼이란 없습니다. 별거한 지 3년이 아니라 30년이 되더라도 두 사람이 협의 이혼을 하거나 재판이혼을 청구하지 않는 한 자동적으로 이혼이 되지는 않습니다.

28. 혼인을 계속하기 어려운 중대한 사유란 무엇입니까?

사회관념상으로 보아 배우자에게 혼인생활을 계속하도록 하는 것이 너무하다고 할 정도, 즉 누구라도 참을 수 없을 정도로 혼인관계가 파탄된 경우를 말합니다. 판례가 혼인을 계속하기 어려운 중대한 사유로 이혼을 허락한 사례들을 살펴보면 다음과 같습니다.

① 경제적인 파탄 방탕, 허영으로 인한 지나친 낭비, 불성실 또는 지나친 사치, 거액의 도박 등

② 정신적인 파탄 불치의 정신병, 극심한 의처증, 수년간의 별거, 주벽 또는 알코올 중독, 마약중독, 범죄행위 및 실형선고, 광신 등

③ 육체적 파탄 이유없는 부부관계 거부, 성적인 불능, 변태성욕, 동성연애, 성병감염, 춤바람 등

29. 남편에 대한 애정이 없어져 헤어지고 싶은데...

남편이 협의이혼에 응해 주면 헤어질 수 있습니다. 그러나 남편이 이혼을 원하지 않는다면 애정상실을 이유로 이혼소송에서 승소하기는 어렵습니다.

30. 성격차이로 이혼할 수 있는지?

단순한 성격차이는 재판상 이혼사유가 되지 않습니다. 따라서 협의이혼이 아니면 어렵습니다.

31. 결혼한지 4년이 되어도 아이가 없어 남편과 시부모님이 이혼을 요구하는데...

설사 당신에게 원래부터 불임증이 있다 하더라도 그것을 이유로 이혼할 수는 없습니다. 따라서 남편과 시부모님이 이혼을 요구하더라도 본인이 이혼할 의사가 없다면 이혼은 성립되지 않습니다.

32. 남편이 3년 전부터 마약에 중독되어 집을 나가 연락도 되지 않는데 이혼이 됩니까?

마약에 중독되어 집을 나가 돌아다닌다면 이것은 혼인생활을 계속할 수 없는 중대한 사유에 해당됩니다(민법 제840조 제6호).

33. 남편이 5년 전부터 노름에 빠져 월급을 모두 날리고 빚까지 졌는데 이혼사유가 됩니까?

수년동안 상습으로 노름을 하며 더욱이 빚까지 졌다면 결혼생활을 계속할 수 없는 중대한 사유에 해당한다고 볼 수 있습니다. 따라서 법원에 이혼청구소송을 제기할 수 있습니다(민법 제 840조 제6호).

34. 아내가 분수에 넘치는 사치와 낭비로 살림을 돌보지 않고 빚까지 졌는데...

부인의 심한 사치와 낭비벽은 이혼의 사유가 됩니다. 민법 제840조 제6호의 혼인을 계속 할 수 없는 중대한 사유에 해당하므로 재판상 이혼청구를 제기해 볼 수 있습니다.

35. 아내에게 정신병 증세가 있는데 이혼할 수 있는지요?

가벼운 증세로는 이혼이 허용되지 않으나, 불치의 정신병으로 상대방의 일생을 희생시켜야 할 정도로 심하다면 이혼이 허용될 수 있습니다.

36. 남편이 사기죄로 두 번이나 복역하고 이번에 또 징역3년의 형을 선고받았는데...

여러차례 형의 선고를 받았고 현재도 복역 중이라면 이는 혼인을 계속하기 어려운 중대한 사유에 해당되므로 재판상 이혼청구를 할 수 있습니다(민법 제840조 제6호, 1980. 11. 27. 서울가정법원 판결).

37. 아내는 기독교이고 저희 집은 대대로 불교라 종교문제로 불화가 심한데...

우리나라는 헌법에 모든 국민은 종교의 자유를 가진다고 규정되어 있습니다(헌법 제20조). 그러므로 당신은 부인에게 같은 종교를 갖자고 권유할 수는 있으나 강제할 수는 없습니다. 부인이 종교에 지나치게 빠져 가산을 탕진하고 가사를 돌보지 않는 등의 중대한 사유가 없는 한 종교가 다르다는 것만으로 이혼을 할 수는 없습니다.

38. 수차의 충고에도 불구하고 계속된 계로 감당할 수 없는 빚을 졌는데...

단순히 계가 깨졌다는 이유만으로는 이혼할 수 없습니다. 그러나 수차의 충고에 불응하고 거듭해서 계를 하여 감당할 수 없는 빚을 진 경우는 혼인을 계속하기 어렵게 되었다고 보아 이혼청구를 해 볼 수 있습니다(민법 제840조 제6호, 1980. 10. 28. 서울가정법원 판결).

39. 주벽이 심하여 항상 술에 취해 물건을 부수고, 아이들에게까지 폭행을 일삼는데...

주벽도 정도에 따라 다르겠으나 항상 술에 취하여 아내는 물론 아이들에게까지 폭행과 폭언을 일삼는다면 배우자의 부당한 대우 및 기타 혼인을 계속할 수 없는 중대한 사유에 해당된다고 볼 수 있습니다(민법 제840조 제3호, 1981. 5. 20. 서울가정법원 판결).

40. 결혼한 지 1년이 되어도 부부관계가 없었다가 남편이 성불구인 것을 알게 되었습니다. 이혼사유가 되는지요?

혼인이란 부부간의 정신적, 육체적 결합을 의미합니다. 그러므로 배우자가 성불구인경우, 이는 혼인을 계속할 수 없는 중대한 사유에 해당됩니다(민법 제840조 제6호, 1966. 1 . 31. 대법원 판결).

41. 6년 전 별거하여 다른 사람과 각각 동거하는 것이 이혼사유가 됩니까?

서로 새로운 가정을 이루고 살고 있다면 협의이혼이 가능할 것입니다. 우선 서로 만나 협의이혼 절차를 밟는 것이 간단하고 빠릅니다. 그러나 협의가 어렵다면 재판을 통해 이혼을 청구할 수 있습니다. 부부 쌍방이 서로 아내와 남편을 두고 다른 사람과 동거함으로써 이미 부부관계는 돌이킬 수 없는 파탄에 이르렀으므로 혼인을 계속하기 어려운 중대한 사유에 해당되기 때문입니다.

42. 위자료 액수의 산정기준은?

위자료란 정신적 고통을 받은 대가로 피해자가 가해자로부터 받는 손해배상의 일종입니다(민법 제843조, 제806조). 위자료의 산정기준은 법에 정해 있는 것이 아니고 판례를 통해 볼 수 있는데, 그 액수산정은 법원이 여러가지 점을 참작하여 직권에 의해 결정하며 대개 다음의 것을 참작하게 됩니다.

① 혼인파탄의 원인과 책임

② 유책정도(잘못을 저지른 배우자로부터 받은 정신적 고통의 정도)
③ 재산상태 및 생활정도 가족상황
④ 동거기간 및 혼인생활 내력
⑤ 당사자의 학력, 연령, 경력, 직업 등 신분사항
⑥ 자녀 및 부양관계
⑦ 재혼의 가능성

43. 시부모의 학대 등 부당한 대우로 이혼할 경우, 시어머니에게 위자료를 청구할 수 있습니까?

가족법은 시부모로부터 학대받은 것도 정당한 이혼의 사유로 인정하고 있습니다. 귀하의 경우, '배우자의 직계존속으로부터 심히 부당한 대우(민법 제840조 3호)'를 이유로 재판상 이혼청구 및 남편과 시어머니를 상대로 위자료 청구를 할 수 있습니다.

44. 장인·장모의 인격적 모독과 이혼강요, 폭행으로 이혼하는 경우, 장인·장모를 상대로 위자료 청구를 할 수 있습니까?

결혼생활을 파탄시킨 잘못이 장인·장모에게 있다면 그로 인해 당신이 받은 정신적 피해에 대해 장인·장모에게 위자료를 청구할 수 있습니다(민법 제840조 제3호, 제751조).

45. 남편도 아내에게 위자료를 받을 수 있습니까?

혼인생활 파탄의 책임이 아내에게 있다면 성별에 관계없이 남편도 아내에게 위자료를 청구할 수 있습니다.

46. 아내의 외도로 이혼하려 하는데 재산이 많은 장인에게 위자료를 청

구할 수 있는지요?

이혼의 책임은 외도한 아내에게 있는 것이지 장인에게 있는 것이 아니므로 장인에게는 위자료 청구를 할 수 없습니다.

47. 남편의 외도로 이혼하려 하는데 남편과 외도한 상대에게 위자료 청구가 가능한지요?

남편 및 상대여자에게 동시에 위자료 청구가 가능합니다. 남편과 상대여자를 공동피고로 하여 이혼 및 위자료 청구를 법원에 제기할 수 있습니다. 이 경우, 당신의 남편과 상대여자가 연대책임으로 위자료를 물게 됩니다(민법 제960조). 이때, 피고의 부동산에 대한 가압류 명령을 법원에 신청하여 재산도피를 방지하도록 해 두시는 것이 좋습니다(가사소송법 제63조).

48. 남편이 외도한 경우, 이혼하지 않고도 상대 여자에게 위자료 청구를 할 수 있습니까?

가능합니다. 불법행위로 인한 손해배상 청구를 가정법원(지방은 지방법원)에 제기하면 됩니다(민법 제750조). 즉 본처인 당신의 처권(妻權)의 침해를 받았으므로 처의 권리를 침해한 여자에게 위자료를 받아낼 수 있는 것입니다. 이는 상대 여자의 잘못에 기인한 위자료이므로 남편이 지급해야 할 위자료를 상대 여자가 대신 지급하는 것은 아닙니다.

49. 먼저 이혼을 제의한 사람이 위자료를 주어야 하는 것인지요?

그렇지 않습니다. 이혼을 누가 먼저 제의했냐는 중요하지 않으며 이혼사유의 발생책임이 어느 쪽에 있는지에 따라서 위자료 책임이 발생됩니다(민법 제843조, 제806조).

50. 남편의 폭행으로 이혼을 하려 하는데 남편은 재산은 없고 매월 월급은 받고 있는데 위자료를 받을 수 있는지요?

남편의 잘못으로 이혼을 하게 되어 위자료 지급판결을 받게 되면 남편의 소유재산이 없어도 직장 월급 중에서 일부를 압류하여 판결 받은 액수에 달할 때까지 나누어 받을 수 있습니다.

51. 위자료도 받지 못하고 억지로 이혼당했는데, 재산분할청구는 이혼 후에도 할 수 있는지?

재산분할청구권은 이혼한 날부터 2년 내에는 언제든지 행사할 수 있습니다.

52. 결혼생활 15년만에 이혼을 결심했으나 남편은 재산을 한푼도 줄 수 없다고 하는데...

이혼한 부부 사이에는 재산분할 청구권이 인정되므로 남편명의로 되어 있는 재산이라 하더라도 당연히 나누어 받을 수 있습니다(민법 제839조2). 남편이 한 푼도 나누어 줄 수 없다고 한다니 협의로는 불가능하다면 가정법원에 재산분할을 청구할 수 있습니다. 법원에서는 각자의 노력으로 이룩한 재산(상속, 증여 받은 재산은 제외)의 액수와 기타 여러가지 사정을 참작해서 나눌 액수와 방법을 정해 줍니다. 주부가 가사노동에만 종사했더라도 재산축적에 기여를 한 것이므로 분할받을 수 있습니다.

한편 재산분할 청구권과 별도로 남편의 잘못에 대한 위자료는 따로 청구하여 받을 수 있습니다(민법 제843조, 제806조).

53. 남편에게는 10년 전 시댁에서 사 준 아파트 한 채 뿐인데 그것도 재산분할 할 수 있는지?

가능합니다. 10년 전 시댁에서 사 준 아파트라 하더라도 부인이 그 재산을 유지·보전하는데 기여하였다면 그러한 부인의 기여분은 남편 개인의 특유재산으로부터 청산되어야 하기 때문입니다.

54. 이혼 전 아내의 채무에 연대보증을 선 경우, 이혼 후까지 책임을 져야 하는지?

이혼후라도 책임이 있습니다. 연대보증을 선 것은 남편으로서가 아니라 개인으로서 선 것이므로 이혼을 하더라도 연대 보증인으로서의 책임을 면할 수는 없습니다. 그러나 이혼한 처의 채무를 갚아 주었을 경우에는 보증인으로서의 구상권을 행사하여 이혼한 처를 상대로 대신 변제한 금액의 반환을 청구할 수는 있습니다.

55. 이혼 후 시어머니가 혼인 때 받은 예물을 돌려달라고 하는데 돌려주어야 합니까?

혼인예물은 혼인의 성립을 조건으로 증여한 예물이므로 일단 혼인이 성립한 이상 부인의 소유로, 반환하지 않아도 됩니다.

56. 혼인신고를 하지 않은 사실혼 부부인데, 이혼시 위자료나 재산분할을 청구할 수 있는지?

사실혼 부부일지라도 사실혼관계 부당해소로 인한 손해배상청구가 가능하며, 이와 함께 재산분할의 청구도 인정될 수 있습니다.

57. 제 잘못으로 인해 이혼하는 경우에도 재산분할을 청구할 수 있습니까?

재산분할은 혼인생활의 파탄에 대한 책임여부와는 무관하게 부부공동재산의 청산에 관한 것입니다. 따라서 유책배우자라 할지라도 그 잘못에 대한 위자료배상의 책임은 있겠지만 이와는 별도로 재산분할 청구는 가능한 것입니다.

58. 협의이혼하면서 남편명의로 되어 있는 집을 위자료 및 재산분할로 받기로 했는데, 이를 확실히 해 두려면 어떻게 해야 합니까?

가장 좋은 방법은 명의를 넘겨받고 이혼절차를 밟는 것입니다. 그러나 그것이 여의치 않다면 이혼으로 인한 위자료 및 재산분할로 남편명의의 주택을 부인에게 넘긴다는 내용의 합의서를 작성하여 공증한 후 이혼절차를 밟으시면 됩니다. 후에 남편이 약속을 이행하지 않아도 이러한 절차를 거쳐 놓으면 강제집행을 하여 명의를 넘겨 받을 수 있습니다.

59. 이혼 후 아이에 대한 우선권은 누구에게 있는지?

자녀의 친권 및 양육권에 대한 권리는 아버지, 어머니에게 동등하게 있습니다. 따라서 협의로 양육자를 정할 수 없을 때에는 법원에 친권 및 양육자 지정신청을 할 수 있습니다. 법원에서는 자녀의 나이, 부모의 재산상황, 기타 사정을 참작하여 부모 중 누가 아이를 위해 더 좋은지를 판단하게 됩니다.

60. 이혼하면서 아이에 대한 친권을 엄마인 제가 가질 수 있습니까?

부모가 이혼할 경우, 부모의 협의로 친권을 행사할 자를 정할 수 있습니다. 만약 친권에 대하여 협의를 할 수 없거나 협의가 이루어 지지 않을 경우에는 당사자의 청구에 의하여 가정법원이 이를 결정합니다(민법 제909조 제4항).

61. 유부남의 아이를 낳아 그 남자 호적에 혼인 외의 자로 입적시킨 경우, 아이의 생모인 제가 친권을 행사할 수 있습니까?

혼인 외의 자가 인지된 경우에는 그 부모가 협의로 친권을 행사할 자를 정하고 협의할 수 없거나 협의가 이루어 지지 아니하는 경우에는 당사자의 청구에 의하여 가정법원이 결정합니다(민법 제909조 제4항). 따라서 친권자를 정하는데 협의가 안되면 가정법원에 어머니를 친권자로 정해 달라는 신청을 하실 수 있습니다.

62. 이혼하고 아이들은 남편이 데려갔는데 저도 아이들을 만나 볼 법적 권리가 있는지요?

이혼을 하더라도 자녀와 어머니 사이가 끊어지는 것이 아닙니다. 어머니로서 아이들을 만나 보거나 아이들과 연락을 취하는 것은 당연한 권리입니다. 우리 민법은 자녀를 직접 양육하지 않는 부모 일방에 대해서도 면접교섭권을 인정하고 있습니다(민법 제837조2의 제1항). 다만 자녀의 복리를 위해서 필요한 때에는 당사자의 청구에 의해 이를 제한할 수도 있습니다(동법 제837조2의 제2항).

63. 이혼시 남편에게 맡겼던 아이를 찾아 직접 양육하고 싶은데 가능합

니까?

이혼시 친권 및 양육권자를 부로 정한 경우 부모가 협의하면 친권 및 양육권자를 변경할 수 있습니다. 그러나 협의가 되지 않는다면 원칙적으로 변경이 어렵습니다. 다만 이혼 후의 사정변경으로 부가 계속하여 자녀를 양육하는 것이 아이를 위해 부적절한 경우에는 법원에 친권 및 양육권자 변경신청을 하면 판사가 이를 판단하여 변경이 가능할 수도 있습니다.

64. 양육자를 지정해 달라고 법원에 청구하게 되면 어떠한 기준으로 심판을 하게 되는지...

민법 제837조 제2항은 "가정법원은 그 자녀의 연령, 부모의 재산상황, 기타 사정을 참작하여 양육에 필요한 사항을 정한다"라고 규정하고 있으며, 가사소송규칙 제100조는 "자녀의 양육에 관한 처분과 변경 등에 관한 심판청구가 있는 경우에, 자녀가 15세 이상인 때에는, 가정법원은 심판에 앞서 그 자녀의 의견을 들어야 한다"라고 규정하고 있습니다. 무엇보다 가정법원은 자녀의 입장에서 자녀의 복리를 위해 부모 중 누가 자녀 양육에 적절한지를 판단하게 되는 것입니다.

65. 자녀의 양육비 액수를 산정하는 기준은 무엇입니까?

미성년자인 자녀가 성인이 될 때까지, 부모의 생활수준과 동등한 정도의 생활을 유지할 수 있을 정도로 양육비를 지급하여야 합니다.

66. 만22세인 큰아이의 학비를 이혼한 전남편에게 양육비로 청구할 수 있습니까?

양육비는 미성년자녀가 성년에 이를 때까지 지급하는 것이므로 법적으로는 만22세인 자녀에게 부모가 양육비를 지급해야 할 의무는 없습니다.

67. 합의로 이혼하고 아이를 맡은 경우에도 양육비를 청구할 수 있습니까?

가능합니다. 양육비에 관한 사항이 협의로 결정되지 않는다면 가정법원에 양육비청구소송을 제기할 수 있습니다.

68. 혼인신고 없는 사실혼관계에서 태어난 자녀의 양육비도 청구가능합니까?

법률상 혼인 외의 출생자에 대하여는 그 친부가 인지를 함으로써 법률상의 친자관계가 형성되어 부양의무가 발생하는 것이고 아직 인지되지 않은 혼인외 출생자에 대하여는 그 친부라 하더라도 법률상 부양의무가 있다고 보기가 어렵다는 것이 판례의 입장입니다. 즉 자녀가 친부의 호적에 혼인 외의 자로 입적되어 있다면 당연히 양육비를 청구할 수 있으나, 호적에 입적되어 있지 않고, 친부가 인정하지 않고 있다면 법적으로 양육비를 청구하기는 어려울 수도 있습니다. 다만 판례도 "친부가 혼인외 출생자에 대하여 인지를 하기 전에 생모에게 아들의 양육을 부탁하면서 그 양육비를 지급하기로 약정하였다면 그러한 약정은 유효하다고 할 것이고 이러한 경우, 약정한 범위 내에서는 과거의 양육비라도 청구할 수 있다고 할 것이다"라고 판시하고 있습니다. 따라서 부모간에 협의로 양육비에 대한 약정을 하였다면 자녀임을 인지한 것이므로 양육비 청구가 가능할 것입니다.

69. 아이의 아버지가 친권자이면서 양육권자인 저에게는 말도 없이 아이를 데려간 후 돌려 보내지 않고 있는데 어떻게 해야 합니까?

먼저 아이의 아버지와 협의를 통해 아이를 데려오도록 해 보십시오. 협의가 되지 않는다면 가정법원에 유아인도청구를 하실 수 있습니다.

70. 이혼할 때 아이들을 엄마인 제가 맡기로 했는데 아이들을 제 호적에 넣을 수 있나요?

이혼 후 자녀를 아내가 키우기로 합의가 되었다 해도 자녀의 호적을 어머니의 호적에 입적시킬 수는 없습니다. 이혼을 하게 되면 귀하의 호적은 남편과 떨어져 친정으로 복적하거나 일가창립하게 됩니다. 아이들은 아버지의 호적에 남아있게 되고 어머니의 호적에 입적시킬 수는 없습니다(민법 제781조).

71. 이혼한 사실이 호적등본에 나타나는 것이 걸리는데...

98년부터 호적에 이혼이나 파양 등 불리한 사생활 기록이 남지 않게 되었습니다. 개정된 호적법시행규칙에 따르면 본적을 옮기는 전적때 부모-이름 등 기본사항 외에 이혼-파양 등은 옮겨적지 않기로 하는 등 호적이기 방식을 채택하고 있어 불리한 개인의 기록은 호적등본상에 나타나지 않습니다. 그러나 본적을 옮겨 이혼 등 기록이 없어져도 삭제된 호적기록인(제적등본)을 보거나 원적을 추적시에는 과거의 이혼경력이 나타나게 됩니다.

72. 이혼한 후 재혼하려 하는데 전남편의 동의하에 자녀를 새로 결혼하는 남자의 호적에 올릴 수 있는지요?

새로 결혼하는 남편과 전남편의 동의를 얻었다면 가능합니다(민법

제784조 제1항, 호적법 제102조). 그러나 이렇게 해서 입적하더라도 아이의 성과 본은 바뀌지 않습니다.

73. 이혼 후 친가로 복적하려는데 친가는 이미 폐가가 된 경우, 어떻게 해야 호적을 갖게 됩니까?

친정 호적이 폐가 또는 무후된 경우에는 일가창립을 하든지 폐가 또는 무후가 된 친가를 부흥시킬 수 있습니다(민법 제787조 제3항). 귀하의 경우에는 이혼신고서에 그 사유를 써넣고 무후가 부흥 또는 일가창립신고를 하면 됩니다(호적법 제79조, 제106조).

74. 이혼하고 친정으로 호적을 옮기고 싶지 않은데 새로 단독 호적을 만들 수 있습니까?

가능합니다. 이혼한 경우, 친가로 복적하거나 일가창립을 선택할 수 있습니다(민법 제787조). 귀하가 호적을 친정으로 다시 가져가기를 원하지 않는다면 일가창립신고를 하여 따로 호적을 만들 수 있습니다.

75. 유부남의 아이를 낳았는데 그 본처가 승낙하지 않아 아이를 호적에 올릴 수 없다고 합니다. 어떻게 해야 생부의 호적에 아이를 올릴 수 있습니까?

아이의 아버지가 자진해서 입적시킬 의사만 있다면 본처의 동의 없이도 인지신고를 하여 혼인 외의 자로 입적할 수 있습니다(민법 제855조). 본처가 승낙하지 않는다는 핑계로 입적시켜 주지 않을 때에는 법원에 인지청구의 소를 제기하여 강제로 남자의 호적에 혼인 외의 자로 입적시킬 수 있습니다.

76. 남편이 다른 데서 아이를 낳아 저의 아이처럼 출생신고를 해 놓았는데 호적에서 뺄 수 없습니까?

남편의 아이인 것이 사실이면 남편 호적에 입적시키는 것을 막을 수는 없습니다. 그러나 귀하의 친자가 아닌 것은 법원에 귀하와 그 아이 사이에 친자관계가 없다는 사실을 재판으로 밝혀 확정되면 판결의 확정일로부터 1개월 이내에 호적을 정정할 수 있습니다(호적법 제123조). 그 아이가 호적에서 제적되는 것은 아니고 어머니의 이름이 생모로 바뀌므로 혼인 중의 자에서 혼인 외의 자로 바뀌는 것 뿐입니다.

77. 며칠 전 호적등본을 떼어 보았더니 낳지도 않은 아들이 하나 더 입적되어 있는데...

귀하의 자녀가 아니라도 남편의 친자가 확실하면 호적에서 제적할 수는 없습니다. 다만 혼인 중의 자를 혼인 외의 자로 할 수 있을 뿐입니다. 즉 생모이름을 밝힐 수 있습니다. 그러나 남편과도 전혀 관계없는 아이라면 친생자관계부존재확인청구의 소를 통하여 제적시킬 수 있습니다(가사소송법 제2조 제1항 가류 제4호).

78. 이혼한지 1개월 만에 재혼했고 8개월 만에 아이를 낳았는데 제 생각에는 재혼 후 생긴 아이인데 남편은 자기 자식이 아니라고 합니다. 어떻게 하면 좋겠습니까?

우리 민법은 이런 문제를 고려하여 여자의 재혼금지기간을 6개월로 정하고 있습니다(민법 제811조). 귀하의 경우, 귀하의 판단과 달리, 현재의 남편이 자기 아이가 아니라고 고집한다면 재판을 통하여 아버지가 누구인지를 가릴 수 밖에 없습니다(민법 제845조, 가사소송법 제2조 제1항 나류 5호).

79. 작년 7월에 결혼하였는데 아내는 결혼 전에 다른 남자의 아이를 임신하여 12월에 출산하였습니다. 제 호적에 출생신고까지 했는데 없앨 수 있는지요?

혼인이 성립한 날로부터 200일 이후에 처가 낳은 아이는 남편의 친생자로 추정합니다(민법 제844조). 그러므로 귀하의 친자가 아니라는 것을 알았으면 가정법원에 친생부인의 소를 제기하여 제적할 수 있습니다(민법 제846조, 가사소송법 제2조 제1항 나류 제6호).

80. 이혼을 할 때까지는 한 집에 있어야 하는지...

흔히들, "합의이혼이건 재판이혼이건 이혼이 이루어질 때까지는 남편과 한 집에서 생활하고 있어야만 불리하지 않다"고 알고 있는 경우가 많습니다. 그러나, 이혼을 각오하고 서로가 헤어질 것을 알고 있는 이상, 한 집에서 산다는 게 쉬운 일은 아니다. 이럴 때는 과감히 집을 나오는 것도 좋은 방법이다. 집을 나오더라도 가출이 되지 않으며, 집을 나온 상태에서 이혼소송을 제기하더라도 불리하게 작용되는 것은 아무 것도 없습니다.

81. 남편이 가출신고를 하면 어떻게 하나...

① 남편은 가출이라고 주장하고 가출신고를 할 수도 있지만, 이혼을 전제로 집을 나온 것은 가출이 아니라 정당한 행위이며 가출신고를 하더라도 이혼소송에 아무런 영향을 미치지는 않습니다.

② 어쩌다, 가출신고가 되어 있어서 불심검문에 적발되어 경찰서나 파출소로 연행되는 경우도 있긴 하지만, "이혼을 전제로 집을 나

왔고, 남편이 일방적으로 가출신고를 했다"고 밝히고 이 사실이 확인되면, 그 자리에서 바로 집으로 돌아갈 수 있을 뿐 아니라 가출신고도 없어지게 됩니다.

③ 다만, 집을 나오는 것은 이혼을 전제로 마지막 나오는 것이어야 하며, 다시 또 집에 들어가는 등 들어갔다가 나왔다가를 반복한다면, 후일 이혼을 할 때 이러한 사실들이 불리하게 작용해서 위자료 액수가 낮아지는 한 원인이 되기도 합니다.

82. 이혼 전에 가재도구를 가지고 오면 불리해지지 않는지...

① 이혼을 전제로 집을 나올 때는 옷, 신발 등 개인 비품은 물론 가재도구 등 필요한 물건을 가지고 나와도 아무런 불이익이 없습니다.

② 원래 개인비품은 개인의 소유이고, 패물은 받은 사람의 소유이며, 가재도구 등 혼수품은 이를 마련해서 가지고 온 사람의 소유이고, 결혼 후 마련한 것은 누가 돈을 벌어서 구입하였느냐를 가리지 않고 두 사람에게 1/2씩 권리가 있습니다. 따라서, 이혼을 전제로 짐을 가지고 나오는 것은 '내 물건을 내가 가지고 나오는 것'이어서 절도죄에 해당되지 않으며, 아직 이혼이 되지 않은 상태이므로 주거침입도 되지 않습니다. 또, 집을 나온 뒤 열쇠를 바꾸어 버렸다면, 열쇠수리공을 불러서 문을 따고 들어가면 되고, 이 경우에도 주거침입도, 절도도, 기물손괴도 아무 것도 성립되지 않습니다.

③ 간혹, 이혼 소송 중에 가재도구를 가지고 간 점을 들어 마치 상대방에게 큰 잘못이 있는 것처럼 주장하는 경우도 있습니다. 그러나, 이혼을 하게 된 원인이 가재도구를 가지고 나옴으로써가 아니

라 이미 그 전에 있었던 다른 많은 일들로 인한 것이고 가재도구는 이혼을 결심한 뒤에 부수적으로 발생한 일에 불과하므로, 재판에서 비난거리가 되지는 않습니다.

83. 이혼 결심 후 가재도구는 언제 가지고 나와야 하는지...

① 이혼을 전제로 집을 나올 때 가지고 나오면 됩니다.

② 아무 것도 가지지 못하고 맨 몸으로 이미 집을 나온 상태라면, 집을 나온 뒤 이혼신고를 하기 전까지 언제든지 다시 집에 가서 가지고 오면 됩니다.

③ 다만, 협의이혼이건 재판이혼이건, 이혼신고가 된 이후에는 더 이상 부부가 아니므로, 주거침입 등 법률적 문제가 생길 수 있으므로 가능한 이혼신고를 하기 전에 가지고 나오도록 합니다.

84. 이혼결심 후 가재도구를 가져오는 과정에서의 몸싸움이 생길 것에 대비할 수는 없는지...

양쪽에서 서로 합의가 되어 별 문제없이 가재도구 등을 가지고 갈 수 있다면 가장 바람직합니다. 그러나, 이혼으로 감정이 악화될대로 악화된 상태에서 가재도구를 나누어 가지는 것은 생각만큼 쉽지가 않아서, 몸싸움이나 폭언 등이 오가는 경우가 대부분이고, 상대방의 패물 등 개인비품을 숨기는 경우도 많습니다. 따라서, 가재도구를 가지러 갈 때, 가능하면 남편(혹은 아내)이 없는 시간을 이용해서 가는 것이 좋으며, 혼자 가지 말고 친정식구들이나 친구 등 도움을 받을만한 사람과 함께 가는게 좋으며, 물건을 실어 온 차량(이삿짐센터 차량 등)을 대동하고 함께 가는게 좋습니다. 친정식구 등 아무도 도움받을 사람이 없다면 이삿짐센터 사람이라도 함께 가서 도움을 받으면 좋을 것입니다. 그렇게 갔음에도 불구하고 물건을 가지고 나가지 못하게 하거나 몸싸움이 벌어진다면, 112나 가까운 관할 파출소 등에 신고해서 도움을 받도록 합니다. 그런데, 시어머니 등 시댁식구와 함께 살거나 혹은 남편이 늘 집에 있다는 등 특별한 사정이 있을 때에는, 근처 파출소 등에 도움을 청하여 "이혼하려고 하는데, 개인비품과 가재도구를 실어가려고 합니다. 서로 나쁜 일이 일어나지 않도록 옆에 입회만 해 주십시요"라고 부탁을 해 보는 것도 좋은 방법입니다.

85. 상대방이 보관 중인 패물을 소송을 통해서 받을 수 없는지...

이혼을 생각하면, 값 나갈만한 패물 등을 다른 곳으로 옮겨 버리거나 숨겨버림으로써 본인이 가지고 가지 못하도록 하는 경우가 많습니다. 이론적으로야 패물이나 가재도구에 대한 반환청구를 해서 돌려받을 수 있을 것 같지만, 실제로는 거의 불가능합니다. 예컨대, 냉장고를 한 대 돌려 받을려면, 냉장고를 특정시켜야 하는데, 제품명, 모델명, 현재의 중고가격 등 구체적으로 이를 다른 것과 구별되게끔 밝혀야 하는데, 이를 밝힐 방법은 거의 없습니다. 패물도 마찬가지입니다. 따라서 실무에서는 쌍방간에 서로 패물을 주고받도록 합의를 유도하곤 하는데, 끝까지 한쪽에서 응하지 않으면 이를 강제할 방법은 없습니다. 물론, 그러한 태도들이 위자료 액수를 결정하는데 참작은 되겠지만. 또, 우리 형법상 부부간에는 절도죄나 사기죄, 횡령죄 등 재산범죄는 처벌을 하지 않고 있기 때문에, 이를 숨기거나 돌려주지 않는 것을 들어 절도죄나 횡령죄 등으로 형사고소 하더라도 아무런 소용이 없습니다.

86. 이혼으로 전세보증금의 명의를 바꿀 경우

남편(아내) 명의의 전세보증금을 상대방에게 넘겨주기로 할 경우, 집주인과의 전세계약을 다시 작성하는 것이 좋습니다. 만일 사정이 여의치 않으면, 전세계약자인 남편(아내)가 집주인에게 "아내(남편)에게 전세보증금반환채권을 양도하였다"는 내용의 양도통지서를 내용증명우편으로 보내어야만 법적으로 남편(아내)로부터 아내(남편)에게 전세보증금에 관한 모든 권리가 넘어간 것이 됩니다.

87. 이혼으로 부동산 소유권이전등기를 넘겨받거나 넘겨 주기로 할 경우

재산분할이나 위자료로 등기를 넘겨받기로 합의한 경우, 법원에 이혼의사확인신청을 받으러 가기 전까지 이전등기를 모두 마치는 것이 좋습니다. 부득이하게 이전등기를 할 수 없다면 이전등기에 필요한 서류들이라도 모두 넘겨받아 두어야 합니다. 이전등기에 필요한 서류는 다음과 같습니다.

① 현재의 등기명의자가 구비해야할 서류들
- 인감증명 1통(매수인 표시 必→ 매수인의 정확한 주소 표기)
- 주민등록초본 : 1통
- 인감도장
- 등기권리증

② 등기를 넘겨받는 자가 구비해야할 서류들
- 주민등록초본 : 1통
- 인감도장
- 토지대장 : 1통
- 가옥대장 : 1통
- 토지가격확인원 : 1통

88. 부동산을 위자료로 넘겨줄 경우 취득세, 등록세 등 세금문제

부동산을 위자료로 넘겨줄 경우, 넘겨주는 사람 앞으로 양도소득세가 나오고, 받는 사람 앞으로는 취득세와 등록세가 부과됩니다. 재산분할로 부동산을 넘겨 줄 경우에는 받는 사람만 취득세와 등록세가 부과되고 두 사람 모두에게 증여세나 양도소득세는 부과되지 않습니다. 그러나, 취득세와 등록세도 부동산 가액에 따라서 수백만원 혹은 그 이상에 달할 수 있으므로, 이혼합의서를 작성하면서 취득세나 등록세, 양도소득세 등은 누가 부담할 것인지도 명백하게 정하여 두는 것이 좋습니다. 세금이 부담스러우면 차라리 현금으로 받으면 세금이 부과되지 않습니다.

제2편. 이혼관련 질의답변

제2편 이혼관련 질의 답변

◘ 위자료조로 국민주택입주자 지위를 받은 처에게 바로 이전등기 가능한지

【질의】 ➡ 저는 결혼 5년만에 남편의 부정행위로 이혼하면서 남편명의로 분양 받은 국민주택규모의 아파트(잔금까지 지급되었으나, 남편명의로 소유권이전은 되지 않은 상태임)를 위자료조로 양도받았습니다. 이러한 경우 위 아파트의 소유권이전등기를 남편명의를 거치지 아니하고 제 명의로 바로 등기할 수 있는지요?

【답변】 ➡ 등기할 수 없습니다.

사업주체로부터 당초 국민주택규모의 입주자지위를 선정받은 남편이 그 지위를 이혼위자료조로 처에게 양도한 경우 위 국민주택(아파트)의 소유자 명의를 양도받은 처에게 바로 소유권이전등기 할 수 있는지 문제될 수 있습니다.

이에 관한 법원행정처의 질의회답을 보면, "사업주체인 甲이 건설·공급하는 국민주택(아파트)의 입주자로 선정된 乙이 이혼으로 인한 위자료지급에 갈음하여 입주자선정지위를 배우자 丙에게 양도하였다면, 위 국민주택(아파트)에 대한 소유권이전등기도 甲에서 乙로, 乙에서 丙으로 순차 이루어져야 하고 甲에서 직접 丙명의로 소유권이전등기신청은 할 수 없다."라고 하였습니다(1996. 5. 7. 등기3402-340 질의회답).

따라서 위 사안의 경우에도 귀하 명의로 직접 위 아파트의 소유권이전등기를 할 수 없을 것으로 보여집니다.

◘ 이혼시 재산분할 명목으로 증여한 부동산이 채권자취소권의 대상이 되는지

【질의】 ➡ 甲은 乙에 대한 7,000만원의 대여금채권을 가지고 있으나, 변제기가 경과된 후에도 변제를 받지 못하고 있었습니다. 그런데 乙은 가정에 소홀하고 처인 丙을 폭행하는 등 가정불화를 일으켜 협의이혼을 하면서 乙의 유일한 재산인 아파트를 처인 丙에게 이혼에 따른 재산분할 등의 명목으로 증여하였습니다. 이 경우 甲이 위 증여행위를 사해행위로 보아 취소시킬 수 있는지요?

【답변】 ➡ 과다증여한 경우 취소시킬수 있습니다

민법 제406조 제1항에 의하면 "채무자가 채권자를 해함을 알고 재산권을 목적으로 한 법률행위를 한 때에는 채권자는 그 취소 및 원상회복을 법원에 청구할 수 있다. 그러나 그 행위로 인하여 이익을 받은 자나 전득(轉得)한 자가 그 행위 또는 전득 당시에 채권자를 해함을 알지 못한 경우에는 그러하지 아니하다."라고 하여 채권자취소권(債權者取消權)을 규정하고 있습니다.

그런데 이혼에 따른 재산분할을 함에 있어 정신적 손해(위자료)를 배상하기 위한 급부로서의 성질까지 포함하여 분할할 수 있는지 및 그 재산분할이 사해행위로서 채권자취소권의 대상이 되기 위한 요건 및 취소의 범위에 관하여 판례를 보면, "이혼에 있어서 재산분할은 부부가 혼인 중에 가지고 있었던 실질상의 공동재산을 청산하여 분배함과 동시에 이혼 후에 상대방의 생활유지에 이바지하는데 있지만, 분할자의 유책행위에 의하여 이혼함으로 인하여 입게 되는 정신적 손해(위자료)를 배상하기 위한 급부로서의 성질까지 포함하여 분할할 수도 있다고 할 것인바, 재산분할의 액수와 방법을 정함에 있어서는 당사자 쌍방의 협력으로 이룩한 재산의 액수 기타 사정을 참작하여야 하는 것이 민법 제839조의2 제2항의 규정상 명백하므로, 재산분할자가 이미 채무초과의 상태에 있다거나 또는 어떤 재산을 분할한다면 무자력이 되는 경우에도 분할자가 부담하는 채무액 및 그것이 공동재산의 형성에 어느 정도 기여하고 있는지 여부를 포함하여 재산분할의 액수와 방법을 정할 수 있다고 할 것이고, 재산분할자가 당해 재산분할에 의하여 무자력이 되어 일반채권자에 대한 공동담보를 감소시키는 결과가 된다고 하더라도 그러한 재산분할이 민법 제839조의2 제2항의 규정 취지에 반하여 상당하다고 할 수 없을 정도로 과대하고, 재산분할을 구실로 이루어진 재산처분이라고 인정할 만한 특별한 사정이 없는 한 사해행위로서 채권자취소권의 대상이 되지 아니하고, 위와 같은 특별한 사정이 있어 사해행위로서 채권자취소권의 대상이 되는 경우에도 취소되는 범위는 그 상당한 부분을 초과하는 부분에 한정된다고 할 것이다."라고 하였습니다(대법원 2001. 5. 8. 선고 2000다58804 판결, 2000. 7. 28. 선고 99다6180 판결).

또한, "상당한 정도를 벗어나는 초과부분에 대하여는 적법한 재산분할이라고 할 수 없기 때문에 이는 사해행위에 해당하여 취소의 대상으로 될 수 있을 것이나, 이 경우에도 취소되는 범위는 그 상당한 정도를 초과하는 부분에 한정하여야 하고, 위와 같이 상당한 정도를 벗어나는 과대한 재산분할이라고 볼 만한 특별한 사정이 있다는 점에 관한 입증책임은 채권자에게 있다."라고 하였습니다(대법원 2001. 2. 9. 선고 2000다63516 판결, 2000. 9. 29. 선고 2000다25569 판결, 2000. 7. 28. 선고 2000다14101 판결).

따라서 위 사안에서도 甲은 위 판례의 취지에 비추어 재산분할의 상당한 정도를 벗어난 부분에 대하여는 丙을 상대로 사해행위 취소의 소를 제기하여 그 가액의 배상을 청구해볼 수도 있을 것이지만, 재산분할의 상당한 정도를 벗어나는 과대한 재산분할이라고 볼 만한 특별한 사정이 있다는 점에 관한 입증책임은 甲에게 있습니다. 그리고 이 경우 법원은 乙과 丙의 혼인에서 이혼에 이르기까지의 경위, 혼인생활 중 乙명의로 아파트를 취득한 사정, 두 사람이 이혼 후 소유하게 되는 재산의 정도와 함께 乙이 丙에게 위 아파트를 재산분할로 양도함으로써 乙에게는 집행가능 한 재산이 거의 없게 되는 사정, 甲이 乙에 대하여 가지는 채권의 액수 등 모든 사정을 참작하여 乙이 丙에게 위 아파트 전체를 재산분할로서 양도하는 것이 그 상당성을 넘는 것으로 보일 경우 협의이혼에 따른 위자료 상당액을 제외한 재산분할의 액수를 확정한 다음 그 초과부분에 한하여 사해행위로서 취소를 명하게 될 것으로 보입니다.

◘ 재산분할청구권의 보전을 위하여 채권자대위권을 행사할 수 있는지

【질의】 ➡ 甲은 위자료 및 재산분할문제는 거론하지 않고 남편 乙과 협의이혼을 하였습니다. 그런데 이혼 후 2년이 아직 지나지 않았으므로 乙을 상대로 재산분할청구를 하여 심판이 계류중인데, 乙이 그의 아버지 丙명의로 명의신탁 한 부동산이 있는바, 甲이 재산분할청구권을 보전하기 위하여 丙명의의 위 부동산에 대하여 乙을 대위하여 처분금지가처분을 할 수 있는지요?

【답변】 ➡ 할 수 없습니다.

채권자대위권(債權者代位權)에 관하여 민법 제404조에 의하면 "①채권자는 자기의 채권을 보전하기 위하여 채무자의 권리를 행사할 수 있다. 그러나 일신에 전속한 권리는 그러하지 아니하다. ②채권자는 그 채권의 기한이 도래하기 전에는 법원의 허가 없이 전항의 권리를 행사하지 못한다. 그러나 보존행위는 그러하지 아니하다."라고 규정하고 있습니다.

민법 제404조 소정의 채권자대위권은 채권자가 채무자에 대한 자기의 채권을 보전하기 위해 필요한 경우 채무자의 제3자에 대한 권리를 대위행사 할 수 있는 권리를 말하는 것이므로, 채권자가 이러한 채권자대위권을 행사하려면 우선 대위에 의해 보전될 채권이 존재하여야 함은 물론, 원칙적으로 그 이행기가 도래하였을 것이 필요하고 나아가 그 같은 채권이 금전채권이라면 보전의 필요성 즉, 채무자가 무자력인 사실 또한 인정되어야 하는데, 만일 채권자가 채권자대위권을 소송의 방법으로 행사하는 이른바 채권자대위소송에 있어 대위에 의해 보전될 채권자의 채무자에 대한 권리 자체가 존재하지 아니하거나 존재하더라도 그 보전의 필요성이 인정되지 아니하는 경우 이는 채권자가 스스로 원고가 되어 채무자의 제3채무자에 대한 권리를 행사할 소송수행권능이 없는 셈이 되므로, 결국 그 대위소송은 당사자적격을 결여하여 부적법하다고 말할 수밖에 없고, 이러한 법리는 채권자대위에 의한 보전처분의 신청에 있어서도 마찬가지라 할 것입니다.

그런데 이혼으로 인한 재산분할청구권을 보전하기 위하여 채권자대위권을 행사할 수 있는지에 관하여 판례를 보면, "이혼으로 인한 재산분할청구권은 협의 또는 심판에 의하여 그 구체적 내용이 형성되기까지는 그 범위 및 내용이 불명확 · 불확정하기 때문에 구체적으로 권리가 발생하였다고 할 수 없으므로 이를 보전하기 위하여 채권자대위권을 행사할 수 없다."라고 하였습니다(대법원 1999. 4. 9. 선고 98다58016 판결, 서울가법 1993. 11. 11 선고 93느2877 판결).

즉, 이혼에 의한 재산분할청구권은, 성질상 혼인 당사자인 채권자와 채무자간의 협의 또는 확정심판 등에 의해 그 구체적 내용이 최종 형성되기 전에는 그 범위 및 내용이 불확정 · 불명확한 상태에 놓여 있어 아직 현실의 구체적 권리로 존재한다고 말하기 어렵고, 그 이행기가 도래하였다고 보기는 더더욱 어려우므로 협의 또는 심판 등을 통해 구체적 내용이 형성되어야만 비로소 대위에 의해 보전될 권리적격을 갖추게 되고, 채권자도 그때 가서야 그 권리에 기해 채무자의 제3채무자에 대한 권리를 대위행사 할 수 있게 된다는 것입니다.

따라서 위 사안에서 甲과 乙은 현재 재산분할청구심판이 계류중이므로 아직은 재산분할청구권의 범위 및 내용이 불확정 · 불명확한 상태에 놓여 있어 그러한 재산분할청구채권을 보전하기 위하여 채권자대위권을 행사하여 丙명의의 위 부동산에 대하여 乙을 대위하여 처분금지가처분을 할 수 없을 것으로 보입니다.

◘ 사망한 부(父)의 과실이 자(子)의 보험금산정시 과실로 참작되는지

【질의】 ➡ 저는 남편 甲과 이혼 후 미성년의 자 乙의 친권행사자로 지정되어 乙과 함께 살고 있었고, 저는 甲과 재결합을 위하여 만나고 있던 중 甲이 운전하는 차에 저의 식구들을 태우고 저의 부모님의 묘소에 성묘를 하기 위하여 가던 중 쌍방의 과실로 무보험자동차와 충돌하는 사고가 발생하여 甲이 사망하고 乙이 중상을 입는 교통사고를 당하였습니다. 이 경우 甲이 가입한 자동차종합보험의 보험회사에 대하여 乙의 손해에 대한 무보험자동차상해보험금산정에 있어서 甲의 운전상 과실을 피해자인 乙의 과실로서 참작할 수 있는지요?

【답변】 ➡ 참작할 수 있습니다.

불법행위에 있어서 가해자의 과실은 의무위반이라는 강력한 과실인데 반하여 피해자의 과실을 따지는 과실상계에 있어서의 과실은 전자의 것과는 달리 사회통념상, 신의성실의 원칙상, 공동생활상 요구되는 약한 의미의 부주의를 가리키는 것으로 보아야 합니다(대법원 1999. 2. 26. 선고 98다52469 판결, 2001. 3. 23. 선고 99다33397 판결).

과실상계에서 피해자의 과실로 참작되어야 할 피해자측의 범위에 대하여 판례는 "차량사고에 있어 운전자의 과실을 피해자측의 과실로 보아 동승자에 대하여 과실상계를 하기 위하여는, 그 차량 운전자가 동승자와 신분상 또는 생활관계상 일체를 이루고 있어 운전자의 과실을 동승자에 대한 과실상계 사유로 삼는 것이 공평의 원칙에 합치한다는 구체적인 사정이 전제가 되어야 한다."고 판단하고 있습니다(대법원 1998. 8. 21. 선고 98다23232 판결).

위 사안과 관련된 판례도, "교통사고의 피해자인 미성년자가 부모의 이혼으로 인하여 친권자로 지정된 모(母)와 함께 살고 있었으나, 사고 당시 부(父)가 재결합하려고 모(母)와 만나고 있던 중이었으며 부(父)가 그 미성년자와 모(母)를 비롯한 처가식구들을 차에 태우고 장인, 장모의 묘소에 성묘를 하기 위해 가던 중 사고가 발생한 경우, 사고 당시 부녀간이나 부부간에 완전한 별거상태가 아니라 왕래가 있었던 것으로 추정되고, 그 미성년자는 사고로 사망한 부(父)의 상속인으로서 가해자가 구상권을 행사할 경우 결국 그 구상채무를 부담하게 된다는 점에 비추어, 이들을 신분상 내지 사회생활상 일체를 이루는 관계로 보아 그 미성년자에 대한 개인용자동차종합보험보통약관 중 무보험자동차에 의한 상해조항에 따른 보험금산정시 부(父)의 운전상 과실을 피해자측 과실로 참작하는 것이 공평의 관념에서 상당하다."라고 하였습니다(대법원 1999. 7. 23. 선고 98다31868 판결).

따라서 위 사안에 있어서도 甲이 가입한 자동차종합보험의 무보험자동차상해보험금산정에 있어서 甲의 운전상 과실을 피해자인 乙의 과실로서 참작할 수 있을 것으로 보입니다.

◘ 사실상 파탄에 이른 부부간 계약취소의 효력

【질의】 ➡ 저는 남편 甲과 행복한 결혼생활을 하던 중 우연히 甲과 乙女의 간통사실을 알게 되었고, 이에 甲은 저에게 사죄하는 뜻으로 자신의 모든 재산을 저의 명의로 이전해주었습니다. 그런데 甲과 乙女는 아직까지도 관계를 청산하지 못하였고 급기야 甲은 저와 이혼하고 乙女와 결혼하겠다면서 동거생활에 들어갔습니다. 저는 甲과 乙女를 간통죄로 고소하면서 이혼소송을 제기할 수밖에 없었는데, 화가 난 甲은 부부간의 계약은 언제든지 취소할 수 있다고 하면서 제 앞으로 명의이전 해주었던 자신의 부동산을 돌려달라고 합니다. 甲의 주장대로 부부간의 계약은 언제든지 취소할 수 있는지요?

【답변】 ➡ 취소할 수 없습니다.

부부간의 계약은 혼인 중에는 언제든지 부부의 일방이 이를 취소할 수 있습니다(민법 제828조). 위 규정을 형식적으로 해석한다면 귀하의 경우에는 남편 甲과의 사이에 법률적인 의미에서는 여전히 부부관계를 유지하고 있는 것이므로, 위 규정상 '혼인 중'에 해당하고, 따라서 甲의 계약취소는 유효한 것으로 볼 수 있습니다.

그러나 판례는 "민법 제828조는 부부간의 계약은 '혼인 중' 언제든지 부부의 일방이 이를 취소할 수 있다고 규정하고 있는바, 여기에서 혼인 중이라 함은 단지 형식적으로 혼인관계가 계속되고 있는 상태를 의미하는 것이 아니라, 형식적으로는 물론 실질적으로도 원만한 혼인관계가 계속되고 있는 상태를 뜻한다고 보아야 할 것이고, 따라서 혼인관계가 비록 형식적으로는 계속되고 있다고 하더라도 실질적으로 파탄에 이른 상태라면 위 규정에 의한 계약의 취소는 이를 할 수 없는 것이다."라고 하였습니다(대법원 1993. 11. 26. 선고 93다40072 판결, 1979. 10. 30. 선고 79다

1344 판결).

따라서 귀하와 같이 이미 혼인생활이 사실상 파탄에 이른 경우에도 법률상 이혼을 한 경우와 마찬가지로 보아 혼인 중에 체결한 계약에 대하여 부부일방이 취소할 수 없는 것이라 할 것이므로, 위 사안에서 원만한 혼인기간 중 성립한 증여계약을 사실상 파탄에 이른 기간에는 더 이상 이를 취소할 수 없는 것이라 할 것입니다.

◘ 이혼경력의 말소를 위하여 혼인무효확인청구를 할 수 있는지

【질의】 ➡ 저는 甲과 혼인신고를 하고 살던 중 성격차이로 협의이혼을 한 사실이 있습니다. 최근 재혼하려고 보니 저의 호적에 협의이혼 한 기록이 남아 있는데, 여자인 저로서는 그러한 호적상의 기재가 앞으로 살아가면서 매우 부담스럽습니다. 만일 제가 甲과의 혼인은 당초부터 무효임을 주장하여 이혼경력의 기재를 없앨 수 있는 혼인무효소송을 제기한다면 인정받을 수 있는지요?

【답변】 ➡ 인정받을 수 없습니다.

혼인의 무효에 대하여는 민법 제815조가 규정하고 있는바, 그 사유로는 당사자 사이에 혼인의 합의가 없는 때, 근친혼인 때 등을 규정하고 있습니다. 문제는 이미 혼인이 해소된 경우에 다시 혼인관계의 무효확인을 청구할 수 있는지 여부입니다.

일반적으로 과거의 법률관계의 존부는 독립된 확인의 소의 대상이 될 수 없고, 그 과거의 법률관계의 존부의 확정은 단지 현재의 분쟁해결의 전제로 됨에 불과하여 사인(私人)간의 현재 현존하는 분쟁을 해결하려는 민사소송의 목적으로 보아 직접적이고 간명한 방법이 되지 않기 때문입니다.

그러나 신분관계의 경우 그것을 기본으로 하여 수많은 법률관계가 계속하여 발생하고 그 효과가 널리 일반 제3자에게까지 미치게 되어 그로 인한 법률효과도 복잡다기한 경우에는 과거의 법률관계의 확인이라 하더라도 예외적으로 무효확인청구가 가능할 것입니다.

이와 관련하여 판례는 "과거 일정기간 동안의 혼인관계의 존부의 문제라 해도 혼인무효의 효과는 기왕에 소급하는 것이고 그것이 적출자의 추정, 재혼의 금지 등 당사자의 신분법상의 관계 또는 연금관계법에 기한 유족연금의 수급자격, 재산상속권 등 재산법상의 관계에 있어 현재의 법률상태에 직접적인 중대한 영향을 미치는 이상 그 무효확인을 구할 정당한 법률상의 이익이 있다." 라고 하면서, 협의이혼으로 혼인관계가 형식상 해소되었다 하더라도 그와 같은 확인의 이익이 있는 이상 혼인무효의 소를 제기할 수 있다고 하였습니다(대법원 1978. 7. 11. 선고 78므7 판결, 1995. 11. 14 선고 95므694 판결).

이러한 판례의 입장에 따라 귀하의 경우를 판단해보면, 이미 해소된 혼인관계의 명예회복을 위한 혼인무효확인청구가 현재의 법률상태에 직접적인 중대한 영향을 미치는가가 문제됩니다.

그러나 대법원은 귀하의 경우와 같은 경우 혼인무효확인청구를 할 수 없다고 판단하고 있습니다. 즉, "청구인과 피청구인 사이의 혼인관계가 이미 협의이혼신고에 의하여 해소되었다면 청구인이 주장하는 혼인관계의 무효확인은 과거의 법률관계의 확인으로서 그것이 청구인의 현재의 법률관계에 영향을 미친다고 볼 자료가 없는 이 사건에 있어서 단순히 여자인 청구인이 혼인하였다가 이혼한 것처럼 호적상 기재되어 있어 불명예스럽다는 사유만으로는 확인의 이익이 없다."라고 하였습니다(대법원 1984. 2. 28. 선고 82므67 판결).

따라서 귀하의 경우 당사자의 신분법상의 관계, 상속권 등 재산법상의 관계에 있어 현재의 법률상태에 직접적인 중대한 영향을 미친다고 볼 수 없는 단순한 호적기재상의 불명예라는 사유만으로는 이미 해소된 혼인관계의 무효를 다시 청구할 수는 없다고 보여집니다.

참고로 전적신고에 의하여 신호적의 편제시 전혼사유 등의 기재생략여부에 관하여 살펴보면, 종전에는 "호적은 개인의 출생에서 사망에 이르기까지의 신분상의 중요사항을 사실대로, 통일적으로 기재하여 일반인에게 공시하는데 근본목적이 있는 국가가 관리하는 공적인 장부이므로 가(家)의 단순한 장소적 이전만을 목적으로 하는 전적신고에 의하여 신호적을 편제할 때에 전혼사유 등의 기재를 생략할 수는 없다."라고 하였으나(1995. 1. 23. 호적선례 3-478), 대법원은 1997년 12월 2일 호적예규 제540호로 '신호적 편제, 재제, 입적, 복적시의 호적이기범위에 관한 지침'을 개정하여 '신호적 편제, 재제, 입적, 복적시의 호적이기범위에 관한 지침' 제3조 제3호에서 전적시 '현재 효력이 있는 인지·입양·혼인·친권·관리권·후견에 관한 사항'을 이기범위로 정하고 위 사항 중 현재 효력이 없는 사항은 이기하지 않도록 하여 전적을 할 경우 전적 전의 혼인사항은 전적시 옮겨 적지 않게 되었습니다.

◘ 해외거주 중인 부부의 협의이혼방법

【질의】 ➡ 저는 오래 전부터 가족들과 함께 미국에 이민을 가서 살고 있는데, 남편과의 불화로 인하여 서로 이혼하기로 합의하였습니다. 이 경우 이혼하려면 한국으로 가서 해야만 하는지요?

【답변】 ➡ 재외공관장에게 하여도 됩니다.

외국에 거주하고 있는 한국인 부부의 협의이혼은 그 거주지를 관할하는 재외공관의 장에게 협의이혼의사확인을 신청할 수 있고, 그 지역을 관할하는 재외공관이 없는 때에는 인접하는 지역을 관할하는 재외공관의 장에게 신청할 수 있습니다.

협의이혼의사의 확인신청을 받은 재외공관의 장은 당사자 쌍방에게 이혼의사의 존부 및 미성년자인 자녀가 있는 경우에는 그 자녀에 대한 친권행사의 지정여부를 확인하고 그 요지를 기재한 서면을 작성하여 기명·날인한 후 이를 신청서에 첨부하여 가정법원에 송부합니다.

서류를 송부 받은 가정법원은 서류에 의해 이혼의사가 확인되면 확인서 등본을 재외공관의 장에게 송부하게 되고, 재외공관의 장은 이를 당사자 쌍방에게 교부 또는 송부하여야 합니다(호적법 시행규칙 제88조).

당사자들은 위 확인서 등본을 교부받아 한국의 본적지나 대한민국 재외공관의 장에게 이혼신고를 할 수 있습니다(호적법 제39조).

재외공관의 장이 서류를 수리한 때에는 1개월 이내에 외교통상부장관을 경유하여 이를 본인의 본적지 시·읍·면의 장에게 발송하여야 합니다.

◘ 외국에 있는 배우자와 협의이혼 하는 방법

【질의】 ➡ 저의 남편은 3년 전 돈을 벌어오겠다면서 외국에 나갔는데, 얼마 전부터 이혼을 요구합니다. 다른 여자와 동거하고 있다고 하고, 다시 돌아올 생각이 없는 것 같아 저도 이혼하려고 하는데, 외국에 있는 남편과 협의이혼을 하는 방법이 있는지요?

【답변】 ➡ 재외공관장의 확인을 받은 서류를 제출하면 됩니다.

국내에 거주하는 귀하와 재외국민인 남편이 협의이혼을 하고자 할 경우 첫째 방법으로는 국내에 거주하는 귀하가 협의이혼에 필요한 서류(호적등본, 이혼신고서, 협의이혼의사확인신청서)를 준비하여 남편에게 보내고, 이를 재외국민인 남편이 그 거주지역을 관할하는 재외공관의 장 또는 인접지역의 장에게 협의이혼의사확인을 신청하는 방법입니다.

그러면 공관장은 신청서 및 진술서를 외교통상부를 통해 서울가정법원에 보내고, 서울가정법원에서는 대한민국에 거주하는 귀하를 출석시켜 협의이혼확인절차를 밟습니다. 쌍방의 이혼의사가 확인되면 귀하는 3개월 내에 본적지에 이혼신고서를 제출하면 됩니다(호적법 제79조의2).

둘째 방법으로 국내에 거주하고 있는 귀하께서 협의이혼에 필요한 서류를 서울가정법원에 제출하면 서울가정법원에서는 외교통상부를 경유하여 남편거주지를 관할하는 재외공관장에게 보내어 남편의 이혼의사확인을 받아 서울가정법원에 보내는 방법도 있습니다(호적법시행규칙 제87조 제3항).

◘ 일방적 혼인신고사실을 알고도 계속 동거생활 한 경우의 효력

【질의】 ➡ 저는 3년 전 남편 甲과 협의이혼 하였으나, 자녀를 생각하여 계속 동거하며 부부처럼 생활하였습니다. 그리고 甲은 저의 동의 없이 일방적으로 혼인신고를 하였으나 甲이 열심히 집안 일을 돌보아 문제삼지 않았습니다. 그러나 최근 甲은 다른 여자와 부정행위를 하는 듯하므로 저는 甲과 완전히 헤어지려고 하는바, 이런 경우에 이혼을 하여야 하는지, 아니면 위 혼인신고의 무효를 다투어야 하는지요?

【답변】 ➡ 이혼청구소송을 하여야 합니다.

혼인이 유효하게 성립되기 위해서는 당사자 사이에 혼인의 합의가 있어야 하고, 이 혼인의 합의는 혼인신고가 수리될 당시에도 존재하여야 합니다(대법원 1996. 6. 28. 선고 94므1089 판결).

그러므로 甲이 귀하와 협의이혼 후 실질적으로 부부생활을 계속하였지만, 귀하의 동의 없이 일방적으로 혼인신고를 함으로써 혼인신고 자체가 상대방의 의사에 반하여 이루어진 이상 혼인신고 당시에는 혼인의사의 합치가 없었다고 볼 수 있습니다(서울가정법원 1996. 12. 11. 선고 96드61197 판결).

그러나 위 사안과 유사한 판례를 보면 "협의이혼 한 후 배우자 일방이 일방적으로 혼인신고를 하였더라도, 그 사실을 알고 혼인생활을 계속한 경우, 상대방에게 혼인할 의사가 있었거나 무효인 혼인을 추인하였다."라고 하였습니다(대법원 1995. 11. 21. 선고 95므731 판결).

따라서 귀하의 경우에도 위 혼인의 무효를 주장하기보다 그 혼인이 유효함을 전제로 甲의 부정행위를 이유로 한 이혼청구소송을 하여야 할 것으로 보입니다.

참고로 혼인의사의 추정여부에 관하여 판례는 "혼인의 합의란 법률혼주의를 채택하고 있는 우리나라 법제하에서는 법률상 유효한 혼인을 성립하게 하는 합의를 말하는 것이므로, 비록 사실혼관계에 있는 당사자 일방이 혼인신고를 한 경우에도 상대방에게 혼인의사가 결여되었다고 인정되는 한 그 혼인은 무효라 할 것이나, 상대방의 혼인의사가 불분명한 경우에는 혼인의 관행과 신의성실의 원칙에 따라 사실혼관계를 형성시킨 상대방의 행위에 기초하여 그 혼인의사의 존재를 추정할 수 있으므로 이와 반대되는 사정, 즉 혼인의사를 명백히 철회하였다거나 당사자 사이에 사실혼관계를 해소하기로 합의하였다는 등의 사정이 인정되지 아니하는 경우에는 그 혼인을 무효라고 할 수 없다."라고 하였습니다(대법원 2000. 4. 11. 선고 99므1329 판결).

◘ 3월 이내에 이혼신고하지 않은 협의이혼의사확인의 효력

【질의】 ➡ 저는 혼인한지 10년 만에 남편 甲과 합의이혼을 하기로 하고 법원에 출석하여 '협의이혼의사확인서 등본'을 교부받았습니다. 그러나 쌍방 모두 이혼신고를 하지 않은 채 3개월이 지났는데, 이 경우 위 협의이혼의사확인은 효력과 자녀에 대한 친권행사관계는 어떻게 되는지요?

【답변】 ➡ 효력이 없어지므로 다시 확인 받아야 합니다.

호적법 제79조의2에 의하면 "①협의상 이혼을 하고자 하는 자는 본적지 또는 주소지를 관할하는 가정법원의 확인을 받아 신고하여야 한다. 다만, 국내에 거주하지 아니하는 경우에는 그 확인은 서울가정법원의 관할로 한다. ②제1항의 신고는 협의상 이혼을 하고자 하는 자가 가정법원으로부터 확인서등본을 교부 또는 송달받은 날부터 3월 이내에 그 등본을 첨부하여 행하여야 한다. ③제2항의 기간이 경과한 때에는 그 가정법원의 확인은 효력을 상실한다. ④가정법원의 확인의 절차와 신고에 관하여 필요한 사항은 대법원규칙으로 정한다."라고 규정하고 있습니다.

그러므로 귀하가 받은 협의이혼의사확인등본은 3개월이 경과하여 그 효력을 잃었다 할 것이고, 만약 계속 이혼할 의사가 있다면 법원의 협의이혼의사확인을 다시 받아야 할 것입니다(대법원 1983. 7. 12. 선고 83므11 판결).

그리고 자녀에 대한 친권행사에 관하여는 호적법시행규칙 제87조 제2항에 의하면 "가정법원은 이혼의사의 확인을 함에 있어서는 당사자 사이에 미성년자인 자가 있는지의 여부와 그 자에 대한 친권행사자의 지정여부를 확인하여야 한다."라고 규정하고 있으므로, 미성년인 자(子)가 있을 경우에는 미리 甲과 협의하여 친권자를 정해두는 것이 좋습니다. 친권행사자에 관한 협의가 이루어지지 않는 경우는 당사자의 청구에 의하여 가정법원이 이를 정하도록 하고 있습니다(민법 제909조 제4항).

◘ 가장이혼(假裝離婚)의 법적효력

【질의】 ➡ 저는 10년 전 남편 甲과 결혼하여 혼인신고를 하고 자녀 2명을 두고 있습니다. 그런데 甲은 몇 년 전 사업에 실패하면서 채권자들로부터 변제독촉이 심하게 되자 저에게 사태가 진정될 때까지만 이혼한 것으로 가장하자고 하였습니다. 그래서 저는 이에 동의하고 관할법원에서 협의이혼의사확인을 받은 후 이혼신고를 마쳤습니다. 그러나 甲은 다른 여자와 혼인신고를 하고 저와 아이들을 돌보지 않고 있는데, 이 경우 제가 위 이혼을 무효화시킬 수 있는지요

【답변】 ➡ 무효화시킬 수 있습니다.

부부는 협의에 의하여 이혼할 수 있으나(민법 제834조), 이혼의 합의가 부부 사이에 진정으로 성립하고 있어야 합니다. 즉, 이혼신고가 수리되었더라도 당사자 사이에 이혼의 합의가 없는 경우 즉, 가장이혼(假裝離婚)의 경우에는 그 협의이혼은 당연 무효입니다. 그런데 가장이혼(假裝離婚)의 경우 이혼의 합의(이혼의사의 합치)가 없다고 할 수 있을 것인지에 관하여 판례를 살펴보면, 종전에는 혼인의 파탄사실 없이 동거생활을 계속하면서 통모하여 형식상으로만 협의이혼신고 한 경우 무효라고 한 바 있으며(대법원 1967. 2. 7. 선고 66다2542 판결), 서자를 적자로 하기 위해 형식상 이혼신고를 하였을 경우에도 그 이혼은 무효라고 한 바가 있습니다(대법원 1961. 4. 27. 선고 4293민상536 판결).

그러나 최근의 판례는 "혼인 및 이혼의 효력발생여부에 관하여 형식주의를 취하는 법제하에서는 이혼신고의 법률상 중대성에 비추어 볼 때 협의이혼의 이혼의사는 법률상 부부관계를 해소하려는 의사를 말하므로 일시적으로나마 법률상 부부관계를 해소하려는 당사자간의 합의하에 협의이혼신고가 된 이상 협의이혼에 다른 목적이 있더라도 양자간에 이혼의사가 없다고는 말할 수 없고, 이와 같은 협의이혼은 무효로 되지 아니한다."라고 하였으며(대법원 1993. 6. 11. 선고 93므171 판결, 1976. 9. 14. 선고 76도107 판결, 1981. 7. 28. 선고 80므77 판결), "법률상 부부가 협의이혼계를 제출하였는데도 당사자간에 혼인생활을 실질상 폐기하려는 의사 없이 단지 강제집행회피 기타 어떤 다른 목적을 위한 방편으로 일시적으로 이혼신고를 하기로 하는 합의가 있었음에 불과하다고 인정하려면 누구나 납득할 만한 충분한 증거가 있어야 하고 그렇지 않으면 이혼당사자간에 일시나마 법률상 적법한 이혼을 할 의사가 있었다고 인정함이 이혼신고의 법률상 및 사실상의 중대성에 비추어 상당하다."라고 하였습니다(대법원 1975. 8. 19. 선고 75도1712 판결).

또한, 남편의 감언이설에 속아서 위와 같은 이혼신고를 하게 되었다는 이유로 이혼을 취소할 수 있는지 문제될 수 있는데(민법 제838조), 이 경우에는 협의이혼 당시 남편이 귀하를 속이고 협의이혼 하여 다른 여자와 혼인할 의도로 위와 같이 협의이혼을 하였을 경우에 사기가 문제될 것으로 보이고, 만약 남편이 이혼을 하고 난 후에 새로운 여자관계가 계속되어 재혼을 하게 되었다면 사기에 의한 이혼이라고는 할 수 없을 것입니다. 참고로 사기로 인하여 이혼의 취소가 인정된다면 원래의 혼인은 부활되고 재혼은 중혼으로 되지만 중혼은 금지되고 있으므로 후혼(後婚)의 취소를 청구할 수 있게 될 것입니다(대법원 1984. 3. 27. 선고 84므9 판결).

따라서 위 사안의 경우 귀하는 이혼의사가 없었음을 누구나 납득할 만한 충분한 증거로 입증하여 위 이혼을 무효화시키거나, 그렇지 않으면 이혼 당시 甲에게 사기를 할 의사가 있었음을 입증하여야 위 이혼을 취소시킬 수 있다고 할 것입니다.

◘ 협의이혼을 하려면 당사자 본인이 법원에 출석해야만 하는지

【질의】 ➡ 저는 남편과 협의이혼을 하기로 합의하였습니다. 그런데 이혼을 하기로 협의한 남편이 제출서류를 모두 구비해 줄 것이니 알아서 호적정리를 하라고 하면서 법원에는 출석하지 못하겠다고 합니다. 이 경우 협의이혼의사의 확인을 받으려면 당사자 본인이 반드시 법원에 출석해야 하는지요?

【답변】 ➡ 출석하기 어려운 경우 외에는 본인이 출석하여야 합니다.

협의상 이혼의 확인에 관하여 호적법 제79조의2 제1항에 의하면 "협의상 이혼을 하고자 하는 자는 본적지 또는 주소지를 관할하는 가정법원의 확인을 받아 신고하여야 한다. 다만, 국내에 거주하지 아니하는 경우에는 그 확인은 서울가정법원의 관할로 한다." 라고 규정하고 있으며, 호적법시행규칙(2002. 1. 15. 개정, 2002. 2. 1. 시행) 제86조 제1항 본문에 의하면 "법 제79조의2의 규정에 의한 이혼의사확인신청은 부부가 함께 법원에 출석하여 협의이혼의사확인신청서를 제출함으로써 한다. 다만, 부부 중 일방이 재외국민이거나 수감자로서 출석하기 어려운 경우에는 다른 일방이 출석하여 제출할 수 있다."라고 규정하고 있고, 호적법시행규칙 제87조에 의하면 "①제86조(이혼의사확인신청)의 신청이 있는 때에는 가정법원은 당사자 쌍방을 출석시켜 그 진술을 듣고 이혼의사의 존부를 확인하여야 한다. ②제1항의 확인을 함에 있어서는 당사자 사이에 미성년자인 자(子)가 있는지 여부와 그 자(子)에 대한 친권행사자의 지정 여부를 확인하여야 한다. ③당사자의 일방이 재외국민이나 수감자로서 출석하기 어려운 경우에는 관할 재외공관이나 교도소(구치소)의 장에게 제1항의 확인을 촉탁하여 그 회보서의 기재로써 그 당사자의 출석·진술에 갈음할 수 있다."라고 규정하고 있습니다.

그러므로 협의이혼의사확인신청은 재외국민이거나 수감자 등이 아닌 한 부부가 함께 법원에 출석하여 협의이혼의사확인신청서를 제출하여야 하고, 또한 법원의 출석기일에 당사자 쌍방이 출석하여 협의이혼의사확인을 받은 후 관할 호적관장자에게 이혼신고를 함으로써 협의이혼이 성립될 것입니다.

다만, 재외국민이거나 수감자의 경우에는 협의이혼확인신청을 함에 있어서는 다른 일방이 출석하여 제출할 수 있고, 협의이혼의사확인을 받음에 있어서는 법원이 관할재외공관이나 교도소(구치소)의 장에게 협의이혼의사확인을 촉탁하여 그 회보서의 기재로써 당사자의 출석 · 진술에 갈음할 수 있다고 할 것입니다.

◘ 이혼판결확정 후 그 신고기간 내 이혼신고를 하지 않은 경우

【질의】 ➡ 저는 남편 甲의 부정행위를 이유로 이혼소송을 제기하여 이혼확정판결을 받았습니다. 그러나 저는 2개월이 지나도록 이혼신고를 하지 못하였는데, 이혼신고기간은 언제까지이며 그 기간이 경과되었을 경우 이혼의 효력과 호적정리문제는 어떻게 되는지요?

【답변】 ➡ 1개월이며 효력은 상실되지 않습니다.

재판상이혼의 경우 소를 제기한 자는 판결이 확정된 날로부터 1개월 이내에 재판의 등본과 확정증명서를 첨부하여 이혼신고를 하여야 합니다(호적법 제81조, 제63조).

그러나 재판상이혼은 판결이 확정됨으로써 혼인해소의 효력이 발생되는 것이고, 이혼신고는 호적정리를 위한 보고적 신고에 불과하므로 위 이혼신고기간을 경과하였다고 하여 이혼의 효력이 상실되는 것은 아닙니다.

그리고 이혼판결이 확정되면 법원사무관 등은 지체 없이 당사자의 본적지의 호적사무를 관장하는 자에게 그 뜻을 통지하도록 되어 있고(가사소송규칙 제7조 제1항), 이러한 호적사무관장자에게의 통지는 그 통지사항에 관하여 당사자에게 호적법상의 신고의무가 있음을 전제로 한 것이므로 통지를 받은 호적사무관장자는 신고의무자에게 상당한 기간을 정하여 신고를 최고하고, 최고할 수 없거나 2회의 최고를 하여도 신고하지 아니하는 때에는 감독법원의 허가를 얻어 직권으로 통지 받은 사항을 기재하게 됩니다(호적법 제43조, 제22조 제2항).

따라서 귀하가 신고기간 내에 이혼신고를 하지 않은 경우에는 5만원이하의 과태료에 처해질 수 있고, 기간을 정하여 신고의 최고를 하였음에도 신고하지 아니하는 경우에는 10만원이하의 과태료처분을 받게 됩니다(호적법 제130조, 제131조).

만일, 아직까지도 이혼사유가 직권으로 호적에 기재되어 있지 않다면 지금이라도 이혼신고를 하여야 할 것입니다(호적법 제45조).

◘ 부정행위를 한 남편이 협의이혼을 해주지 않을 경우

【질의】 ➡ 남편이 같은 회사의 여사원과 불륜관계를 맺고 있습니다. 그래서 저는 남편에게 이혼을 제의했으나, 남편은 이혼을 못하겠다고 합니다. 어떻게 하면 이혼할 수 있는지요?

【답변】 ➡ 이혼소송을 제기하면 됩니다.

민법 제840조에 의하면 부부일방은 ①배우자의 부정한 행위가 있었을 때, ②배우자가 악의로 다른 일방을 유기한 때, ③배우자 또는 그 직계존속으로부터 심히 부당한 대우를 받았을 때, ④자기의 직계존속이 배우자로부터 심히 부당한 대우를 받았을 때, ⑤배우자의 생사가 3년 이상 분명하지 아니한 때, ⑥기타 혼인을 계속하기 어려운 중대한 사유가 있을 때에는 가정법원에 이혼을 청구할 수 있다고 규정하고 있습니다.

이와 같이 부부는 동거하면서 서로 부양하고 협조하여야 하며(민법 제826조 제1항) 정조를 지킬 의무가 있는데, 다른 여자와 불륜관계를 맺은 것은 부정한 행위로서 재판상 이혼사유가 되므로 남편이 협의이혼에 불응하면 남편의 부정한 행위를 원인으로 하는 이혼소송을 관할 가정법원에 하시면 될 것입니다.

그리고 부정행위를 안 날로부터 6개월, 그 사실이 있은 날로부터 2년 내에 이혼청구소송을 제기하여야 합니다(민법 제841조).

◘ 가출신고를 하면 이혼이 될 수 있는지

【질의】 ➡ 저는 4년 전 甲녀와 결혼하여 남매를 두고 있는데, 직업이 외항선원인 관계로 나가 있는 기간이 많습니다. 작년 겨울 귀국해 보니 처는 가출하였고 자식들은 큰집에서 양육하고 있었습니다. 처를 찾기 위하여 파출소에 가출신고를 하였는바, 가출신고 후 6개월이 경과되면 자동적으로 이혼이 된다는데 사실인지요?

【답변】 ➡ 이혼소송을 청구해야 이혼이 됩니다.

귀하처럼 가출신고 후 6개월이 경과되면 자동적으로 이혼이 되는 것으로 생각하는 사람이 의외로 많으나, 이는 전혀 근거 없는 것으로 사실이 아닙니다.

혼인관계는 오직 배우자의 사망과 이혼에 의해서만 해소되고, 이혼의 경우에는 일정한 형식과 절차를 거치도록 민법은 규정하고 있습니다.

민법에 규정된 이혼의 방법에는 협의상 이혼(민법 제834조)과 재판상 이혼(민법 제840조)이 있으며, 협의이혼은 이혼에 관한 당사자 쌍방의 합의로 법원의 확인을 받아 호적법이 정한 바에 따라 신고함으로써 성립하는 방법이며, 재판상 이혼은 이혼원인이 있음에도 합의가 되지 않거나 협의할 수 없는 경우 법원의 재판에 의해서 이혼하는 방법입니다.

재판상 이혼은 민법 제840조에 규정된 사유가 있는 경우에 한하여 가능한데, 귀하의 경우 처가 정당한 이유 없이 가출하여 6개월 이상 소식이 없다면 배우자로서의 동거, 부양, 협조의무 등을 포기한 것으로서 재판상 이혼사유 중 배우자의 악의의 유기에 해당된다고 할 수도 있을 것입니다.

그리고 귀하가 甲과의 호적을 정리하고 새 출발을 원할 경우 법원에 이혼소송을 제기하여 공시송달방법에 의하여 송달하고 승소판결을 받는다면 그 판결이 확정된 후 1개월 이내에 재판의 등본 및 확정증명서를 첨부하여 이혼신고하면 될 것입니다.

◘ 남편이 가정을 돌보지 않고 아내를 유기한 경우

【질의】 ➡ 저는 3년 전 남편과 결혼하여 혼인신고를 하고 딸 1명을 두고 있는데, 지난해 가을부터 남편의 외박이 잦아지더니 몇 달 전부터는 집에 거의 들어오지 않고 시댁에서 잠을 자고 아침에 회사로 곧바로 출근을 하고 있습니다. 남편은 저와는 성격이 맞지 않다느니 정이 떨어졌다느니 하면서 더 이상 같이 살 수 없으니 이혼을 해달라고 하면서 생활비조차 주지 않고 있습니다. 저는 하는 수 없이 딸을 데리고 친정에 와 있는데, 저로서는 어떻게 하면 되는지요?

【답변】 ➡ 부양료청구소송을 제기하면 됩니다.

부부는 동거하면서 부양하고 협조해야 하며(민법 제826조), 또한 정조를 지키고 자녀양육비를 비롯하여 부부공동생활에 필요한 비용은 특별한 약정이 없는 한 부부가 공동으로 부담하여야 합니다(민법 제833조, 제974조).

그런데 부부일방이 이러한 의무를 저버린 경우에는 다음 두 가지 선택의 길이 있습니다. 우선, 귀하의 경우 남편이 정당한 이유 없이 성격차이와 사랑이 식었다는 핑계 등으로 처자식을 돌보지 않아 남편으로서의 의무를 저버렸으므로, 그 의무이행을 법으로 강제하는 길이 있습니다.

즉, 남편을 상대로 법원에 부양료청구소송을 제기하여 승소판결을 받아 남편의 월급에서 매월 생활비를 받아내는 방법입니다.

다음으로는 부부일방이 정당한 이유 없이 고의로 다른 일방을 돌보지 않고 유기(遺棄)하거나, 부정한 행위를 한 때, 기타 혼인을 계속하기 어려운 중대한 사유가 있어 결혼생활이 파탄에 이르게 되면 이는 재판상 이혼사유가 됩니다(민법 제840조).

귀하의 경우 남편이 정당한 이유 없이 아내를 저버림으로써 결혼생활이 파탄에 이른 것이므로 그 책임이 남편에게 있다고 할 것이고, 따라서 귀하는 남편을 상대로 이혼소송을 제기하고 동시에 위자료 및 재산분할을 청구할 수도 있습니다.

그리고 딸의 양육관계에 대하여는 당사자간에 합의가 이루어지지 않으면 법원에 양육자의 지정을 신청할 수가 있습니다.

◘ 이혼합의사실의 존재가 재판상이혼사유에 해당되는지

【질의】 ➡ 저는 甲과 혼인하여 남매를 두고 있는데 가정불화가 심해져 3개월 전 이혼하기로 합의하면서 5,000만원을 위자료로 지급 받고 별거에 들어갔습니다. 그러나 자녀들을 생각하면 참고 살아야 할 것 같아 甲에게 재결합할 것을 요구하였으나, 甲은 거부하면서 위 합의사실만으로도 이혼사유가 된다며 이혼을 요구하고 있습니다. 甲의 말이 맞는지요?

【답변】 ➡ 맞지 않습니다.

민법은 제840조에 의하면 재판상 이혼사유를 제한적으로 열거하고 있는데, 위 사안에서와 같이 당사자간에 이혼합의가 있었고 위자료까지 지급하였다는 사실이 민법에 규정된 재판상 이혼사유에 해당되는지가 문제됩니다.

이와 관련된 판례를 보면 "혼인생활 중 부부가 일시 이혼에 합의하고 위자료 명목의 금전을 지급하거나 재산분배를 하였다고 하더라도, 그것으로 인하여 부부관계가 돌이킬 수 없을 정도로 파탄되어 부부쌍방이 이혼의사로 사실상 부부관계의 실체를 해소한 채 생활하여 왔다는 등의 특별한 사정이 없다면, 그러한 이혼합의사실의 존재만으로는 이를 민법 제840조 제6호의 재판상 이혼사유인 혼인을 계속할 수 없는 중대한 사유에 해당한다고 할 수 없는 것이다."라고 하였습니다(대법원 1996. 4. 26. 선고 96므226 판결).

따라서 귀하의 경우에도 단순히 위와 같은 사유만으로 재판상 이혼사유가 된다고 할 수는 없을 듯하며, 귀하와 甲 중 누구에게 어떠한 귀책사유가 있느냐를 구체적으로 검토해 보아야 재판상 이혼사유해당여부가 결정될 것입니다.

◘ 이혼사유의 존재가 계속되는 경우 이혼청구권의 제척기간 적용 여부

【질의】 ➡ 甲의 남편 乙은 혼인한 이후 甲에게 계속적으로 폭력을 행사하고 불륜행위를 하는 등 수차에 걸쳐 각종 범죄행위를 저질러 4년 6월의 징역형을 선고받고 현재 복역 중에 있어 정상적인 혼인관계를 유지할 수 없으므로 '혼인을 계속할 수 없는 중대한 사유'가 있음을 이유로 한 이혼청구소송을 하려고 합니다. 그런데 甲의 각종 범죄행위가 있었던 때로부터 2년이 훨씬 경과되었는데도 이혼소송을 제기할 수 있는지요?

【답변】 ➡ 제기할 수 있습니다.

민법 제840조(재판상이혼원인) 제6호에 의하면 '기타 혼인을 계속할 수 없는 중대한 사유'가 있는 경우에는 부부의 일방은 가정법원에 이혼을 청구할 수 있는 것으로 규정하고 있습니다. 그러나 민법 제842조(기타 원인으로 인한 이혼청구권의 소멸)에 의하면 "제840조 제6호의 사유는 다른 일방이 이를 안 날로부터 6월, 그 사유 있은 날로부터 2년을 경과하면 이혼을 청구하지 못한다." 라고 규정하고 있습니다.

그런데 민법 제842조의 제소기간의 적용범위에 관한 판례를 보면, "민법 제840조 제6호 소정의 '기타 혼인을 계속하기 어려운 중대한 사유'가 이혼청구 당시까지도 계속 존재하는 것으로 보아야 할 경우에는 이혼청구권의 제척기간에 관한 민법 제842조가 적용되지 아니한다."라고 규정하고 있습니다(대법원 2001. 2. 23. 선고 2000므1561 판결, 1996. 11. 8. 선고 96므1243 판결).

위 사안에 있어서 甲이 남편 乙의 불륜행위를 용서하였을 뿐만 아니라, 甲의 불륜행위나 각종 범죄행위가 있었던 때로부터 2년이 훨씬 경과한 때에야 이혼청구의 소를 제기하였다고 하여도 甲의 이혼소송은 乙이 혼인 이후 甲에게 폭력을 행사하고 계속적으로 수차에 걸쳐 각종 범죄행위를 저질러 4년여의 징역형을 선고받고 복역 중에 있음으로 인하여 정상적인 혼인관계를 유지할 수 없음을 이유로 한 경우에는 민법 제840조 제6호 소정의 '기타 혼인을 계속할 수 없는 중대한 사유'가 현재까지도 계속 존재하는 것으로 보아야 할 것이고, 이와 같은 경우에는 이혼청구권의 제척기간에 관한 민법 제842조(기타 원인으로 인한 이혼청구권의 소멸) '제840조 제6호의 사유는 다른 일방이 이를 안 날로부터 6월, 그 사유 있은 날로부터 2년을 경과하면 이혼을 청구하지 못한다.'라는 규정이 적용되지 않을 것으로 보이므로, 甲은 지금이라도 이혼청구소송을 제기할 수 있을 것으로 보입니다.

◘ 이혼 및 위자료의 소송이 확정된 경우 위자료에 대한 이행명령

【질의】 ➡ 저는 남편인 甲의 간통과 폭력 등으로 정상적인 혼인생활을 지속할 수 없어 이혼소송을 제기하여 법원으로부터 ①원고와 피고는 이혼하며, ②피고는 원고에게 위자료 3,000만원을 지급하라는 판결을 받았습니다. 그런데 甲은 위자료를 지급할 능력이 있음에도 불구하고 이를 지급하지 않고 있는데, 甲소유의 재산을 찾을 수 없어 강제집행을 못하고 있습니다. 구제방법이 있는지요?

【답변】 ➡ 이행명령을 청구하시면 됩니다.

이혼소송 및 위자료청구소송에서 승소하였으나, 위자료를 지급받지 못하였을 경우에는 상대방 재산에 강제집행 하여 받는 것이 원칙입니다. 그러므로 위 사안에서와 같이 상대방소유의 재산을 파악조차 하지 못하거나 상대방에게 재산이 현재 없거나 향후로도 생겨날 여지가 없다면 판결문상의 위자료를 지급 받기는 어려울 것입니다.

다만, 가정법원은 판결, 심판·조정조서 또는 조정에 갈음하는 결정에 의하여 금전의 지급 등 재산상의 의무를 이행하여야 할 자가 정당한 이유 없이 그 의무를 이행하지 아니할 때에는 당사자의 신청에 의하여 일정한 기간 내에 그 의무를 이행할 것을 명할 수 있는 이행명령을 할 수가 있습니다(가사소송법 제64조 제1항).

또한 당사자 또는 관계인이 정당한 이유 없이 이러한 명령에 위반한 때는 가정법원·조정위원회 또는 조정담당판사는 직권 또는 권리자의 신청에 의하여 결정으로 100만원이하의 과태료에 처할 수 있습니다(가사소송법 제67조 제1항).

따라서 귀하는 甲의 재산을 최대한 찾아보고 더 이상 재산을 찾을 방법이 없다면 甲을 상대로 가사소송법상의 이행명령을 청구해보는 것도 효과적일 수 있을 것입니다.

◘ 이혼 또는 혼인의 취소시 재산분할청구

【질의】 ➡ 저는 남편 甲과 혼인생활 10년 만에 가정불화로 협의이혼을 하였습니다. 저는 혼인기간동안 맞벌이를 계속하였으나 그 기간 중 취득한 부동산은 모두 甲단독명의로 하였습니다. 그런데 위 부동산은 같이 노력하여 마련한 재산이므로 이혼하는 시점에서 제 몫을 찾고 싶은데, 그 내용과 그 절차는 어떤지요?

【답변】 ➡ 재산분할을 신청하시면 됩니다.

민법 제843조 및 제839조의2에서 이혼한 자의 일방은 다른 일방에 대하여 재산분할을 청구할 수 있고, 재산분할에 관하여 협의가 되지 아니하거나 협의할 수 없는 때에는 가정법원은 당사자의 청구에 의하여 당사자 쌍방의 협력으로 이룩한 재산의 액수 기타 사정을 참작하여 분할의 액수와 방법을 정한다고 규정하고 있습니다.

종전에는 이혼시 재산관계 청산은 주로 위자료로써 해결해왔으나, 민법은 별도로 재산분할청구권규정을 두고 있으며, 판례도 "위자료청구권과 재산분할청구권은 그 성질을 달리하기 때문에 위자료청구와 함께 재산분할청구를 할 수도 있고, 혼인 중에 부부가 협력하여 이룩한 재산이 있는 경우에는 혼인관계의 파탄에 책임이 있는 배우자라도 재산의 분할을 청구할 수 있다."라고 하였습니다(대법원 1993. 5. 11.자 93스6 결정).

그리고 분할대상 재산은 당사자가 함께 협력하여 이룩한 재산만이 그 대상이 되므로, 혼인 전부터 각자 소유하고 있던 재산이나 일방이 상속・증여 등으로 취득한 재산 등의 특유재산은 원칙적으로 청산대상이 안되지만, 그 특유재산의 유지・감소방지에 기여한 정도가 클 경우에는 청산대상이 될 수도 있습니다(대법원 1996. 2. 9. 선고 94므635 등 판결).

청산의 비율이나 방법은 일률적인 기준이 있는 것이 아니고 재산형성에 있어서의 기여도, 혼인의 기간, 혼인 중 생활정도, 유책성(有責性), 현재의 생활상황, 장래의 전망, 피부양자유무, 이혼위자료의 유무 등을 고려하여 정하게 되며, 예컨대, 남편이 가사에 불충실한 행위를 하였다고 하더라도 그 사정은 재산분할액수와 방법을 정함에 있어서 참작사유가 될 수 있을지언정 그 사정만으로 남편이 재산형성에 기여하지 않았다고 단정할 수 없으며, 재산분할액 산정의 기초가 되는 재산의 가액은 반드시 시가감정에 의하여 인정하여야 하는 것은 아니지만, 객관성과 합리성이 있는 자료에 의하여 평가하여야 합니다(대법원 1999. 6. 11. 선고 96므1397 판결, 1995. 10. 12. 선고 95므175 판결).

회사퇴직금도 재산분할청구의 대상이 될 수 있는지

【질의】 ➡ 저는 혼인한지 10년 되었으나 남편 甲의 부정(不貞)행위로 인하여 이혼하고자 합니다. 甲소유 명의의 주택은 매도하여 위자료조로 받았지만, 甲은 대기업체의 간부로 재직중이고 만일 직장을 퇴직할 경우에는 상당한 액수의 퇴직금을 받게 되는바, 퇴직금에 대하여도 재산분할청구를 해보려고 합니다. 이것이 가능한지요?

【답변】 ➡ 가능하지 않습니다.

이혼하려는 배우자의 일방이 직장에 근무중인 경우에는 그의 직장퇴직일과 수령할 퇴직금이 확정되었다는 등의 특별한 사정이 없는 한, 그가 장래에 받을 퇴직금은 재산분할에 따른 청산대상에 포함되지 않는다고 할 것입니다.

판례도 "퇴직금은 혼인 중에 제공한 근로에 대한 대가가 유예된 것이므로 부부의 혼인 중 재산의 일부가 되며, 부부 중 일방이 직장에서 일하다가 이혼 당시에 이미 퇴직금 등의 금원을 수령하여 소지하고 있는 경우에는 이를 청산의 대상으로 삼을 수 있다." 라고 하였으나(대법원 1995. 3. 28. 선고 94므1584 판결), "부부 일방이 아직 퇴직하지 아니한 채 직장에 근무하고 있을 경우 그의 퇴직일과 수령할 퇴직금이 확정되었다는 등의 특별한 사정이 없다면, 그가 장차 퇴직금을 받을 개연성이 있다는 사정만으로 그 장래의 퇴직금을 청산의 대상이 되는 재산에 포함시킬 수 없고, 장래 퇴직금을 받을 개연성이 있다는 사정은 민법 제839조의2 제2항 소정의 재산분할의 액수와 방법을 정하는데 필요한 '기타 사정'으로 참작되면 족하다."라고 하였습니다(대법원 2002. 8. 28.자 2002스36 결정, 1998. 6. 12. 선고 98므213 판결).

또한, "재판상 이혼을 전제로 한 재산분할에 있어 분할의 대상이 되는 재산과 그 액수는 이혼소송의 사실심 변론종결일을 기준으로 하여 정하여야 하고, 이혼소송의 사실심 변론종결일 당시 직장에 근무하는 부부 일방의 퇴직과 퇴직금이 확정된 바 없으면 장래의 퇴직금을 분할의 대상이 되는 재산으로 삼을 수 없음이 원칙이지만, 그 뒤에 부부 일방이 퇴직하여 퇴직금을 수령하였고 재산분할청구권의 행사기간이 경과하지 않았으면 수령한 퇴직금 중 혼인한 때로부터 위 기준일까지의 기간 중에 제공한 근로의 대가에 해당하는 퇴직금 부분은 분할의 대상인 재산이 된다."라고 한 바 있습니다(대법원 2000. 5. 2.자 2000스13 결정).

따라서 위 사안에 있어서도 甲이 아직 퇴직하지 아니한 채 근무하고 있고, 퇴직일과 수령할 퇴직금이 확정되지 아니한 상태로 보여지므로 그 퇴직금을 재산분할청구의 대상으로 삼을 수 없을 것입니다. 다만, 분할의 액수와 방법을 정하는데 필요한 '기타 사정'으로 참작할 수는 있으므로 재산분할청구시 장래 퇴직금을 받을 개연성이 있다는 사정을 주장하는 것이 좋을 듯합니다.

◘ 향후 수령할 공무원 퇴직연금이 재산분할의 대상이 되는지

【질의】 ➡ 저는 남편 甲과 이혼을 하려고 합니다. 그런데 남편 甲이 혼인생활 중 수년간 공무원으로서 근무하였는바, 이혼시 남편 甲이 향후 수령할 퇴직연금도 재산분할의 대상이 되는지요?

【답변】 ➡ 대상이 되지 않습니다.

협의이혼의 경우 재산분할청구권에 관하여 민법 제839조의2에 의하면 "①협의상 이혼한 자의 일방은 다른 일방에 대하여 재산분할을 청구할 수 있다. ②제1항의 재산분할에 관하여 협의가 되지 아니하거나 협의할 수 없는 때에는 가정법원은 당사자의 청구에 의하여 당사자 쌍방의 협력으로 이룩한 재산의 액수 기타 사정을 참작하여 분할의 액수와 방법을 정한다. ③제1항의 재산분할청구권은 이혼한 날부터 2년을 경과한 때에는 소멸한다."라고 규정하고 있습니다. 그리고 재판상 이혼의 경우에도 민법 제843조에 의하여 위 규정이 준용됩니다.

위와 같은 재산분할제도는 부부가 혼인 중에 취득한 실질적인 공동재산을 청산·분배하는 것을 주된 목적으로 하는 것이므로, 혼인 중에 부부가 협력하여 이룩한 재산이 있는 경우에는 혼인관계의 파탄에 대하여 책임이 있는 배우자라도 재산의 분할을 청구할 수 있습니다(대법원 1993. 5. 11.자 93스6 결정).

그런데 위 사안에서는 향후 수령할 퇴직연금이 재산분할의 대상이 되는지 문제됩니다.

이에 관하여 판례를 보면, "향후 수령할 퇴직연금은 여명을 확정할 수 없으므로, 이를 바로 분할대상재산에 포함시킬 수는 없고, 이를 참작하여 분할액수와 방법을 정함이 상당하다."라고 하였습니다(대법원 1997. 3. 14. 선고 96므1533, 1540 판결, 2002. 8. 28.자 2002스36 결정).

따라서 위 사안에 있어서도 귀하와 甲이 이혼할 경우 甲이 장차 지급 받게 될 퇴직연금은 재산분할대상재산에 포함시킬 수는 없고, 분할액수를 정함에 있어서는 참작할 수 있을 것으로 보입니다.

✪ 법원이 재산분할대상을 직권으로 조사할 수 있는지

【질의】 ➡ 사실혼관계가 해소되어 재산분할청구를 한 경우에 당사자가 주장을 하지 아니한 재산에 대하여도 법원이 직권으로 조사하여 재산분할대상에 포함시킬 수 있는지요?

【답변】 ➡ 포함시킬 수 있습니다.

위 사안과 관련된 판례를 보면, "가사비송절차에 관하여는 가사소송법에 특별한 규정이 없는 한, 비송사건절차법 제1편의 규정을 준용하고 있으며, 비송사건절차에 있어서는 민사소송의 경우와는 달리 당사자의 변론에만 의존하는 것이 아니고, 법원이 자기의 권능과 책임으로 재판의 기초가 되는 자료를 수집하는 이른바 직권탐지주의에 의하고 있으므로, 원고가 어떤 부동산을 재산분할대상의 하나로 포함시킨 종전주장을 철회하였더라도, 법원은 원고의 주장에 구애되지 아니하고 재산분할의 대상이 무엇인지 직권으로 사실조사를 하여 포함시킬 수 있다."라고 하였습니다(대법원 1995. 3. 28. 선고 94므1584 판결, 1999. 11. 26. 선고 99므1596 등 판결).

그러므로 이혼하는 당사자가 재산분할청구소송을 제기한 경우 법원은 당사자의 주장에 구애되지 아니하고 재산분할의 대상이 무엇인지 직권으로 사실조사를 하여 포함시킬 수 있다 할 것이고, 이혼당사자의 소유부동산과 채무관계, 현황, 그 형성과정 및 이용상황 등에 비추어 적정한 재산분할방법을 결정하고 그 비율에 관하여는 당사자들의 나이와 직업, 생활정도, 수입, 재산상태, 혼인관계가 파탄에 이르게 된 경위, 당사자가 그 재산의 형성에 기여한 정도 등 모든 사정을 참작하여 적극재산의 가액에서 소극재산인 채무를 공제한 금액 등으로 결정할 수 있다 할 것입니다.

◘ 협의이혼을 전제 한 재산분할약정의 재판상이혼시 적용여부

【질의】 ➡ 저는 남편 甲과 협의이혼하기로 하면서 혼인기간동안 甲명의로 마련한 부동산 중 주택 1동을 제 명의로 이전하기로 하고 그 약정서를 사서 인증까지 해두었습니다. 그러나 자녀의 친권행사문제로 의견이 맞지 않아 협의이혼을 하지 못하고, 甲의 부정행위를 이유로 한 재판상이혼을 청구하여 이혼판결을 받았습니다. 재산분할청구는 위 약정서가 있었으므로 하지 않았는데, 甲은 협의이혼이 되지 않았으므로 위 약정은 무효라면서 위 주택의 명의이전을 거부하고 있습니다. 이 경우 민사소송으로 소유권이전등기청구가 가능한지요?

【답변】 ➡ 재산분할청구를 해야합니다.

위 사안과 관련된 판례를 보면, "재산분할에 관한 협의는 혼인 중 당사자쌍방의 협력으로 이룩한 재산의 분할에 관하여 이미 이혼을 마친 당사자 또는 아직 이혼하지 않은 당사자 사이에 행하여지는 협의를 가리키는 것인바, 그 중 아직 이혼하지 않은 당사자가 장차 협의상 이혼할 것을 약정하면서 이를 전제로 하여 위 재산분할에 관한 협의를 하는 경우에 있어서는, 특별한 사정이 없는 한 장차 당사자 사이에 협의상 이혼이 이루어질 것을 조건으로 하여 조건부 의사표시가 행하여지는 것이라 할 것이므로, 그 협의 후 당사자가 약정한 대로 협의상 이혼이 이루어진 경우에 한하여 그 협의의 효력이 발생하는 것이지, 어떠한 원인으로든지 협의상 이혼이 이루어지지 아니하고 혼인관계가 존속하게 되거나 당사자 일방이 제기한 이혼청구의 소에 의하여 재판상 이혼(화해 또는 조정에 의한 이혼을 포함)이 이루어진 경우에 그 협의는 조건의 불성취로 인하여 효력이 발생하지 않는다."라고 하였습니다(대법원 2000. 10. 24. 선고 99다33458 판결, 2001. 5. 8. 선고 2000다58804 판결, 2000. 5. 2.자 2000스13 결정).

그리고 "협의이혼을 전제로 재산분할의 약정을 한 후 재판상 이혼이 이루어진 경우, 재판상 이혼 후 또는 재판상 이혼과 함께 재산분할을 원하는 당사자로서는, 이혼성립 후 새로운 협의가 이루어지지 아니하는 한, 이혼소송과 별도의 절차로 또는 이혼소송절차에 병합하여 가정법원에 재산분할에 관한 심판을 청구하여야 하는 것이지(이에 따라 가정법원이 재산분할의 액수와 방법을 정함에 있어서는 그 협의의 내용과 협의가 이루어진 경위 등을 민법 제839조의2 제2항 소정 '기타 사정'의 하나로서 참작하게 될 것임), 당초의 재산분할에 관한 협의의 효력이 유지됨을 전제로 하여 민사소송으로써 그 협의내용 자체의 이행을 구할 수는 없다." 라고 하였습니다(대법원 1995. 10. 12. 선고 95다23156 판결).

따라서 귀하는 위 약정서에 기하여 민사소송으로 위 주택의 소유권이전등기청구를 할 수는 없으며, 가정법원에 재산분할청구를 하여야 할 것입니다.

◘ 부부일방의 고유재산이 재산분할청구대상에 포함되는지

【질의】 ➡ 저는 얼마 전 남편 甲과 가정불화를 이유로 협의이혼을 하였습니다. 그래서 재산분할청구를 하려고 하였지만 甲의 유일한 재산으로는 혼인 전에 취득한 단독주택이 있는데, 이에 대하여도 재산분할을 청구할 수 있는지요?

【답변】 ➡ 기여도에 따라 청구할 수 있습니다.

위 사안의 경우 이혼시 배우자 일방의 특유재산이 재산분할청구의 대상이 될 수 있는지 문제됩니다.

이에 관한 판례를 보면, "민법 제839조의2에 규정된 재산분할제도는 혼인 중에 취득한 실질적인 공동재산을 청산·분배하는 것을 주된 목적으로 하는 것이므로, 부부가 재판상 이혼을 할 때 쌍방의 협력으로 이룩한 재산이 있는 한, 법원으로서는 당사자의 청구에 의하여 그 재산의 형성에 기여한 정도 등 당사자 쌍방의 일체의 사정을 참작하여 분할의 액수와 방법을 정하여야 하는바, 이 경우 부부일방의 특유재산은 원칙적으로 분할의 대상이 되지 아니하나 특유재산일지라도 다른 일방이 적극적으로 그 특유재산의 유지에 협력하여 그 감소를 방지하였거나 그 증식에 협력하였다고 인정되는 경우에는 분할의 대상이 될 수 있고, 부부일방이 혼인 중 제3자에게 부담한 채무는 일상가사에 관한 것 이외에는 원칙으로 그 개인의 채무로서 청산의 대상이 되지 않으나 그것이 공동재산의 형성에 수반하여 부담한 채무인 경우에는 청산의 대상이 된다."라고 하였습니다(대법원 1998. 2. 13. 선고 97므1486 판결, 1993. 5. 25. 선고 92므501 판결).

그리고 "가사를 전담하는 외에 가업으로 24시간 개점하는 잡화상연쇄점에서 경리업무를 전담하면서 잡화상경영에 참가하여 가사비용의 조달에 협력하였다면 특유재산의 감소방지에 일정한 기여를 하였다고 할 수 있어 특유재산이 재산분할의 대상이 된다."라고 본 경우가 있습니다(대법원 1994. 5. 13. 선고 93므1020 판결, 2002. 8. 28.자 2002스36 결정).

따라서 귀하의 경우에도 단순히 위 주택이 甲이 혼인 전에 취득한 재산이라는 것만으로 재산분할청구대상에서 제외된다고는 할 수 없다 하겠으며, 다만 그 재산을 유지하거나 또는 감소방지에 귀하가 기여한 노력이 크다면 이를 입증하여 재산분할청구권을 행사해볼 수 있을 것입니다.

◘ 사실혼 파기로 인한 재산분할청구가 가능한지

【질의】 ➡ 사실혼관계가 파탄에 이르러 헤어질 경우 각 당사자는 사실혼기간 중 마련한 재산에 대하여 이혼의 경우를 준용하여 재산분할청구권을 행사할 수 있는지요?

【답변】 ➡ 행사할 수 있습니다.

사실혼이라 함은 혼인신고는 되어 있지 않지만 당사자 사이에 혼인의 의사가 있고, 객관적으로 사회관념상으로 가족질서적인 면에서 부부공동생활을 인정할 만한 혼인생활의 실체가 있는 경우를 일컫는 것으로서, 이에 대하여는 재산상속 등 법률혼에 대한 민법의 규정 중 혼인신고를 전제로 하는 규정은 유추적용 할 수 없으나, 동거, 부양, 협조, 정조의 의무 등 법률혼에 준하는 일정한 효력이 인정됩니다.

판례도, "사실혼이란 당사자 사이에 혼인의 의사가 있고, 객관적으로나 사회관념상으로 가족질서적인 면에서 부부공동생활을 인정할 만한 혼인생활의 실체가 있는 경우이므로, 법률혼에 대한 민법의 규정 중 혼인신고를 전제로 하는 규정은 유추적용 할 수 없으나, 부부재산의 청산의 의미를 갖는 재산분할에 관한 규정은 부부의 생활공동체라는 실질에 비추어 인정되는 것이므로, 사실혼관계에도 준용 또는 유추적용 할 수 있다."라고 하였습니다(대법원 1995. 3. 28. 선고 94므1584 판결, 2000. 8. 18. 선고 99므1855 판결).

그러므로 사실혼부부의 일방이 동거하기 전부터 가진 고유재산과 동거기간 중 자기명의로 취득한 재산은 그 명의자의 특유재산으로 추정되나, 사실혼관계에 있는 부부가 공동으로 모은 재산과 부부의 누구에게 속한 것인지 분명하지 아니한 재산은 그 부부의 공동소유로 추정됩니다(민법 제830조, 대법원 1994. 12. 22. 선고 93다52068 판결, 1995. 3. 10. 선고 94므1379, 1386 판결).

따라서 사실혼의 기간 중 공동으로 마련한 재산은 당사자 일방의 명의로 되어 있다고 하더라도 재산분할청구가 가능하고, 공유지분권을 주장하거나 그 재산명의자가 사망한 후에도 다른 일방은 사망한 자와의 사실혼관계사실과 그 재산의 소유권이 자신에게 있음을 입증하여 그의 상속인을 상대로 소유권 또는 공유지분권을 주장할 수 있을 것입니다.

참고로 "부부 사이에 13년 남짓 동안 법률혼과 사실혼이 3회에 걸쳐 계속 이어지다가 파탄되었고 그 각 협의이혼에 따른 별거기간이 6개월과 2개월 남짓에 불과한 경우에 마지막 사실혼의 해소에 따른 재산분할을 함에 있어서는 그에 앞서 이루어진 이혼에 따른 재산분할 문제를 정산하였다거나 이를 포기하였다고 볼 만한 특별한 사정이 없는 한 그 각 혼인 중에 쌍방의 협력에 의하여 이룩한 재산은 모두 청산의 대상이 될 수 있다."라고 하였으나 (2000. 8.18.선고, 99므1855 판결), "법률상의 혼인을 한 부부의 어느 한 쪽이 집을 나가 장기간 돌아오지 아니하고 있는 상태에서 부부의 다른 한 쪽이 제3자와 혼인의 의사로 실질적인 혼인생활을 하고 있다고 하더라도, 특별한 사정이 없는 한 이를 사실혼으로 인정하여 법률혼에 준하는 보호를 허여할 수는 없고, 남편 甲이 법률상의 처 乙이 자식들을 두고 가출하여 행방불명이 된 채 계속 귀가하지 아니한 상태에서 조만간 乙과의 혼인관계를 정리할 의도로 丙과 동거생활을 시작하였으나, 그 후 甲의 부정행위 및 폭행으로 혼인생활이 파탄에 이르게 될 때까지도 甲과 乙사이의 혼인이 해소되지 아니하였다면, 甲과 丙사이에는 법률상 보호받을 수 있는 적법한 사실혼관계가 성립되었다고 볼 수는 없고, 따라서 丙의 甲에 대한 사실혼관계해소에 따른 손해배상청구나 재산분할청구는 허용될 수 없다."라고 한 경우가 있습니다(대법원 1996. 9. 20. 선고 96므530 판결, 2001. 4. 13. 선고 2000다52943 판결).

◘ 부부일방이 명의신탁한 부동산도 재산분할청구의 대상인지

【질의】 ➡ 甲은 남편 乙이 부정행위를 하여 협의이혼을 한 후 재산분할청구를 하려고 합니다. 그런데 乙은 甲과 乙이 공동으로 마련한 부동산 중 주택 1동 및 그 대지를 그의 형 丙의 명의로 명의신탁해둔 사실이 있습니다. 이 경우 甲이 재산분할청구를 하였을 경우 丙명의로 명의신탁 된 부동산도 고려하여 재산분할이 될 수 있는지요?

【답변】 ➡ 재산분할의 대상이 됩니다.

재산분할청구권에 관하여 민법 제839조의2에 의하면 "①협의상 이혼한 자의 일방은 다른 일방에 대하여 재산분할을 청구할 수 있다. ②제1항의 재산분할에 관하여 협의가 되지 아니하거나 협의할 수 없는 때에는 가정법원은 당사자의 청구에 의하여 당사자 쌍방의 협력으로 이룩한 재산의 액수 기타 사정을 참작하여 분할의 액수와 방법을 정한다. ③제1항의 재산분할청구권은 이혼한 날부터 2년을 경과한 때에는 소멸한다."라고 규정하고 있으며, 위 규정은 민법 제843조에 의하여 재판상 이혼의 경우에도 준용되고 있습니다.

그런데 부부일방이 제3자에게 명의신탁 한 부동산도 재산분할청구의 대상이 되는지에 관하여 판례를 보면, "제3자 명의의 재산이더라도 그것이 부부 중 일방에 의하여 명의신탁 된 재산 또는 부부의 일방이 실질적으로 지배하고 있는 재산으로서 부부 쌍방의 협력에 의하여 형성된 것이거나 부부 쌍방의 협력에 의하여 형성된 유형, 무형의 자원에 기한 것이라면 그와 같은 사정도 참작하여야 한다는 의미에서 재산분할의 대상이 된다."라고 하였습니다(대법원 1998. 4. 10. 선고 96므1434 판결).

이것은 재산분할제도의 목적이 부부 중 누구 명의로 되어 있건간에 쌍방의 협력으로 이룩한 실질적인 부부의 공동재산을 청산하는데 있다고 할 것이므로, 나아가 부부 이외의 제3자 명의의 재산이라고 하더라도 그것이 부부의 협력으로 이룩한 실질적인 공동재산으로 인정되는 경우에는 재산분할의 대상으로 삼을 수 있다는 취지로 보여집니다. 다만, 제3자 명의의 재산이 순수한 의미에서 부부의 일방이 명의신탁 한 재산이라고 하더라도 그에 대하여 직접 재산분할을 명하는 경우 제3자는 당해 소송의 피고가 아니므로 그 재산을 직접 분할하는 현물분할이나 경매분할을 명하면 집행불능에 이르게 될 것입니다. 결국 제3자 명의의 재산도 재산분할의 대상이 된다는 것은 그 재산형성에 대한 부부 일방의 기여도를 민법 제839조의2 제2항 소정의 기타의 사정으로 참작하여야 한다는 의미로 이해할 수 있을 듯합니다.

따라서 위 사안에서도 甲이 청구한 재산분할청구사건에 있어서 丙명의로 명의신탁 된 부동산도 甲과 乙의 재산형성에 대한 기여도를 정함에 있어서 참작할 사유로 될 수 있을 것으로 보입니다.

◘ 재산분할로 소유권이전 될 경우 임차보증금반환채무 인수 형태

【질의】 ➡ 甲은 남편 乙과 협의이혼을 하면서 재산분할도 함께 하려고 합니다. 그런데 乙은 그의 명의로 되어 있는 상가건물을 甲에게 소유권이전 해주겠다고 합니다. 그러나 위 상가건물은 乙의 임차인 丙이 점유하고 있으므로 甲이 위 상가건물을 재산분할로 소유권이전 받을 경우 甲과 乙이 특별히 약정한 바가 없으면 乙의 丙에 대한 임차보증금반환채무가 甲에게 면책적으로 인수되는지요?

【답변】 ➡ 인수됩니다.

면책적 채무인수라 함은 채무의 동일성을 유지하면서 이를 종래의 채무자로부터 제3자인 인수인에게 이전하는 것을 목적으로 하는 계약으로서, 채무인수로 인하여 인수인은 종래의 채무자와 지위를 교체하여 새로이 당사자로서 채무관계에 들어서서 종래의 채무자와 동일한 채무를 부담하고 동시에 종래의 채무자는 채무관계에서 탈퇴하여 면책되는 것입니다(대법원 1999. 7. 9. 선고 99다12376 판결).

그리고 매수인이 매매목적물에 관한 임대차보증금반환채무 등을 인수하면서 그 채무액을 매매대금에서 공제하기로 한 경우, 그 채무인수의 법적 성질에 관하여 판례를 보면, "부동산의 매수인이 매매목적물에 관한 임대차보증금반환채무 등을 인수하는 한편, 그 채무액을 매매대금에서 공제하기로 약정한 경우, 그 인수는 특별한 사정이 없는 이상 매도인을 면책시키는 면책적 채무인수가 아니라 이행인수로 보아야 하고, 면책적 채무인수로 보기 위해서는 이에 대한 채권자 즉, 임차인의 승낙이 있어야 한다."라고 하였습니다(대법원 2001. 4. 27. 선고 2000다69026 판결).

한편 재산분할의 방법으로 부동산소유권을 이전하는 경우, 그 부동산에 대한 임차보증금반환채무가 새로운 소유자에게 면책적으로 인수되는지에 관하여 판례를 보면, "임대차의 목적물인 부동산의 소유권이 이전되는 경우 그 부동산이 주거용 건물로서 주택임대차보호법에 따라 임대인의 지위가 당연히 승계 되는 등의 특별한 사정이 없는 한, 재산분할의 방법으로 부동산의 소유권이 이전된다고 하여 그에 수반하여 당해 부동산에 대한 임대차보증금반환채무가 새로운 소유자에게 면책적으로 인수되는 것은 아니다."라고 하였습니다(대법원 1997. 8. 22. 선고 96므912 판결, 1997. 8. 22. 선고 96므905 판결).

그런데 2002년 11월 1일부터 시행된 상가건물임대차보호법에 제3조에 의하면 "①임대차는 그 등기가 없는 경우에도 임차인이 건물의 인도와 부가가치세법 제5조, 소득세법 제168조 또는 법인세법 제111조의 규정에 의한 사업자등록을 신청한 때에는 그 다음날부터 제3자에 대하여 효력이 생긴다. ②임차건물의 양수인(그 밖에 임대할 권리를 승계한 자를 포함한다)은 임대인의 지위를 승계한 것으로 본다."라고 규정(다만, 법 제2조에 의거 대통령이 정하는 보증금액을 초과하는 경우는 적용하니 아니함)하고 있어 상가건물의 임차인이 건물의 인도와 사업자등록이라는 대항요건을 갖춘 후 건물이 양도되면 양수인은 임대인의 지위를 당연히 승계하기 때문에 임차인은 양수인에 대하여 임차권을 주장할 수 있습니다.

따라서 위 사안에서 甲이 위 상가건물의 소유권을 이혼에 따른 재산분할로 이전 받을 경우 丙이 상가건물임대차보호법에 정한 요건을 갖춘 상가임차인이라며 乙의 丙에 대한 임차보증금반환채무가 甲에게 면책적으로 인수된다고 할수 있고, 위 요건을 갖추지 못한 임차인이라며 면책적으로 인수하기로 약정을 하였다고 하여도 丙의 승낙이 없으면 그 채무가 甲에게 면책적으로 인수된다고 할 수 없을 것입니다.

◘ 반소 인용시 기각된 본소에 병합된 재산분할청구의 판단 여부

【질의】 ➡ 甲은 그의 처 乙을 상대로 이혼청구의 소를 제기하였고, 乙도 그에 대하여 반소로서 이혼청구의 소를 제기하였습니다. 그런데 乙은 甲이 이혼청구의 소를 제기하면서 재산분할청구를 하였으므로 반소를 제기하면서 재산분할청구의 소를 제기하지 하지 않았습니다. 이 경우 甲의 본소가 기각되고 乙의 반소가 인용될 경우 재산분할문제는 어떻게 되는지요?

【답변】 ➡ 甲의 반대의사 없으면 재산분할청구에 대해 심리하게 됩니다.

위 사안에서와 같이 본소 이혼청구를 기각하고 반소 이혼청구를 인용하는 경우, 본소 이혼청구에 병합된 재산분할청구에 대하여 심리·판단하여야 하는지 문제됩니다.

이에 관하여 판례를 보면, "원고가 본소의 이혼청구에 병합하여 재산분할청구를 제기한 후 피고가 반소로서 이혼청구를 한 경우, 원고가 반대의 의사를 표시하였다는 등의 특별한 사정이 없는 한, 원고의 재산분할청구 중에는 본소의 이혼청구가 받아들여지지 않고 피고의 반소청구에 의하여 이혼이 명하여지는 경우에도 재산을 분할해달라는 취지의 청구가 포함된 것으로 봄이 상당하다고 할 것이므로(이때 원고의 재산분할청구는 피고의 반소청구에 대한 재반소로서의 실질을 가지게 된다), 이러한 경우 사실심으로서는 원고의 본소 이혼청구를 기각하고 피고의 반소청구를 받아들여 원·피고의 이혼을 명하게 되었다고 하더라도, 마땅히 원고의 재산분할청구에 대한 심리에 들어가 원·피고가 협력하여 이룩한 재산의 액수와 당사자 쌍방이 그 재산의 형성에 기여한 정도 등 일체의 사정을 참작하여 원고에게 재산분할을 할 액수와 방법을 정하여야 한다."라고 하였습니다(대법원 2001. 6. 15. 선고 2001므626, 633 판결).

따라서 위 사안에서도 乙이 반소를 제기하면서 재산분할청구를 하지 않았다고 하여도 乙의 반소가 인용되는 경우라면, 甲이 본소 청구시 병합하여 청구한 재산분할에 대하여 甲이 특별히 반대의 의사를 표시하지 아니 한다면 재산분할에 대해서도 심리하여 재산분할을 할 액수와 방법을 정하게 될 것으로 보입니다.

◘ 청산대상 채무액 공제시 잔액이 없어도 재산분할청구 가능한지

【질의】 ➡ 甲은 남편 乙의 부정행위로 인하여 이혼소송을 제기하면서 재산분할청구도 해보려고 합니다. 그런데 乙은 甲과 혼인한 직후부터 줄곧 외항선원으로 근무해오면서 번 돈을 기초로 건물을 매수하여 乙명의로 소유권이전등기를 마쳤으나, 乙이 선원생활을 그만 두고 식당을 경영해보기 위하여 금융기관으로부터 대출 받으면서 그 담보로 위 건물에 근저당권을 설정하여 주었는데, 위 근저당권의 피담보채무액인 대출원리금을 변제하지 못하여 위 건물에 대한 임의경매가 진행되어 낙찰되었으며, 그밖에도 乙은 위 건물의 1층 및 2층 일부를 임차한 임차인들에게 임대차보증금반환채무를 부담하고 있어 위 건물의 낙찰금액에서 乙의 위 대출원리금반환채무와 임대차보증금반환채무를 공제하면 남는 것이 전혀 없습니다. 이러한 경우에도 재산분할청구가 가능한지요?

【답변】 ➡ 가능하지 않을것으로 보입니다.

재산분할청구권에 관하여 민법 제839조의2에 의하면 "①협의상 이혼한 자의 일방은 다른 일방에 대하여 재산분할을 청구할 수 있다. ②제1항의 재산분할에 관하여 협의가 되지 아니하거나 협의할 수 없는 때에는 가정법원은 당사자의 청구에 의하여 당사자 쌍방의 협력으로 이룩한 재산의 액수 기타 사정을 참작하여 분할의 액수와 방법을 정한다. ③제1항의 재산분할청구권은 이혼한 날부터 2년을 경과한 때에는 소멸한다."라고 규정하고 있으며, 위 규정은 민법 제843조에 의하여 재판상 이혼의 경우에도 준용되고 있습니다.

이러한 재산분할제도의 목적은 부부 중 누구 명의로 되어 있건간에 쌍방의 협력으로 이룩한 실질적인 부부의 공동재산을 청산하는데 있습니다.

그런데 부부 일방이 청산대상인 채무를 부담하고 있는 경우, 재산분할의 비율 또는 액수를 정하는 방법에 관하여 판례를 보면, "부부 일방이 혼인 중 제3자에게 채무를 부담한 경우에 그 채무 중에서 공동재산의 형성에 수반하여 부담하게 된 채무는 청산의 대상이 되는 것이므로, 부부 일방이 위와 같이 청산의 대상이 되는 채무를 부담하고 있는 경우에 재산분할의 비율 또는 액수를 정함에 있어서는, 이를 고려하여, 금전의 지급을 명하는 방식의 경우에는 그 채무액을 재산가액으로부터 공제한 잔액을 기준으로 지급액을 산정 하여야 하고, 목적물의 지분을 취득시켜 공유로 하는 방식의 경우에는 상대방의 취득비율을 줄여 주는 등으로 분할비율을 합리적으로 정하여야 한다."라고 하였습니다(대법원 1994. 12. 2. 선고 94므1072 판결). 또한, 총 재산가액에서 청산의 대상이 되는 채무액을 공제하면 남는 금액이 없는 경우, 상대방 배우자의 재산분할청구가 가능한지에 대하여 "부부 일방이 혼인 중 제3자에게 채무를 부담한 경우에 그 채무 중에서 공동재산의 형성에 수반하여 부담하게 된 채무는 청산의 대상이 되는 것이므로, 부부 일방이 위와 같이 청산의 대상이 되는 채무를 부담하고 있어 총 재산가액에서 위 채무액을 공제하면 남는 금액이 없는 경우에는 상대방의 재산분할청구는 받아들여질 수 없다."라고 하였습니다(대법원 2002. 9. 4. 선고 2001므718 판결, 1997. 9. 26. 선고 97므933 판결).

따라서 위 사안에서도 乙의 대출원리금채무와 임대차보증금반환채무의 청산의 대상이 되는 채무를 부담하고 있으며, 그러한 채무를 공제하고 남는 금액이 없다면 재산분할청구는 인정될 수 없을 것으로 보입니다.

◘ 이혼과 동시에 명한 재산분할채무의 이행기 및 적용이율

【질의】 ➡ 甲은 그의 처 乙을 상대로 이혼소송을 제기하였고, 乙도 이혼소송과 병합하여 재산분할청구의 반소를 제기하였습니다. 그런데 乙의 반소가 인용될 가능성이 높아졌는바, 이 경우 乙의 반소가 인용되면서 재산분할로서 금전의 지급을 명하는 판결을 하는 경우, 그 금전지급채무의 이행기와 이행지체시에 금전채무불이행으로 인한 손해배상액산정의 기준이 되는 법정이율이 어떻게 되는지요?

【답변】 ➡ 민법에 정한 연5%입니다.

소송촉진등에관한특례법 제3조에 의하면 "①금전채무의 전부 또는 일부의 이행을 명하는 판결(심판을 포함한다. 이하 같다)을 선고할 경우에 금전채무불이행으로 인한 손해배상액산정의 기준이 되는 법정이율은 그 금전채무의 이행을 구하는 소장 또는 이에 준하는 서면이 채무자에게 송달된 날의 다음날부터는 대통령령으로 정하는 이율(소송촉진등에관한특례법 제3조 제1항 본문 중 "대통령령으로 정하는 이율"을 "연 100분의 40의 범위 안에서 은행법에 의한 금융기관이 적용하는 연체금리 등 경제여건을 감안하여 대통령령이 정하는 이율"로 개정(2003. 5. 10)하였고, 소송촉진등에관한특례법제3조제1항본문의법정이율에관한규정(대통령령 제17981호, 2003. 5. 29.)에는 법정이율을 연 2할로 규정하고 있음)에 의한다. 다만, 민사소송법 제251조(장래의 이행을 청구하는 소)에 규정된 소에 해당하는 경우에는 그러하지 아니하다. ②채무자가 그 이행의무의 존재를 선언하는 사실심판결이 선고되기까지 그 존부나 범위에 관하여 항쟁함이 상당하다고 인정되는 때에는 그 상당한 범위 안에서 제1항의 규정을 적용하지 아니한다."라고 규정하고 있습니다.

그런데 재산분할청구권은 이혼이 성립한 때에 그 법적 효과로서 비로소 발생하는 것이므로 이혼소송과 병합하여 재산분할청구를 하고, 법원이 이혼과 동시에 재산분할로서 금전의 지급을 명하는 판결을 하는 경우, 그 금전지급채무의 이행기와 이행지체시에 금전채무불이행으로 인한 손해배상액산정의 기준이 되는 법정이율이 어떻게 되는지 문제됩니다.

이에 관련된 판례를 보면, "이혼으로 인한 재산분할청구권은 이혼을 한 당사자의 일방이 다른 일방에 대하여 재산분할을 청구할 수 있는 권리로서 이혼이 성립한 때에 그 법적 효과로서 비로소 발생하는 것일 뿐만 아니라, 협의 또는 심판에 의하여 그 구체적 내용이 형성되기까지는 그 범위 및 내용이 불명확·불확정하기 때문에 구체적으로 권리가 발생하였다고 할 수 없으므로, 당사자가 이혼이 성립하기 전에 이혼소송과 병합하여 재산분할의 청구를 하고 법원이 이혼과 동시에 재산분할로서 금전의 지급을 명하는 판결을 하는 경우 그 금전지급채무에 관하여는 그 판결이 확정된 다음날부터 이행지체책임을 지게 되고, 따라서 소송촉진등에관한 특례법 제3조 제1항 단서에 의하여 소송촉진등에관한특례법 제3조 제1항 본문에 정한 이율이 적용되지 아니한다."라고 하였습니다(대법원 2001. 9. 25. 선고 2001므725 등 판결, 2002. 10. 25. 선고 2002다43370 판결).

그러므로 위 사안에서 乙의 재산분할청구가 인용되면서 재산분할로서 금전의 지급을 명하는 판결을 하는 경우 그 금전지급채무에 관하여는 그 판결이 확정된 다음날부터 이행지체책임을 지게 되며, 그 적용이율은 소송촉진등에관한특례법 제3조 제1항 단서에 의하여 같은 조항 본문에 정한 이율이 적용되지 아니하므로, 판결확정일 다음날부터 완제일까지 민법에 정한 연 5%의 비율에 의한 지연손해금의 지급을 명하게 될 것으로 보입니다.

◘ 이혼시 자녀양육권자를 정하는 방법

【질의】 ➡ 저는 남편과 이혼하면서 독자인 아이(5세)를 제가 키우고 싶습니다. 그런데 제가 양육권자로 지정받을 수 있으려면 어떻게 하면 되는지요?

【답변】 ➡ 당사자간의 합의나 가정법원이 정합니다.

민법은 이혼시 자녀의 양육 및 친권행사에 관하여 어머니에게도 동등한 권리를 부여하고 있는바, 이혼시 자녀의 양육 및 친권에 관한 사항은 이혼당사자가 협의하여 정하고, 협의가 되지 않거나 협의할 수 없는 때에는 당사자의 청구에 의하여 가정법원이 정하도록 규정하였습니다(민법 제837조).

당사자의 청구가 있으면 가정법원은 자녀의 연령, 부모의 재산상황, 자녀에 대한 부모의 애정정도, 자녀의 의사 등 여러 가지 사정을 참작하여 친권자 및 양육에 관한 사항을 정하게 됩니다.

따라서 귀하가 남편과의 협의이혼을 하는 경우에는 아이의 친권행사자 및 양육권자에 관한 사항도 협의에 의하여 정하고, 재판상이혼을 하는 경우에는 친권행사자 및 양육자의 지정도 함께 재판상으로 청구할 수 있습니다. 친권행사자 및 양육자를 당사자의 협의에 의하여 정한 경우에는 그 합의서를, 재판에 의하여 정한 경우에는 재판확정일로부터 1월 이내에 재판의 등본 및 그 확정서를 첨부하여 관할관청에 신고하여야 합니다.

또한, 귀하가 아이를 키우게 될 경우에도 아이의 아버지에게는 부양의무가 있기 때문에 귀하의 남편에게 아이의 양육비를 청구할 수 있습니다. 양육비에 관하여도 당사자의 협의에 의하여 정할 수 있으면 협의에 의하여 정하되 협의가 이루어지지 않는 경우에는 재판상 청구할 수밖에 없습니다. 양육비에 관하여 합의한 경우에는 나중에 분쟁을 방지하기 위하여 합의사항을 서면으로 작성하는 것이 바람직하다고 할 것입니다.

참고로 양육비에 관한 판례를 보면, "실제로 양육을 담당하는 이혼한 모에게 전혀 수입이 없어 자녀들의 양육비를 분담할 형편이 못되는 것이 아닌 이상, 이혼한 부와 함께 모도 양육비의 일부를 부담하도록 하였다 하여도 경험칙과 논리칙에 어긋나는 것은 아니며, 이혼한 부모 사이에 미성년의 3자녀에 대한 양육자로 모를 지정하고 부가 부담해야 할 양육비는 도시가구의 평균소비지출액과 당사자들의 각 재산정도와 수입 등 제반 사정을 참작하여 양육비로 예상되는 금액의 3분지 2 정도인 월 329,810원이 상당하다."라고 하였으며(대법원 1992. 1. 21. 선고 91므689 판결), "원고가 사건본인을 양육한 것이 일방적이고 이기적인 목적이나 동기에서 비롯된 것이라거나 사건본인의 이익을 위하여 도움이 되지 아니하거나, 그 양육비를 피고에게 부담시키는 것이 오히려 형평에 어긋나게 되는 등의 특별한 사정이 있다고 볼 아무런 자료가 없다면, 피고에게 사건본인의 양육비를 분담하게 한 것은 정당하다."라고 하였습니다(대법원 1995. 4. 25. 선고 94므536 판결).

◘ 이혼 당시 지정했던 친권행사자와 양육권자를 변경할 수 있는지

【질의】 ➡ 저는 이혼할 때 경제적인 여유가 없어 남편을 친권행사자 및 양육자로 지정해주었는데, 남편이 자녀를 너무나 학대하여 더 이상 두고 볼 수 없어 남편으로 되어 있는 친권행사자와 양육자를 저로 변경하고자 합니다. 이러한 변경이 가능한지요?

【답변】 ➡ 변경이 가능할 것으로 보입니다.

미성년자녀의 친권행사자지정에 관하여 법률규정을 살펴보면, 민법 제837조(이혼과 자의 양육책임)에 의하면 "①당사자는 그 자의 양육에 관한 사항을 협의에 의하여 정한다. ②제1항의 양육에 관한 사항의 협의가 되지 아니하거나 협의할 수 없는 때에는 가정법원은 당사자의 청구에 의하여 그 자의 연령, 부모의 재산상황 기타 사정을 참작하여 양육에 필요한 사항을 정하며 언제든지 그 사항을 변경 또는 다른 적당한 처분을 할 수 있다."라고 규정하고 있습니다.

그리고 민법 제909조(친권자) 제4항에 의하면 "혼인 외의 자가 인지된 경우와 부모가 이혼한 경우에는 부모의 협의로 친권을 행사할 자를 정하고, 협의할 수 없거나 협의가 이루어지지 아니하는 경우에는 당사자의 청구에 의하여 가정법원이 이를 정한다. 친권자를 변경할 필요가 있는 경우에도 또한 같다."라고 규정하고 있습니다.

그러므로 당사자의 협의나 심판 등에 의하여 친권행사자가 지정된 경우에도 상당한 이유가 있는 경우에는 친권행사자와 양육권자를 변경할 수 있을 것입니다.

따라서 귀하는 먼저 남편과 친권행사자 및 양육에 관한 사항의 변경에 대해 합의를 해보고, 만일 합의가 안될 경우에는 관할가정법원에 친권행사자 및 양육권자변경심판을 청구해볼 수 있을 것으로 보입니다.

◘ 양육권자에게 유아인도를 거절하는 경우 대처방법

【질의】 ➡저는 얼마 전 남편과 재판상 이혼을 하면서 아이의 양육자 및 친권행사자로 지정 받았습니다. 그러나 남편은 아이를 내줄 수 없다고 하는데, 아이를 데려올 수 있는 좋은 방법이 있는지요?

【답변】 ➡ 이행명령이나 인도청구를 하면 됩니다.

법률적으로 개인의 실력행사에 의하여 아이를 빼앗아 오는 것은 허용되지 않습니다.

다만, 판결 또는 심판에 의하여 유아의 인도의무를 이행하여야 할 자가 정당한 이유 없이 그 의무를 이행하지 아니할 때에는 일정한 기간 내에 그 의무를 이행하지 않는 경우 그 의무를 이행하라는 이행명령을 가정법원에 신청할 수 있습니다(가사소송법 제64조).

이 명령을 위반하면 100만원 이하의 과태료에 처할 수 있고, 그 후 30일이 지나도록 유아를 인도하지 않으면 30일의 범위 내에서 유아인도의무를 이행할 때까지 가정법원에 그 자를 붙잡아 가두도록 하는 감치처분(監置處分)을 신청할 수 있습니다(가사소송법 제67조 제1항, 제68조 제1항).

위와 같은 제재(制裁)에도 불구하고 유아인도를 거부할 경우 법원에 유아인도청구소송을 제기하여 판결을 받은 후 집행관에게 강제집행을 위임하여 아이를 강제로 데려오는 방법이 있습니다.

다만, 아이가 유아의 단계를 벗어나 민법상 의사능력 등이 있을 정도의 연령에 달한 경우에는 인도청구나 집행의 대상으로 될 수 없다 할 것입니다.

◘ 혼인 외의 자(子)를 생모와 그 배우자가 입양하는 경우

【질의】 ➡ 저의 여동생 甲은 일시 동거했던 乙남의 아이 丙을 낳아 甲의 호적에 입적시켜 키워오던 중 이번에 丁남을 만나 결혼하게 되었습니다. 甲은 결혼을 한 후 자기의 혼인외의 자(子)인 미성년자 丙을 丁남의 양자로 하고자 하는데, 이 경우 甲이 친생모로서 입양승낙을 하면 유효하게 입양을 할 수 있는지요?

【답변】 ➡ **입양할 수 있습니다.**

민법 第874조 第1항에 의하면 "배우자 있는 자가 양자를 할 때에는 배우자와 공동으로 하여야 한다."라고 규정하고 있으므로 부부는 공동으로 입양을 하여야 합니다.

그런데 위 사안의 경우에는 양모로 되어야 할 자가 양자 될 자의 친생모이므로, 친생모도 양모될 자의 자격으로서 공동입양당사자가 되어야 하는지 문제됩니다.

위 민법규정은 양자가 될 자가 양부와 그 배우자 또는 양모와 그 배우자 어느 쪽과도 친자관계가 없는 경우에 양부 또는 양모가 그 배우자와 합의 없이 입양을 하는 경우에 발생할 가족관계에서의 혼란과 분쟁 또는 양자의 법률상 지위의 불안정을 방지하기 위한 취지의 규정입니다.

따라서 배우자관계에 있는 어느 일방과 이미 생부 내지는 생모관계가 성립되어 있는 사람을 입양하는 경우에는 타방 배우자가 그 생부 또는 생모의 동의를 얻어 단독으로 입양할 수 있다고 볼 수 있을 것입니다.

자신의 친생자를 입양할 수 있는지에 관하여 호적예규를 보면, "①입양은 혼인중의 출생자와 같은 신분을 취득하게 하고자 하는 창설적 신분행위이므로, 자신의 친생자라도 '혼인중의 출생자가 아닌 자'는 입양할 수 있을 것이나, '혼인중의 출생자'에 대해서는 이러한 신분관계를 창설할 필요가 없으므로 이혼한 모가 전혼중에 출생한 혼인중의 자를 입양할 수는 없다. ②배우자의 전혼중에 출생한 혼인중의 자를 입양하고자 할 때에는 민법 第874조

제1항의 규정에도 불구하고 친생자관계가 없는 배우자 일방이 단독으로 입양할 수 있다."라고 하였습니다(제정 1985. 10. 29. 호적예규 제391호, 개정 1989. 12. 7. 호적예규 제421호, 1991. 7. 9. 호적예규 제467호, 1995. 3. 22. 호적예규 제504호).

또한, 미성년자인 혼인외 자를 친생모가 혼인한 후 그 부(夫)와 공동으로 입양할 때 입양의 승낙 또는 동의를 할 수 있는지에 관하여 호적선례를 보면, "모의 호적에 입적되어 있는 미성년자인 혼인외 자를 친생모가 혼인한 후 그 부(夫)와 공동으로 입양을 함에 있어서의 입양당사자인 부부의 일방인 처와 미성년자의 생모는 비록 동일인이라 할지라도 그 지위는 별개의 입장에 있는 것이므로, 친생모가 미성년자에 대한 입양의 승낙(15세 미만) 및 동의(15세 이상)를 행하는 것은 친권자와 그 자(子)사이의 이해상반행위에 포함되지는 않으므로 특별대리인을 선임할 필요는 없으며, 이혼한 생모가 재혼한 뒤 재혼한 부부가 생모의 전혼 중의 자인 미성년자를 입양함에 있어, 전혼 해소시에 그 자(子)에 대한 친권행사자에 관한 아무런 정함이 없는 경우에는 이혼한 부모가 공동으로 친권을 행사할 수밖에 없는 것이므로, 이러한 경우에 있어서도 일방 친권자인 생모는 직접 입양승낙이나 동의를 할 수 있지만, 타방 친권자인 전부(前夫)의 입양승낙 또는 입양동의도 함께 받아야 할 것이다."라고 하였습니다(1993. 5. 7. 호적선례 3-225).

그런데 위 사안의 경우에는 미성년자 丙이 여동생 甲의 혼인외의 자이므로 ①甲은 丁과 공동으로 아들을 입양할 수도 있고, ②丁단독으로 입양할 수도 있을 것입니다. 그리고 이러한 경우 '입양승낙 또는 동의'에 관하여는 입양당사자인 부부의 일방인 처와 미성년자의 생모는 비록 동일인이라 할지라도 그 지위는 별개의 입장에 있는 것이므로, 친생모가 미성년자에 대한 입양의 승낙(15세 미만) 또는 동의(15세 이상)를 행하는 것은 친권자와 그 자(子) 사이의 이해상반행위에 포함되지 않으므로 특별대리인을 선임할 필요가 없다 하겠습니다. 즉, 丁이 甲의 아들을 입양하는데 甲은 丙의 생모로서 입양에 동의하기만 하면 될 것으로 보입니다(민법 제869조, 제870조 제1항).

◘ 이혼으로 양부의 가를 떠난 양모와 양자관계의 소멸여부

【질의】 ➡ 甲은 乙남과 丙녀의 양자로 입양되었는데, 乙남과 丙녀가 불화로 인하여 이혼을 하게 되었는바, 이러한 경우 甲과 丙녀의 양친자관계는 어떻게 되는지요?

【답변】 ➡ 파양등이 없으면 그대로 유지됩니다.

민법 제874조는 "배우자있는 자가 양자를 할 때에는 배우자와 공동으로 하여야 한다."라고 규정하고 있는데, 입양은 개인간의 법률행위로서 부부의 공동입양이라고 하여도 부부 각자에 대하여 별개의 입양행위가 존재하여 부부 각자와 양자 사이에 각각 양친자관계가 성립한다고 할 것입니다(대법원 1998. 5. 26. 선고 97므25 판결).

그리고 민법 제776조에 의하면 "입양으로 인한 친족관계는 입양의 취소 또는 파양으로 인하여 종료한다."라고 규정하고 있으며, 판례를 보면 "민법 제776조는 '입양으로 인한 친족관계는 입양의 취소 또는 파양으로 인하여 종료한다.'라고 규정하고 있을 뿐 '양부모의 이혼'을 입양으로 인한 친족관계의 종료사유로 들고 있지 않고, 구관습시대에는 오로지 가계계승(家系繼承)을 위하여만 양자가 인정되었기 때문에 입양을 할 때 처는 전혀 입양당사자가 되지 못하였으므로 양부모가 이혼하여 양모가 부(夫)의 가(家)를 떠났을 때에는 입양당사자가 아니었던 양모와 양자의 친족관계가 소멸하는 것은 논리상 가능하였으나, 처를 부와 함께 입양당사자로 하는 현행 민법 아래에서는(1990. 1. 13. 개정 전 민법 제874조 제1항은 '처가 있는 자는 공동으로 함이 아니면 양자를 할 수 없고 양자가 되지 못한다.'고 규정하였고, 개정 후 현행 민법 제874조 제1항은 '배우자 있는 자가 양자를 할 때에는 배우자와 공동으로 하여야 한다.'고 규정하고 있다.) 부부공동입양제가 되어 처도 부와 마찬가지로 입양당사자가 되기 때문에 양부모가 이혼하였다고 하여 양모를 양부와 다르게 취급하여 양모자관계만 소멸한다고 볼 수는 없는 것이다."라고 하면서(대법원 2001. 5. 24. 선고 2000므1493 전원합의체 판결), 종전판례(생부모가 이혼하였을 경우에 자식의 입장에서 볼 때 여전히 생부관계 및 생모관계가 유지되지만, 양부모가 이혼하여 양모가 양부의 가를 떠났을 경우에는 양부관계는 존속하지만 양모관계는 소멸된다. 대법원 1979. 9. 11. 선고 79므35 판결)를 폐기하였습니다.

또한, 하급심판례를 보면, "입양으로 인한 친족관계의 소멸은 입양의 취소와 파양으로 인하여만 종료한다 할 것이고, 양부모가 같은 호적에 있는지의 여부는 입양관계에 어떠한 영향을 미친다고 할 수 없으므로 양부모가 이혼하여 양모가 양부의 가(家)를 떠났다 하더라도 양모자관계는 소멸되지 아니한다."라고 하였습니다(대구지법 1998. 2. 5. 선고 97드1401 판결).

따라서 위 사안의 경우에도 乙남과 丙녀의 이혼에도 불구하고 甲과 그들과의 양친자관계는 입양취소 또는 파양의 사유가 없다면 소멸되지 않고 그대로 유지된다고 할 것입니다.

⯐ 재혼한 어머니가 친권을 행사할 수 있는지

【질의】 ➡ 3년 전 부모님이 이혼한 후 어머니는 재혼하였고, 저는 18세의 학생으로서 아버지, 할머니와 함께 살고 있었습니다. 그러던 6개월 전 아버지가 교통사고로 사망하자 어머니는 저의 친권자임을 주장하며 제 앞으로 나온 아버지의 사망보상금을 수령·관리할 권한이 있다고 합니다. 할머니는 저의 앞날을 걱정하며 어찌할 줄 모르고 있는데, 대처할 방법이 없는지요?

【답변】 ➡ **친권상실선고를 신청합니다.**

아버지의 사망으로 인한 손해배상금은 귀하에게 귀속되는 것이나, 귀하는 아직 미성년자이므로 그 재산을 관리할 친권자 또는 후견인이 있어야 합니다. 현행 민법에 의하면 이 경우 귀하에 대한 친권자는 어머니가 되므로 재혼한 어머니이더라도 손해배상금을 수령·관리하겠다는 주장은 일응 하자가 없다고 할 것입니다.

그러나 부 또는 모가 친권을 남용하거나 현저한 비행 기타 친권을 행사시킬 수 없는 중대한 사유가 있을 때에는 법원은 민법 제777조의 규정에 의한 자(子)의 친족 또는 검사의 청구에 의하여 그 친권의 상실을 선고할 수 있고, 법정대리인인 친권자가 부적당한 관리로 인하여 자의 재산을 위태하게 한 때에는 법원은 민법 제777조의 규정에 의한 자의 친족의 청구에 의하여 그 법률행위의 대리권과 재산관리권의 상실을 선고할 수 있습니다(민법 제924조, 제925조).

그런데 어떤 행위가 '친권의 남용' 혹은 '현저한 비행'이 되느냐 하는 것은 구체적 사안에 따라 판단되어야 할 구체적인 문제이고, 획일적인 기준이 있는 것은 아닙니다.친권의 남용은 친권자로서의 양육, 재산관리 등의 권리의무를 부당하게 행사하여 자의 복지를 해하는 것입니다. 즉, 외관상 친권자가 자의 재산을 부당하게 처분하는 것으로 보이더라도 친권자의 그 동기가 병을 치료하기 위한 것이나, 자의 적당한 생활 및 교육을 위한 것이었다면 친권남용이라고 보지 않습니다. 현저한 비행에 해당하는 경우로는 성적 품행(性的品行)이 나쁘거나, 음주·도박 등으로 인하여 자의 보호·교육에 해(害)가 되고, 자에게 불이익을 주는 경우라고 할 수 있습니다. 기타 친권을 행사시킬 수 없는 중대한 사유로는 장기간 자녀를 보호·양육하지 않고 방치한 경우나, 장기간 행방불명인 경우가 이에 해당될 수 있습니다.

친권상실선고에 있어 고려하여야 할 요소에 관한 판례를 보면, "친권은 미성년인 자의 양육과 감호 및 재산관리를 적절히 함으로써 그의 복리를 확보하도록 하기 위한 부모의 권리이자 의무의 성격을 갖는 것으로서, 민법 제924조에 의한 친권상실선고사유의 해당여부를 판단함에 있어서도 친권의 목적이 자녀의 복리보호에 있다는 점이 판단의 기초가 되어야 하고, 설사 친권자에게 간통 등의 비행이 있어 자녀들의 정서나 교육 등에 악영향을 줄 여지가 있다 하더라도 친권의 대상인 자녀의 나이나 건강상태를 비롯하여 관계인들이 처해 있는 여러 구체적 사정을 고려하여 비행을 저지른 친권자를 대신하여 다른 사람으로 하여금 친권을 행사하거나 후견을 하게 하는 것이 자녀의 복리를 위하여 보다 낫다고 인정되는 경우가 아니라면 섣불리 친권상실을 인정하여서는 안되고, 자녀들의 양육과 보호에 관한 의무를 소홀히 하지 아니한 모의 간통행위로 말미암아 부가 사망하는 결과가 초래된 사실만으로서는 모에 대한 친권상실선고사유에 해당한다고 볼 수 없다."라고 하였습니다(대법원 1993. 3. 4.자 93스3 결정).

또한 과거에 다른 남자들과 불의의 관계를 맺은 일이 있었으나 현재는 이를 끊고 그 자녀의 감호·양육에 힘쓰고 있는 경우에는 그러한 사실만으로 현저한 비행 또는 친권남용이라 할 수 없다고 하였습니다(대법원 1959. 4. 16. 선고 4291민상659 판결).

친권상실청구의 소송을 제기한 경우 판결이 있을 때까지는 상당한 시일을 요하므로 자의 이익을 위하여 필요한 경우 법원은 신청에 의하여 친권자의 친권행사를 정지시키거나, 친권대행자를 선임하는 사전처분을 할 수 있습니다.

친권상실의 선고가 있으면, 후견이 개시되는데, 귀하의 할머니가 유일한 직계존속이거나 아니면 직계존속 중 가장 연장자라면 귀하의 법정후견인이 됩니다(민법 제932조, 제935조).

참고로 친권상실에 이르지 않은 친권남용의 경우에 관한 판례를 보면, "친권자인 모(母)가 미성년자인 자(子)의 법정대리인으로서 자의 유일한 재산을 아무런 대가도 받지 않고 증여하였고 상대방이 그 사실을 알고 있었던 경우, 그 증여행위는 친권의 남용에 의한 것이므로 그 효과는 자(子)에게 미치지 않고, 이러한 경우 친권자의 법정대리권의 남용으로 인한 법률행위의 효과가 미성년인 자(子)에게 미치지 아니한다고 하여 그 친권자의 친권이 상실되어야 하는 것은 아니며, 친권자가 자(子)의 법정대리인으로서 소송대리인을 선임하여 그 증여에 기하여 이루어진 소유권이전등기의 말소를 구하는 소를 제기하였다고 하여 이를 금반언의 원칙에 어긋난 것으로 볼 수도 없다."라고 한 바 있습니다(대법원 1997. 1. 24. 선고 96다43928 판결).

◘ 친권행사자인 부(父) 사망시 재혼한 모(母)가 친권행사자로 되는지

【질의】 ➡ 甲男은 乙女와 협의이혼을 하면서 미성년자인 아들 丙의 친권을 甲男으로 하기로 협의하였는데, 甲男이 갑자기 교통사고로 사망하였으며 그 손해배상금을 교통사고의 가해차량이 가입한 보험회사로부터 수령하여야 하는바, 미성년자 丙은 조부모가 양육하고 있고 乙女는 재혼하였으므로 이러한 경우 위 손해배상금은 누가 수령하여야 하는지요?

【답변】 ➡ 乙女가 수령하여야 합니다.

미성년자인 자는 부모의 친권에 복종하여야 하며, 부모가 이혼한 경우에는 부모의 협의로 친권을 행사할 자를 정하고, 협의할 수 없거나 협의가 이루어지지 아니하는 경우에는 당사자의 청구에 의하여 가정법원이 이를 정하고, 친권자를 변경할 필요가 있는 경우에도 당사자의 청구에 의하여 가정법원이 이를 정하게 됩니다(민법 제909조). 그리고 친권을 행사하는 부 또는 모는 미성년자인 자의 법정대리인이 됩니다(민법 제911조).

그런데 위 사안의 경우 甲男과 乙女가 이혼하면서 甲男이 미성년자인 丙의 친권을 행사하기로 협의하여 甲男을 丙의 친권행사자로 지정하는 친권행사자지정은 친권을 창설하거나 소멸시키는 것이 아니라 친권행사자로 지정되지 아니한 자는 친권자임에는 변함이 없지만 친권행사가 잠재적으로 정지되고, 친권행사자로 지정된 자가 단독으로 친권을 행사하는 것을 정함에 그치는 것이고 사정변경이 있을 경우에는 친권행사자를 변경할 수도 있는 것입니다.

따라서 친권행사자인 甲男이 사망한 경우 재혼한 乙女가 丙에 대한 정지된 친권을 곧바로 행사를 할 수 있을 것인지 문제되는데, 친권행사자가 친권을 행사할 수 없는 경우의 처리에 관한 호적예규를 보면 "친권행사자로 지정된 자가 사망·실종선고·대리권과 관리권의 상실(사퇴)로 인하여 친권을 행사할 수 없는 경우에도 다른 부 또는 모가 있는 때에는 후견이 개시되지 않으므로 후견개시신고를 할 수 없다."라고 하고 있으며(1991. 5. 1. 호적예규 제449-1호), 또한 "미성년자의 부(父)가 사망한 때에는 그에 대한 친권은 그의 생모(이혼, 친가복적, 재혼여부를 불문함)가 행사하게 되는 것이다."라고 하고 있습니다(1992. 9. 29. 법정 제1671호, 1993. 9. 8. 법정 제1779호).

그리고 하급심판례도 "협의이혼시 부모의 일방이 친권을 행사할 자로 지정된 경우, 다른 일방이 가졌던 친권은 그 행사가 정지될 뿐이고 친권자로 지정되었던 일방이 친권을 행사할 수 없게 되면 정지되었던 타방의 친권행사가 당연히 부활된다."라고 하였습니다(서울지법 1994. 5. 10. 선고 93가합81276 판결).

따라서 위 사안의 경우 甲男의 손해배상금(위자료 포함) 및 丙의 위자료는 乙女가 친권상실 또는 재산관리권의 상실사유가 없다면 미성년자 丙의 법정대리인으로서 乙女가 수령하여야 할 것이고, 다만 甲男의 부모의 고유의 위자료는 그 부모가 수령하여야 할 것입니다.

◘ 미성년의 자와 함께 상속받은 재산을 모(母) 명의로 할 수 있는지

【질의】 ➡ 저는 미성년자인 자녀 甲·乙과 함께 남편인 망 丙의 공동상속인이자 甲·乙의 친권자입니다. 제가 자녀들과 함께 상속받은 남편 丙명의 사업체를 저의 단독명의로 변경하려고 하는데, 이 경우 저의 친권행사에 제한이 있는지요?

【답변】 ➡ 제한이 있습니다.

법정대리인인 친권자와 그 자(子)와의 사이에 이해 상반되는 행위를 함에는 친권자는 법원에 그 자의 특별대리인의 선임을 청구하여야 합니다(민법 제921조 제1항).

위 사안과 관련된 판례를 보면, "민법 제921조의 '이해상반행위'란 행위의 객관적 성질상 친권자와 자 사이 또는 친권에 복종하는 수인의 자 사이에 이해의 대립이 생길 우려가 있는 행위를 가리키는 것으로서 친권자의 의도나 그 행위의 결과 실제로 이해의 대립이 생겼는가의 여부는 묻지 아니하며, 공동상속재산분할협의는 행위의 객관적 성질상 상속인 상호간에 이해의 대립이 생길 우려가 있는 행위라고 할 것이므로, 공동상속인인 친권자와 미성년인 수인의 자 사이에 상속재산분할협의를 하게 되는 경우에는 미성년자 각자마다 특별대리인을 선임하여 각 특별대리인이 각 미성년자를 대리하여 상속재산분할협의를 하여야 하고, 친권자가 수인의 미성년자의 법정대리인으로서 상속재산분할협의를 한 것이라면, 이는 민법 제921조에 위반된 것으로서 이러한 대리행위에 의하여 성립된 상속재산분할협의는 피대리자 전원에 의한 추인(追認)이 없는 한 무효이다."라고 하였습니다(대법원 1993. 4. 13. 선고 92다54524 판결, 2001. 6.

29. 선고 2001다28299 판결).

그런데 귀하가 상속재산인 사업체를 귀하의 명의로 변경할 경우는 甲과 乙도 귀하와 공동으로 상속재산인 사업체에 상속지분을 가지고 있으므로, 상호간에 이익이 상반되는 것에 해당되어 귀하는 가정법원에 甲과 乙의 각 특별대리인선임을 청구하여 그들로 하여금 위와 같은 명의변경에 동의하도록 하여야 할 것입니다.

친권자의 대리권이 제한되는 이해상반행위로 보는 경우를 예시하면 ①친권자가 자기의 채무에 관하여 자(子)를 대리하여 중첩적 채무인수를 한 행위, ②친권자의 채무에 관하여 미성년자인 자를 연대채무자로 한 경우, ③친권자가 자기의 채무를 위하여 미성년자인 자의 부동산을 담보에 제공한 행위, ④친권자가 자기의 채무를 자에게 전가하기 위하여 자를 대리하여 한 경개계약(更改契約), ⑤합명회사 사원이 자기의 친권에 복종하는 미성년인 자를 그 회사에 새로 입사시키는 행위 등입니다.

그리고 친권자와 1인의 미성년인 자가 공동상속인이 되는 경우의 상속재산분할협의의 경우에도 역시 그 자의 특별대리인을 선임하여 상속재산분할협의를 하여야 할 것이지만(대법원 1993. 3. 9. 선고 92다18481 판결), 친권자는 상속인이 아니고 성년인 자와 미성년인 자가 공동상속인인 경우(이혼한 처가 친권자인 경우 등)에 성년인 자와 미성년인 자 사이의 이해가 상반되는 행위를 친권자가 하는 것은 이해상반행위에 해당하지 않습니다(대법원 1989. 9. 12. 선고 88다카28044 판결).

참고로 특별대리인선임과 관련된 판례를 보면, "민법 제921조의 특별대리인제도는 친권자와 그 친권에 복종하는 자 사이 또는 친권에 복종하는 자들 사이에 서로 이해가 충돌하는 경우에는 친권자에게 친권의 공정한 행사를 기대하기 어려우므로 친권자의 대리권 및 동의권을 제한하여 법원이 선임한 특별대리인으로 하여금 이들 권리를 행사하게 함으로써 친권의 남용을 방지하고 미성년인 자의 이익을 보호하려는데 그 취지가 있으므로, 특별대리인은 이해가 상반되는 특정의 법률행위에 관하여 개별적으로 선임되어야 하고, 따라서 특별대리인선임신청서에는 선임되는 특별대리인이 처리할 법률행위를 특정하여 적시하여야 하고 법원도 그 선임심판시에 특별대리인이 처리할 법률행위를 특정하여 이를 심판의 주문에 표시하는 것이 원칙이며, 특별대리인에게 미성년자가 하여야 할 법률행위를 무엇이든지 처리할 수 있도록 포괄적으로 권한을 수여하는 심판을 할 수는 없으며, 법원이 특별대리인선임심판을 함에 있어서 그 주문에 특별대리인이 처리할 법률행위를 적시하지 아니한 채 단지 특정인을 미성년자를 위한 특별대리인으로 선임한다는 내용만 기재하는 것은 바람직하지 아니한 것이나, 이러한 내용의 심판이 있는 경우에도 그 특별대리인의 권한은 그 사건 선임신청서에서 신청의 원인으로 적시한 특정의 법률행위에 한정되는 것이며 그 밖의 다른 법률행위에 대하여는 그 처리권한이 없다." 라고 하였습니다(대법원 1996. 4. 9. 선고 96다1139 판결).

◘ 이혼 후 자녀를 부양해 온 모(母)의 과거양육비청구권

【질의】 ➡ 저는 2년 전 남편과 이혼한 후 갖은 고생을 하며 미성년자인 딸의 양육비를 혼자서 부담하여 왔습니다. 그러나 이혼한 전남편은 지금 매우 잘살고 있으므로 지금이라도 미성년자인 딸을 위하여 양육비를 청구하려고 합니다. 앞으로의 양육비청구는 물론 과거의 양육비도 함께 청구할 수 있는지요?

【답변】 ➡ 청구할 수 있습니다.

종전 판례에 의하면 "부모는 모두 자식을 부양할 의무가 있는 것이므로, 생모도 그 자를 부양할 의무가 있다 할 것이고, 따라서 자기의 고유의 의무를 이행한데 불과하며 또한 스스로 자진하여 부양하여 왔고 또 부양하려 한다면 과거의 양육비나 장래의 양육비를 청구하지 못한다."라고 하였습니다(대법원 1979. 5. 8. 선고 79므3 판결).

그러나 대법원은 위 판례를 변경하여 "어떠한 사정으로 인하여 부모 중 어느 한 쪽만이 자녀를 양육하게 된 경우에, 그와 같은 일방에 의한 양육이 그 양육자의 일방적이고 이기적인 목적이나 동기에서 비롯된 것이라거나, 자녀의 이익을 위하여 도움이 되지 아니하거나, 그 양육비를 상대방에게 부담시키는 것이 오히려 형평에 어긋나게 되는 등 특별한 사정이 있는 경우를 제외하고는 양육하는 일방은 상대방에 대하여 현재 및 장래의 양육비 중 적정금액의 분담을 청구할 수 있음은 물론이고, 부모의 자녀양육의무는 특별한 사정이 없는 한 자녀의 출생과 동시에 발생하는 것이므로 과거의 양육비에 대하여도 상대방이 분담함이 상당하다고 인정되는 경우에는 그 비용의 상환을 청구할 수 있는데, 다만 한 쪽의 양육자가 양육비를 청구하기 이전의 과거의 양육비 모두를 상대방에게 부담시키게 되면 상대방은 예상하지 못하였던 양육비를 일시에 부담하게 되어 지나치고 가혹하며 신의성실의 원칙이나 형평의 원칙에도 어긋날 수도 있으므로, 이와 같은 경우에는 반드시 이행 청구 이후의 양육비와 동일한 기준에서 정할 필요는 없고, 부모 중 한쪽이 자녀를 양육하게 된 경위와 그에 소요된 비용의 액수, 그 상대방이 부양의무를 인식한 것인지 여부와 그 시기, 그것이 양육에 소요된 통상의 생활비인지 아니면 이례적이고 불가피하게 소요된 다액의 특별한 비용(치료비 등)인지 여부와 당사자들의 재산상황이나 경제적 능력과 부담의 형평성 등 여러 사정을 고려하여 적절하다고 인정되는 분담의 범위를 정할 수 있다."라고 하였습니다(대법원 1994. 5. 13.자 92스21 결정).

따라서 귀하가 이혼하면서 그 딸의 양육비용을 모두 부담하기로 약정한 바가 없다면 그 딸을 키우면서 소요된 과거의 양육비 및 장래의 양육비를 청구해볼 수 있을 것입니다.

◘ 양육비청구권 포기각서를 번복하여 양육비청구를 할 수 있는지

【질의】 ➡ 저는 甲과 결혼하여 아들 하나를 두고 있으나, 甲이 다른 여자와 내연의 관계를 맺는 등 결혼생활에 충실하지 않아 이혼하였고, 甲은 그 여자와 재혼한 후 혼인신고를 하였습니다. 그런데 甲이 키우기로 한 아들이 저를 찾아와 계모에게 학대당하고 있다고 하여 저는 甲에게 아들의 전학에 필요한 친권행사포기서를 작성해 달라고 요구하였고, 甲은 아들을 키우는데 드는 양육비용을 자신에게 지우지 않겠다는 취지의 각서를 저에게 요구하였습니다. 저는 甲의 요구대로 그러한 내용의 각서를 작성하여 교부해주었고, 甲으로부터 친권행사포기서를 받았습니다. 그러나 막상 혼자서 자식을 키우려고 하니 경제적으로 너무 힘든 상황인데 제가 쓴 위 각서에도 불구하고 甲에게 양육비를 청구할 수는 없는지요?

【답변】 ➡ 청구할 수 있습니다.

민법은 이혼시 자녀의 양육에 관한 사항을 협의에 의하여 정하도록 하면서 자녀의 양육에 관한 사항의 협의가 되지 아니하였거나 협의할 수 없는 때에는 가정법원이 당사자의 청구에 의하여 양육에 필요한 사항을 정하며, 언제든지 그 양육에 관한 사항을 변경 또는 다른 적당한 처분을 할 수 있도록 하고 있습니다(민법 제837조 제1항, 제2항).

우선 귀하가 작성한 위 각서의 취지를 해석해보면 귀하와 甲은 귀하가 양육자가 되어 그 양육비도 귀하가 부담하기로 하는 취지의 자의 양육에 관한 협의가 이루어졌다고 할 수 있습니다.

그러나 협의당시 그러한 협의가 제반 사정에 비추어 부당하다고 인정된다면 가정법원에 위 양육비부담부분의 변경을 청구할 수 있어야 할 것입니다.

위 사안과 관련된 판례를 보면, "민법 제837조의 제1, 2항의 규정에 의하여 가정법원이 일단 결정한 양육에 필요한 사항을 그 후

변경하는 것은 당초의 결정 후에 특별한 사정변경이 있는 경우뿐만 아니라, 당초의 결정이 위 법조 소정의 제반 사정에 비추어 부당하게 되었다고 인정될 경우에도 가능한 것이며, 당사자가 협의하여 그 자의 양육에 관한 사항을 정한 후 가정법원에 그 사항의 변경을 청구한 경우에 있어서도 가정법원은 당사자가 협의하여 정한 사항이 위 법조 소정의 제반 사정에 비추어 부당하다고 인정되는 경우에는 그 사항을 변경할 수 있고 협의 후에 특별한 사정변경이 있는 때에 한하여 변경할 수 있는 것은 아니다."라고 하였습니다(대법원 1991. 6. 25. 선고 90므699 판결, 1992. 12. 30.자 92스17, 18 결정).

그러므로 비록 양육비부담을 청구인이 하기로 협의하였다 하더라도 가정법원은 특별한 사정변경이 없어도 민법 제837조 제1,2항 소정의 제반 사정에 비추어 그러한 협의가 부당하다고 인정되는 경우 가정법원은 그 사항을 변경할 수 있다고 할 것입니다.

귀하의 경우 아들이 계모의 학대를 피하여 귀하를 찾아온 점, 귀하가 아들을 양육하기 위해서는 전학절차상 전남편으로부터 친권포기서를 받아야만 하는 처지였다는 점, 전남편이 이에 응하는 조건으로 귀하에게 양육비부담에 관한 각서를 쓰도록 강제했다는 점 등을 고려하면 위 협의당시 귀하는 자식을 위하여 어떻게 해서든지 직접 양육하여야 할 필요를 느끼는 상황이었다고 볼 수 있습니다.

따라서 남편의 경제력이 귀하보다 더 나은 사정을 입증하여 가정법원에 양육비부담부분의 변경을 구하는 청구를 해볼 수 있으리라 생각됩니다.

◘ 모가 양육비포기각서를 작성한 경우 그 자(子)의 양육비청구권

【질의】 ➡ 저의 어머니는 3년 전 이혼을 하면서 아버지에게 저의 양육비를 청구하지 않겠다는 각서를 교부하였고, 이후 저를 혼자서 양육해왔습니다. 그러나 어머니는 최근에 병을 얻어 그 동안 해오던 일을 할 수가 없게 되었으며, 아버지는 그 각서를 이유로 현재까지 단 한푼도 저의 양육비를 지급하지 않고 있습니다. 저는 고등학교 2학년에 재학 중이므로 아버지가 양육비 등을 지급하지 않으면 학업을 중단해야만 할 처지에 놓여 있습니다. 이 경우 저의 양육비를 아버지에게 청구할 수 없는지요?

【답변】 ➡ 청구할 수 있습니다.

미성년자인 자녀에 대하여 부모는 모두 부양의 의무가 있으며, 부양을 할 자 또는 부양을 받을 자의 순위, 부양의 정도 또는 방법에 관한 당사자의 협정이나 법원의 판결이 있은 후 이에 관한 사정변경이 있는 때에는 법원은 당사자의 청구에 의하여 그 협정이나 판결을 취소 또는 변경할 수 있습니다(민법 제913조, 제978조).

그러므로 이혼의 당사자가 자의 양육에 관한 사항을 협의에 의하여 정하였더라도 필요한 경우 가정법원은 당사자의 청구에 의하여 언제든지 그 사항을 변경할 수 있는 것입니다(대법원 1992. 12. 30.자 92스17, 18 결정, 1991. 6. 25. 선고 90므699 판결).

그런데 위 사안은 부양의무자인 부모 사이에 그 일방이 다른 일방에 대하여 양육비를 청구하지 않겠다고 각서를 교부한 것이 부양권리자인 귀하의 양육비청구에 어떤 영향을 미칠 수 있는가 문제입니다.

만일, 어머니가 아버지에 대하여 귀하의 친권자로서 귀하를 대리하여 귀하에게 생길 부양청구권을 포기한 것이라면, 사정변경을 이유로 법원에 그 취소 또는 변경을 청구할 수 있을 것이며, 어머니가 부담하는 양육비를 아버지에게 구상하지 않을 것을 정한 것이라면, 그것은 부양의무자간에서 이른바 채권적 효력을 가지는데 불과하기 때문에 부양권리자인 귀하가 구체적 필요에 의하여 양육비의 청구를 함에는 아무런 지장이 없다고 할 것입니다.

또한, 판례는 "미성년자라 하더라도 권리만을 얻는 행위는 법정대리인의 동의가 필요 없으며, 친권자와 자 사이에 이해상반 되는 행위를 함에는 그 자의 특별대리인을 선임하도록 하는 규정이 있는 점에 비추어 볼 때 청구인(미성년자인 혼인외의 자)은 피청구인(생부)이 인지를 함으로써 청구인의 친권자가 되어 법정대리인이 된다 하더라도 피청구인이 청구인을 부양하고 있지 않은 이상 그 부양료를 피청구인에게 직접 청구할 수 있다."라고 한 바 있습니다(대법원 1972. 7. 11. 선고 72므5 판결).

따라서 위 사안의 경우 귀하의 아버지에 대한 양육비청구는 권리만을 얻는 행위가 되므로 귀하가 어머니의 동의 없이 직접 양육비청구를 할 수 있을 것으로 보입니다.

◘ 양육권 없는 자가 양육한 기간동안의 양육비청구 가능한지

【질의】 ➡ 甲은 남편 乙과 재판상 이혼을 하면서 미성년 자(子)인 丙을 이혼 후 2년 간은 乙이 양육비의 일부를 부담하면서 甲이 양육하기로 하고, 그 이후는 乙이 양육하도록 인도하기로 하는 의무를 부담하는 소송상의 화해가 있었습니다. 그런데 甲은 이혼 후 2년이 지나서도 3년 간 丙을 양육하였는데, 乙은 甲이 위 화해조항을 위반하였다는 이유로 양육비를 전혀 지급하지 않았습니다. 이 경우 甲이 다시 丙의 양육자지정청구를 하면서, 이혼 후 2년이 지나 乙이 양육비를 지급하지 않은 기간의 양육비를 함께 청구할 수 있는지요?

【답변】 ➡ 청구할 수 없습니다.

이혼한 후 미성년인 자녀의 양육비에 관하여 판례를 보면, "실제로 양육을 담당하는 이혼한 모에게 전혀 수입이 없어 자녀들의 양육비를 분담할 형편이 못되는 것이 아닌 이상, 이혼한 부와 함께 모도 양육비의 일부를 부담하도록 하였다 하여도 경험칙과 논리칙에 어긋나는 것은 아니다."라고 하였으며, "청구인과 피청구인 사이에 자녀의 양육에 관하여 특정 시점까지는 피청구인이 양육비의 일부를 부담하면서 청구인이 양육하기로 하고 그 이후는 피청구인이 양육하도록 인도하기로 하는 의무를 부담하는 소송상의 화해가 있었다면, 이 화해조항상의 양육방법이 그 후 다른 협정이나 재판에 의하여 변경되지 않는 한 위 특정시점 이후에는 청구인에게는 사건본인들을 양육할 권리가 없고 그럼에도 불구하고 이들을 피청구인에게 인도함이 없이 스스로 양육하였다면 이는 피청구인에 대한 관계에서는 위법한 양육이라고 할 것이니, 위 화해에 갈음하여 새로운 양육방법이 정하여 지기 전에는 피청구인은 청구인에게 그 위법한 양육에 대한 양육비를 지급할 의무가 있다고 할 수 없다."라고 하였습니다(대법원 1992. 1. 21. 선고 91므689 판결).

따라서 위 사안에서도 甲은 乙에 대하여 이혼 후 2년이 지난 시점부터 甲이 청구한 양육자지정청구에서 양육의 방법이 정해지기 이전까지의 양육비는 청구할 수 없을 것으로 보입니다.

◘ 이혼으로 인한 위자료청구권도 상속이 가능한지

【질의】 ➡ 甲女는 3년 전 乙男과 혼인하였으나 乙男의 부정행위로 인하여 혼인이 파탄에 이르게 되었습니다. 이에 甲女는 乙남을 상대로 이혼 및 위자료지급청구소송을 제기하여 '서로 이혼하고 乙男은 甲女에게 위자료 5,000만원을 지급하라.'라는 확정판결을 받았습니다. 그러나 甲女는 위자료를 지급 받지 못하고 심장마비로 사망하였는데, 이 경우 甲女의 친정부모가 위 위자료청구권을 상속받을 수 있는지요?

【답변】 ➡ 상속받을 수 있습니다.

민법 제806조 제3항에 의하면 "정신상 고통에 대한 배상청구권은 양도 또는 승계하지 못한다. 그러나 당사자간에 이미 그 배상에 관한 계약이 성립되거나 소를 제기한 후에는 그러하지 아니하다."라고 규정하여 약혼해제로 인한 위자료는 원칙적으로 양도·승계가 되지 않음을 명시하고 있으며, 이 규정을 재판상 이혼, 혼인의 무효·취소, 입양의 무효·취소, 파양을 원인으로 한 위자료에 관하여 준용하고 있습니다(민법 제825조, 제843조, 제897조, 제908조).

이에 관한 판례를 보면 "이혼위자료청구권은 상대방 배우자의 유책·불법한 행위에 의하여 혼인관계가 파탄상태에 이르러 이혼하게 된 경우 그로 인하여 입게 된 정신적 고통을 위자(慰藉)하기 위한 손해배상청구권으로서 이혼시점에서 확정·평가되고 이혼에 의하여 비로소 창설되는 것이 아니며, 이혼위자료청구권의 양도 내지 승계의 가능여부에 관하여 민법 제806조 제3항은 약혼해제로 인한 손해배상청구권에 관하여 정신상 고통에 대한 손해배상청구권은 양도 또는 승계하지 못하지만 당사자간에 배상에 관한 계약이 성립되거나 소를 제기한 후에는 그러하지 아니하다고 규정하고 민법 제843조가 위 규정을 재판상 이혼의 경우에 준용하고 있으므로 이혼위자료청구권은 원칙적으로 일신전속적 권리로서 양도나 상속 등 승계가 되지 아니하나, 이는 '행사상 일신전속권이고' '귀속상 일신전속권은 아니라' 할 것인바, 그 청구권자가 위자료의 지급을 구하는 소송을 제기함으로써 청구권을 행사할 의사가 외부적 객관적으로 명백하게 된 이상 양도나 상속 등 승계가 가능하다."라고 하였습니다(대법원 1993. 5. 27. 선고 92므143 판결, 1994. 10. 28. 선고 94므246, 94므253 판결).

따라서 위 사안의 경우 甲女는 위자료 5,000만원에 관한 확정판결문을 받아 둔 상태에서 사망하였으므로, 甲女의 친정부모는 위 위자료청구채권을 상속받을 수 있다 할 것이고, 이에 승계집행문을 부여받아 乙의 재산에 강제집행을 할 수 있을 것입니다.

참고로 일반불법행위로 인하여 사망한 경우의 위자료청구권에 대하여 판례는 "정신적 손해에 대한 배상(위자료)청구권은 피해자가 이를 포기하거나 면제하였다고 볼 수 있는 특별한 사정이 없는 한 생전에 청구의 의사를 표시할 필요 없이 원칙적으로 상속하는 것이다."라고 하여(대법원 1966. 10. 18. 선고 66다1335 판결) 가족편의 위자료청구권과는 다르게 상속됨이 원칙임을 확인하고 있을 뿐만 아니라 민법은 "타인의 생명을 침해한 자는 피해자의 직계비속, 직계존속 및 배우자에 대하여는 재산상 손해 없는 경우에도 손해배상의 책임이 있다."라고 규정하여(민법 제752조), 생명침해가 있는 경우에는 피해자와 일정한 신분관계 있는 자도 각자 고유의 위자료를 가해자에게 청구할 수 있음을 밝히고 있습니다.

◘ 미성년자의 상속포기 또는 한정승인권 행사기간

【질의】 ➡ 저는 이혼하면서 당시 아들 乙의 양육은 전남편 甲이 돌보기로 하여 따로 살고 있었습니다. 그런데 6개월 전 甲은 사망하였고, 그의 채권자들이 아직 미성년인 아들 乙에게 채무변제를 독촉하고 있다는 사실을 알게 되었습니다. 이 경우 乙이 상속책임을 면할 수 있는 방법이 없는지요?

【답변】 ➡ 상속포기 및 한정승인을 하면 됩니다.

상속은 피상속인의 사망으로 인하여 개시되고(민법 제997조), 상속재산에는 적극적 재산은 물론 소극적 재산(채무)도 모두 포함됩니다. 그러므로 상속인은 피상속인의 채무가 과다한 경우에는 가정법원에 상속포기 또는 한정승인을 신청하여 수리(심판)됨으로써 그 책임을 면할 수 있을 것입니다.

상속포기 또는 한정승인에 관하여 민법 제1019조에 의하면 "① 상속인은 상속개시 있음을 안 날로부터 3월내에 단순승인이나 한정승인 또는 포기를 할 수 있다... ③제1항의 규정에 불구하고 상속인은 상속채무가 상속재산을 초과하는 사실을 중대한 과실 없이 제1항의 기간 내에 알지 못하고 단순승인(제1026조 제1호 및 제2호의 규정에 의하여 단순승인 한 것으로 보는 경우를 포함)을 한 경우에는 그 사실을 안 날부터 3월내에 한정승인을 할 수 있다." 라고 규정하고 있고, 민법 제1020조에 의하면 "상속인이 무능력자인 때에는 전조(前條) 제1항의 기간은 그 법정대리인이 상속개시 있음을 안 날로부터 기산한다."라고 규정하고 있습니다.

또한, 2002년 1월 14일 법률 제6591호로 공포·시행된 개정민법 부칙 제3항에서는 한정승인에 관한 경과조치를 두었는바, 이에 의하면 "1998년 5월 27일부터 이 법 시행 전까지 상속개시가 있음을 안 자 중 상속채무가 상속재산을 초과하는 사실을 중대한 과실 없이 제1019조 제1항의 기간 내에 알지 못하다가 이 법 시행 전에 그 사실을 알고도 한정승인신고를 하지 아니하는 자는 이 법시행일부터 3월내에 제1019조 제3항의 개정규정에 의한 한정승인을 할 수 있다. 다만, 당해 기간 내에 한정승인을 하지 아니한 경우에는 단순승인을 한 것으로 본다."라고 규정하고 있습니다.

그리고 '상속개시 있음을 안 날'이란 상속개시의 원인 되는 사실의 발생을 앎으로써 자기가 상속인이 되었음을 안 날을 말하는 것이므로, 상속재산 또는 상속채무의 존재를 알아야만 위와 같은 기간이 진행되는 것은 아니며(대법원 1991. 6. 11.자 91스1 결정), 위 사안에서 귀하는 甲과 이혼하여 별거를 하였고 甲이 乙의 친권자행사자로 지정되어 乙을 양육하다가 사망하였는데, 친권은 부모로서의 고유의 권리이자 의무이므로 부모의 일방을 친권행사자로 지정하는 것은 다른 일방의 친권행사를 정지시키는 것일 뿐이고 그의 친권을 소멸시키는 것은 아니므로, 친권자 중 그 행사권자인 甲은 사망하였으나 모(母)가 있는 경우에는 후견이 개시되지 않고 귀하가 당연히 친권자로서 乙의 법정대리인이 되는 것입니다.

따라서 무능력자인 미성년자 乙의 상속포기 또는 한정승인기간은 법정대리인인 귀하가 아들 乙이 甲의 상속인이 되었음을 안 날(사망사실을 안 날)로부터 3개월 이내라 할 것이고, 아직 그 기간이 경과되지 않았다면 귀하는 乙의 친권자로서 乙을 대리하여 가정법원에 상속포기 또는 한정승인을 하여 수리(심판)됨으로써 乙이 상속책임을 면할 수 있을 것입니다.

그리고 개정민법 부칙 제3항에 의하여, 만일 귀하가 1998년 5월 27일부터 2002년 1월 14일 전까지 사이에 甲의 사망사실은 알았으나 상속재산을 초과하는 상속채무 있다는 사실을 중대한 과실 없이 알지 못하고, 2002년 1월 14일 전까지 한정승인신고를 하지 않은 경우라면 2002년 1월 14일부터 3월내에 한정승인을 함으로써 상속재산을 초과한 부분에 대한 면책을 주장할 수 있을 것으로 보입니다.

참고로 2004년 1월 29일 선고된 헌법재판소 결정(2002헌가22 등)에 의하면 "민법(2002. 1. 14. 법률 제6591호로 개정된 것)부칙 제3항 본문 중 1998년 5월 27일부터 이 법 시행전까지 상속개시가 있음을 안자 중 부분은 헌법에 합치되지 아니 한다"라고 하였습니다.

◘ 협의이혼신고 및 철회신고

【질의】 ➡ 저는 가정불화로 결혼생활을 지속하기 어려워 남편과 협의이혼을 하려고 합니다. 협의이혼신고절차는 어떻게 되는지요? 만약, 협의이혼의사를 확인을 받은 후 생각이 달라진다면 협의이혼을 철회할 수도 있는지요?

【답변】 ➡ 철회할 수 있습니다.

협의이혼은 당사자의 자유로운 의사에 기한 합의에 의하여 혼인관계를 해소시키는 것을 말합니다. 협의이혼을 하려고 하면 당사자 쌍방의 이혼의사가 존재하여야 하며, 만일 그러한 의사가 없는 경우에는 그 협의이혼은 무효 또는 취소의 사유가 됩니다.

협의이혼신고는 1979년 1월 1일부터 가정법원의 이혼의사확인을 받도록 되었는데(호적법 제79조의2 제1항), 협의이혼의사확인 및 신고절차는 다음과 같습니다.

협의이혼을 하려는 당사자는 협의이혼의사확인신청서를 작성하고 서명 또는 기명날인하여 이에 호적등본 1통 및 이혼신고서 3통과 주민등록등본 1통(당사자의 주소가 다를 경우에는 각각 1통)을 첨부하여 본적지 또는 주소지를 관할하는 법원(가정법원 또는 지방법원, 지원, 시・군법원)에 부부가 함께 출석하여 제출합니다(호적법시행규칙 제86조).

법원의 담임판사는 당사자 쌍방의 진술을 들은 후 이혼의사의 합치가 있는 것이 확인되면 확인서에 기명날인을 합니다.

그리고 당사자 사이에 미성년자인 자(子)가 있는 경우에는 반드시 친권행사자의 지정여부도 확인하므로 미리 이에 대해 협의해둘 필요가 있습니다(호적법시행규칙 제87조 제2항).

법원직원은 위 확인서에 의하여 등본 2통을 작성한 다음 이미 제출되어 있는 이혼신고서와 같이 각 당사자에게 교부하게 됩니다. 각 당사자는 위 확인서를 첨부하여 시(구)·읍·면장에게 단독으로 협의이혼신고를 할 수 있습니다. 그러나 위 확인서를 교부 또는 송달 받은 날로부터 3개월이 경과하면 다시 확인을 받아야 합니다(호적법 제79조의2, 호적법시행규칙 제91조).

그러나 협의이혼확인서를 발급 받은 다음이라도 신고 전에 어느 일방이 이혼할 생각이 없어지면 시(구)·읍·면장에게 '이혼의사철회'의 신고를 할 수 있습니다. 그리고 위 '이혼의사철회'의 의사표시 이후에는 다른 일방배우자가 이혼신고를 하더라도 수리가 되지 않습니다(호적법시행규칙 제92조).

판례도 "부부가 이혼하기로 협의하고 가정법원의 협의이혼의사 확인을 받았다고 하더라도 호적법에 정한 바에 의하여 신고함으로써 협의이혼의 효력이 생기기 전에는 부부의 일방이 언제든지 협의이혼의사를 철회할 수 있는 것이어서, 협의이혼신고서가 수리되기 전에 협의이혼의사의 철회신고서가 제출되면 협의이혼신고서는 수리할 수 없는

것이므로, 설사 호적공무원이 착오로 협의이혼의사철회신고서가 제출된 사실을 간과한 나머지 그 후에 제출된 협의이혼신고서를 수리하였다고 하더라도 협의상 이혼의 효력이 생길 수 없다."라고 하였습니다(대법원 1994. 2. 8. 선고 93도2869 판결).

◘ 이혼 전 출생한 혼인 외의 자(子)의 출생신고 방법

【질의】 ➡ 甲女는 乙男과 이혼신고 없이 사실상의 이혼으로 장기간 별거하던 중 丙남과 사이에서 丁을 낳은 후 乙과 이혼신고하고 丙남과 재혼하였습니다. 현재까지 호적이 없는 丁을 丙남의 호적에 입적시키고자 하는데 어떻게 하면 되는지요?

【답변】 ➡ 乙의 호적에 올렸다가 친생자관계부존재확인을 받으면 됩니다.

위 사안에서 丁은 甲女와 乙男의 혼인 중 출생한 자이므로 법률상 乙男의 친생자로 추정되기 때문에(민법 제844조 제1항), 설령 甲女와 乙男이 사실상 이혼으로 장기간 별거상태에 있었다고 하더라도 친생추정은 판결에 의해서만 번복될 수 있으므로 소송을 거치지 않고 출생신고에 의해 곧바로 丁을 丙남의 호적 또는 甲女의 친가호적에 입적시킬 수는 없습니다.

그런데 법률상 친생추정을 받는 자에 대해서는 아버지가 친생부인의 소를 제기하지 않으면 어느 누구도 친생자가 아님을 다툴 수 없다고 할 것이나, 사실상 이혼으로 장기간 별거상태에 있어 처(妻)가 부(夫)의 (子)를 포태할 수 없음이 외관상 명백한 경우에는 친생추정이 미치지 않으므로 다른 사람도 친생자관계부존재확인소송을 제기할 수 있다는 것이 판례입니다(대법원 1988. 5. 10. 선고 88므85 판결, 1997. 2. 25. 선고 96므1663 판결, 2000. 8. 22. 선고2000므292 판결).

따라서 우선 甲女는 丁을 출생신고에 의하여 일단 乙男의 호적에 입적시킨 다음 丁의 친권행사자로서 甲女가 乙男의 자(子)를 포태할 수 없는 사정이 외관상 명백한 이유(사실상 이혼으로 甲女와 乙男이 장기간 별거하였다는 이유)를 들어 乙男을 상대로 친생자관계부존재확인의 소를 제기하여야 할 것입니다. 그 판결이 승소확정되면 乙男의 호적에서 丁을 말소시킬 수 있고 그런 다음 丙남이 丁을 자신의 친생자로 출생신고를 하여 입적시키면 되며, 이 경우의 출생신고는 인지의 효력이 있습니다(호적법 제62조).

위와 같은 경우 호적공무원이 乙男의 친생자추정을 이유로 丁의 출생신고를 수리하지 않는 경우에는 丁이 乙男의 친생자가 아님을 소명하는 서류로서 친생자관계부존재확인판결등본 또는 丁이 말소제적 된 乙男의 호적등본 등을 첨부하면 됩니다(1994. 2. 3. 호적선례 3-158: 1995. 12. 19. 호적선례 3-159).

◘ 장남이 분가할 경우 그 절차

【질의】 ➡ 저는 4남 1녀 중 장남으로서 호주인 아버지가 수 차례 이혼하는 등으로 인하여 호적관계가 복잡합니다. 저는 결혼하였으나 아직 취직을 하지 못한 상태로 향후 취직시 제출하는 호적등본으로 인하여 불이익을 받을까 염려되므로 분가를 하려고 합니다. 장남도 분가가 가능한지요?

【답변】 ➡ 분가가 가능합니다.

현행 민법상 분가에는 법정분가와 임의분가가 있습니다. 법정분가는 가족이 혼인에 의하여 당연히 분가되는 것이고, 임의분가는 분가하려는 가족의 신고에 의하여 하는 것입니다. 그런데 귀하와 같은 호주의 직계비속장남자(直系卑屬長男子)는 혼인을 한다고 하더라도 당연히 법정분가 되지는 않습니다. 다만, 직계비속장남자가 분가를 원할 경우에는 임의분가신고를 함으로써 분가할 수 있습니다(민법 제789조, 제788조 제1항).

분가를 하게 되면 귀하의 배우자, 직계비속과 그 배우자는 함께 그 분가호적에 입적하게 되며, 분가신고는 ①본가(本家) 호주의 성명, 본, 본적 및 그 호주와 분가호주와의 관계, ②분가(分家)호주의 성명, 출생연월일 및 분가의 장소, ③민법 제791조 제1항의 규정에 의하여 그 가족 되는 자가 있는 때에는 그 자의 성명, 분가호주와의 관계 등을 기재한 분가신고서를 시·읍·면사무소나 특별시·광역시의 경우 구청의 호적계에 제출하시면 됩니다. 다른 시·읍·면으로 분가하려는 때에는 호적등본을 신고서에 첨부하여야 합니다(민법 제791조, 호적법 제107조).

다만, 직계비속장남자의 분가의 경우에는 그 본인이 분가신고를 임의로 한 경우에만 수리될 수 있는 것이므로, 호주가 장남을 대리하여 분가신고를 하거나 호주의 자격으로 장남을 강제분가 시킬 수는 없는 것입니다(1993. 4. 8. 호적선례 3-428).

참고로 현행 민법에서는 직계비속장남자의 분가 이외에도 장남의 입양도 가능하고, 호주인 양자도 파양을 할 수 있게 되어 있습니다.

◘ 자(子)의 분가시 어머니도 같이 갈 수 있는지

【질의】 ➡ 저희 가(家)의 호주는 조부이고, 저는 최근에 혼인하여 법정분가를 하였습니다. 아버지는 오래 전에 돌아가셨고 홀로 계신 어머니를 저의 호적으로 옮기려 하는데 가능한지요?

【답변】 ➡ 가능합니다.

민법 제791조 제1항에 의하면 본가에서 분가한 호주에게 배우자, 직계비속(直系卑屬)과 그 배우자 등의 가족이 있는 때에는 이 가족도 당연히 호주를 따라서 그 분가에 입적(入籍)하고 가족이 되는 것으로 규정되어 있습니다.

그러나 분가호주의 직계비속이 아닌 직계존속(直系尊屬)은 민법 제791조 제1항에 의하여 당연히 분가에 수반입적 되지는 못하며, 본가호주의 혈족(직계존속과 직계비속, 형제자매와 형제자매의 직계비속, 직계존속의 형제자매 및 그 형제자매의 직계비속)이 아닌 때에만 그 분가의 가족으로 입적할 수 있는 것이며(민법 제791조 제2항), 이 경우에도 그 분가의 가족이 되려고 하는 자가 호적법 제103조에 의하여 입적신고를 하여야 합니다.

그런데 귀하의 어머니는 본가호주인 조부의 혈족이 아닌 인척(姻戚)이므로, 귀하의 호적에 입적할 수 있으며, 어머니가 본적지나 현재지 또는 현 주소지의 시·구·읍·면사무소에 입적신고를 하면 됩니다.

또한, 민법 제785조에 의하면 "호주는 타가(他家)의 호주 아닌 자기의 직계존속이나 직계비속을 그 가(家)에 입적하게 할 수 있다."라고 규정하고 있습니다.

그리고 이에 대한 호적예규를 보면, "분가호주가 타가에 있는 모를 민법 제785조에 의하여 입적시키고자 하는 경우의 호적사무는 아래와 같이 처리한다. ①피입적자인 모가 분가호주의 부와 이혼한 모(母)이든, 혼인관계가 없었던 생모(生母)이든 관계없이 분가호주의 부의 사망여부는 입적의 요건이 아니므로, 분가호주의 부가 생존중이더라도 자기의 모를 입적시킬 수 있다. ②피입적자인 모가 혼인으로 인하여 타가에 입적되어 있는 경우에는 그 남편의 사망여부에 관계없이 입적시킬 수 없다. ③타가에 있는 모가 그 가의 호주의 직계존속인 경우에는 입적시킬 수 없다. ④피입적자인 모가 타가의 호주라 하더라도 일가창립이나 분가로 인하여 창설된 가의 호주로서 다른 가족이 없는 경우에는 입적시킬 수 있다. ⑤이상의 요건에 해당되는지의 여부를 호적등본 등에 의하여 확인한 후에 수리여부를 결정한다."라고 하였습니다(제정 1988. 5. 3. 호적예규 제402호).

그런데 위 사안의 경우에는 위 예규 제2항에서 말하는 피입적자인 모가 혼인으로 인하여 타가(남편의 사망이나 이혼으로 재혼한 가, 본인이 사생아인 경우 모가 그 후에 혼인한 혼가 등)에 입적되어 있는 경우가 아니므로 귀하는 민법 제785조에 의하여 귀하의 어머니를 귀하의 가(家)에 입적시킬 수도 있을 것으로 보입니다.

◘ 이혼한 어머니의 호적에 대한 자녀의 입적 여부

【질의】 ➡ 저는 3년 전 남편과 결혼하였으나, 성격차이로 이혼하기로 합의하면서 2살 난 딸아이의 양육을 제가 맡기로 하였습니다. 현행 민법상 아이를 어머니의 호적으로 옮기는 것이 가능하다고 들었는데, 어떻게 하면 되는지요?

【답변】 ➡ 가능하지 않습니다.

현행 민법(개정 1990.1.13. 법률 제4199호)의 규정으로서도 위와 같은 경우 자녀의 호적을 어머니의 호적으로 옮길 수는 없습니다. 자녀들은 출생으로 아버지의 가족으로 입적하게 되고, 아버지를 알 수 없는 경우에만 어머니의 호적으로 입적하게 됩니다(민법 제781조).

법률상 부부의 이혼으로 모는 친가에 복적하게 되거나 새로운 가를 창립할 수 있으나, 자녀는 양육의 문제와 관계없이 부의 호적에 남아 있게 됩니다.

호적선례도 "혼인중의 자(子)는 부(父)의 성과 본을 따라 부(父)의 가(家)에 입적하는 것이므로, 이혼이나 남편의 사망으로 친가에 복적하거나 일가를 창립한 생모는 타가의 남편의 혈족인 직계비속을 자기의 가(家)에 입적시킬 수 없을 것이다."라고 하였습니다(호적선례 1995. 3. 16. 법정 3202-131호).

그러나 이혼 후 양육권자와 친권자가 어머니임에도 불구하고 자녀가 아버지의 호적에 남아있게 되는 것이 일견 불합리하게 생각되어지나, 우리나라의 가족제도가 부계혈통주의를 따르고 있고, 개정된 법률이 호주의 권리·의무를 거의 삭제하였으므로 그 의미는 크지 않다고 할 것입니다.

다만, 자녀의 양육에 관한 사항이나 자녀에 대한 친권자의 지정 기타 친권행사에 관한 문제에 관해서는 부모의 협의로 정하고, 협의를 할 수 없는 사정이 있거나 협의가 이루어지지 않는 경우에는 당사자의 청구에 의하여 가정법원이 이를 정하도록 하고 있습니다(민법 제837조).

◘ 가장이혼신고가 공정증서원본불실기재죄에 해당되는지

【질의】 ➡ 저는 甲무역회사를 운영하던 중 경기침체로 회사를 부도내고 20여년간 모은 재산을 잃고 말았으며 채권자들이 집까지 찾아와 변제독촉을 하고 있습니다. 그런데 3년 전 저의 아내는 친정아버지로부터 시골의 땅 수 필지를 상속받아 아내의 명의로 소유권이전등기를 하였고 채권자들이 이를 내놓으라고 하였습니다. 이에 이를 회피할 목적으로 아내와 상의하여 형식상 이혼을 하기로 하였고 최근에 협의이혼으로 이혼신고를 마쳤습니다. 아내와 저는 여전히 같이 살고 있는데, 이러한 경우 저의 행위가 공정증서원본불실기재죄 등에 해당되는지요?

【답변】 ➡ 해당하지 않을 것으로 보입니다.

형법 제228조 제1항에 의하면 "공무원에 대하여 허위신고를 하여 공정증서 원본 또는 이와 동일한 전자기록 등 특수매체기록에 불실의 사실을 기재 또는 기록하게 한 자는 5년 이하의 징역 또는 1천만원 이하의 벌금에 처한다."라고 규정하고 있습니다.

가장이혼(假裝離婚)이 위 규정에 위반하여 공정증서원본불실기재죄가 성립되는지에 관하여 판례를 보면, "협의상 이혼이 가장이혼으로서 무효로 인정되려면 누구나 납득할 만한 특별한 사정이 인정되어야 하고, 그렇지 않으면 이혼 당사자간에 일시적으로나마 법률상 적법한 이혼을 할 의사가 있었다고 보는 것이 이혼신고의 법률상 및 사실상의 중대성에 비추어 상당하고(대법원 1993.6.11. 선고, 93므171 판결), 협의상 이혼의 의사표시가 기망에 의하여 이루어진 것일지라도 그것이 취소되기까지는 유효하게 존재하는 것이므로, 협의상 이혼의사의 합치에 따라 이혼신고를 하여 호적에 그 협의상 이혼사실이 기재되었다면, 이는 공정증서원본불실기재죄(公正證書原本不實記載罪)에 정한 불실의 사실에 해당하지 않는다."라고 하였습니다(대법원 1997. 1. 24. 선고 95도448 판결).

따라서 귀하의 경우에도 일시적이나마 법률상의 부부관계를 해소하고자 하는 의사의 합치하에 이혼신고를 하였다면, 혼인 및 이혼의 효력발생여부에 있어 신고제도라는 형식주의를 취하는 현행 법제에서 그 이혼신고는 유효하다고 할 것이며, 귀하에게 공정증서원본불실기재죄가 성립되지 않을 것으로 보입니다.

◘ 남편이 간통한 경우 상대방 여자만 고소하여 처벌가능한지

【질의】 ➡ 저는 10년 전 甲男과 혼인하여 두 자녀를 양육하는 주부이며 甲男은 42세의 회사원입니다. 甲男이 최근 들어 옷에서 여자향수냄새가 나고 귀가시간이 일정하지 않아 교제하는 여자가 있다는 확신을 가지고 미행하던 중 甲男과 乙女가 여관으로 들어가는 것을 목격하였습니다. 甲男의 행위는 괘씸하지만 아이들 때문에 용서한 후 같이 살기를 원하지만, 乙女는 고소하여 처벌하려고 합니다. 이것이 가능한지요?

【답변】 ➡ 가능하지 않습니다.

간통죄(형법 제241조)는 배우자 있는 자가 다른 사람과 정교관계를 가지면 성립하는 범죄로 배우자의 고소가 있어야 논할 수 있는 친고죄(親告罪)이며, 그 행위를 안 날로부터 6개월 이내에 고소하여야 적법한 고소가 됩니다.

형사소송법 제233조에 의하면 "친고죄의 공범 중 그 1인 또는 수인에 대한 고소 또는 그 취소는 다른 공범자에 대하여도 효력이 있다."라고 규정하고 있으므로 친고죄의 고소는 공범관계에 있는 1인에 대하여만 하여도 전원에 대하여 한 것과 같은 효력이 있습니다.

따라서 귀하가 乙女만을 고소한다고 하여도 甲男에 대하여도 고소한 것과 마찬가지의 효력이 있다고 하겠습니다.

그리고 간통한 자의 배우자가 간통죄를 고소하려면 혼인이 해소되거나 이혼소송을 제기한 후가 아니면 고소할 수 없고 이에 위반된 고소는 고소로서 효력이 없으며, 고소 후 다시 혼인을 하거나 이혼소송을 취하한 때에는 고소는 취소된 것으로 간주합니다(형사소송법 제229조).

따라서 귀하는 남편과 이혼하지 않고서는 남편을 간통죄로 처벌할 수 없고 남편의 정부만 처벌받게 하는 방법도 없습니다.

◘ 수년 계속된 간통사실을 문제삼지 않은 경우 간통유서여부

【질의】 ➡ 甲女는 남편 乙이 丙女와 수년간 동거하면서 간통하고 있음을 알고 있었지만, 자녀들의 문제 등을 고려하여 그대로 놔두었으나 이제는 더 참을 수가 없어서 간통죄로 고소하려고 합니다. 이 경우 甲女가 고소를 할 수 있는지요?

【답변】 ➡ 고소할 수 있을 것으로 보입니다.

간통죄에 관하여 형법 제241조에 의하면 "①배우자있는 자가 간통한 때에는 2년 이하의 징역에 처한다. 그와 상간한 자도 같다. ②전항의 죄는 배우자의 고소가 있어야 논한다. 단, 배우자가 간통을 종용(慫慂) 또는 유서(宥恕)한 때에는 고소할 수 없다."라고 규정하고 있습니다. 위 규정의 종용이란 사전 동의를 의미하고, 유서란 사후 용서를 의미합니다.

간통의 유서의 방식과 요건에 관하여 판례를 보면, "형법 제241조 제2항에서 이르는 유서는 민법 제841조에 규정되어 있는 사후 용서와 같은 것으로서, 배우자의 일방이 상대방의 간통사실을 알면서도 혼인관계를 지속시킬 의사로 악감정을 포기하고 상대방에게 그 행위에 대한 책임을 묻지 않겠다는 뜻을 표시하는 일방행위" 라고 하면서 "유서는 명시적으로 할 수 있음은 물론 묵시적으로도 할 수 있는 것이어서 그 방식에 제한이 있는 것은 아니지만, 감정을 표현하는 어떤 행동이나 의사의 표시가 유서로 인정되기 위하여는, 첫째 배우자의 간통사실을 확실하게 알면서 자발적으로 한 것이어야 하고, 둘째 그와 같은 간통사실에도 불구하고 혼인관계를 지속시키려는 진실한 의사가 명백하고 믿을 수 있는 방법으로 표현되어야 하는 것"이라고 하였습니다(대법원 1991. 11. 26. 선고 91도2409 판결).

위 사안과 같이 아내가 남편의 부정행위를 알면서 그대로 놔둔 것이 간통유서에 해당되는지에 관하여 판례는 "피고소인들이 수년간 동거하면서 간통하고 있음을 고소인이 알면서 특별한 의사표시나 행동을 하지 않은 경우에 그러한 사정만으로는 고소인이 그 간통을 묵시적으로 유서 하였다고 볼 수 없다."라고 하였습니다(대법원 1999. 5. 14. 선고 99도826 판결).

따라서 위 사안의 경우 甲女가 수년간 乙의 간통사실을 알고도 문제삼지 않은 자세한 사정을 구체적으로 파악하여 간통의 유서에 해당될 수 있는지 여부를 검토하여야 할 것이지만, 질의에서 나타난 것처럼 단순히 부정행위를 알면서도 수년간 문제삼지 않았다는 사정만으로는 간통의 유서에 해당되어 고소할 수 없다고 결론은 내릴수없을 것으로 보입니다.

참고로 판례는 "간통죄의 고소 이후 이혼 등 청구의 소가 계속중에 혼인 당사자인 고소인과 피고소인이 동침한 사실이 있다는 사정만으로는 고소인이 피고소인의 간통행위를 유서 하였다고 볼 수 없다."라고도 하였습니다(대법원 2000. 7. 7. 선고 2000도868 판결).

◘ 동거 중인 이혼한 처도 보충송달시의 '동거인'에 포함되는지

【질의】 ➡ 甲소유 부동산에 대한 근저당권자 乙은 그에 기하여 담보권실행을 위한 경매를 신청하면서 경매신청서에 甲의 주소를 '서울 ○○구 ○○동 777의 7 ○○빌라 777호'로 표시하여 경매를 신청하였습니다. 이에 경매법원도 위 입찰대상 부동산에 대한 경매개시결정을 그 곳으로 송달하여 당시 甲과 이혼은 하였으나 동거를 계속하고 있었던 丙이 그 곳에서 자신이 甲의 처(妻)라고 하며 이를 수령하였습니다. 이 경우 송달에 있어서 동거자도 수령인이 된다고 하는데, 甲과 이혼한 丙도 그 범위에 포함되는지요?

【답변】 ➡ 포함됩니다.

경매개시결정은 비단 압류의 효력을 발생시키는 것일 뿐만 아니라 경매절차의 기초가 되는 재판이어서 그것이 당사자에게 고지되지 않으면 효력이 있다고 할 수 없고, 따라서 따로 압류의 효력이 발생하였는지의 여부와 관계없이 채무자에 대한 경매개시결정의 고지 없이는 유효하게 경매절차를 속행할 수 없습니다(대법원 1997. 6. 10.자 97마814 결정).

그러므로 경매개시결정문의 적법한 송달 없이 경매절차를 진행한 경우에는 경매절차에 중대한 잘못이 있는 때에 해당되어 매각허가에 대한 이의신청사유가 될 것으로 보이고(민사집행법 제121조 제7호), 이 경우 법원은 직권으로 매각을 허가하지 아니하여야 하며(민사집행법 제123조), 다시 매각을 명할 때에는 새 경매기일을 정하여야 할 것이고(민사집행법 제125조), 매각을 허가한 경우에는 경매법원의 매각허가결정을 취소하여야 할 것입니다(민사집행법 제130조).

그런데 보충송달에 관하여 민사소송법 제186조 제1항, 제2항에 의하면 "근무장소 외의 송달할 장소에서 송달 받을 사람을 만나지 못한 때에는 그 사무원, 피용자(被用者) 또는 동거인으로서 사리를 분별할 지능 있는 사람에게 서류를 교부할 수 있다. 근무 장소에서 송달받을 사람을 만나지 못한 때에는 제183조 제2항의 다른 사람 또는 그 법정대리인이나 피용자 그 밖의 종업원으로서 사리를 분별할 지능이 있는 사람이 서류의 수령을 거부하지 아니하면 그에게 서류를 교부할 수 있다."라고 규정하고 있습니다.

그러므로 위 규정에서의 '동거인'에 동거 중인 이혼한 처도 포함될 수 있는지 여부가 문제됩니다.

관련 판례에 의하면 "민사소송법 제172조(현행 민사소송법 제186조) 제1항 소정의 보충송달을 받을 수 있는 '동거자'란 송달을 받을 자와 동일한 세대에 속하여 생활을 같이 하는 자를 말하는 것으로서, 반드시 법률상 친족관계에 있어야 하는 것은 아니므로, 이혼한 처라도 사정에 의하여 사실상 동일 세대에 소속되어 생활을 같이 하고 있다면 여기에서 말하는 수령대행인으로서의 동거자가 될 수 있다."라고 하였습니다(대법원 2000. 10. 28. 선고 2000마5732 판결).

따라서 이혼한 처인 경우에도 동거를 계속하고 있는 경우에는 민사소송법상 보충송달에 있어서 수령인으로서의 동거인에 포함된다고 볼 수 있을 것입니다.

◘ 남편친구에게 남편명예를 훼손할 서신을 보낸 경우 처벌여부

【질의】 ➡ 甲은 남편 乙을 상대로 이혼소송을 제기하여 소송계속 중인데, 乙의 친구 丙에게 서신으로 남편의 명예를 훼손하는 허위사실에 대한 문구가 기재된 서신을 발송한 사실이 있습니다. 그런데 그것을 알게 된 乙이 甲을 명예훼손죄로 고소하겠다고 하는바, 이 경우에도 명예훼손죄가 문제되는지요?

【답변】 ➡ 문제되지 않을 것으로 보입니다.

형법 제307조 제2항은 "공연히 허위의 사실을 적시하여 사람의 명예를 훼손한 자는 5년 이하의 징역, 10년 이하의 자격정지 또는 1,000만원 이하의 벌금에 처한다."라고 규정하고 있습니다.

위 규정에 의한 명예훼손죄가 성립되려면 '공연성'이 인정되어야 하는바, 공연성에 관련된 판례를 보면, "명예훼손죄에 있어서 공연성은 불특정 또는 다수인이 인식할 수 있는 상태를 의미하므로 비록 개별적으로 한 사람에 대하여 사실을 유포하더라도 이로부터 불특정 또는 다수인에게 전파될 가능성이 있다면 공연성의 요건을 충족한다 할 것이지만, 이와 달리 전파될 가능성이 없다면 특정한 한 사람에 대한 사실의 유포는 공연성을 결한다 할 것이다."라고 하면서 이혼소송 계속중인 처가 남편의 친구에게 서신을 보내면서 남편의 명예를 훼손하는 문구가 기재된 서신을 동봉한 경우, 공연성이 결여되었다고 본 사례가 있습니다(대법원 2000. 2. 11. 선고 99도4579 판결, 2000. 5. 16. 99도5622 판결, 1994. 9. 30. 선고 94도1880 판결).

따라서 위 사안에 있어서도 甲이 丙에게 서신으로 乙에 대한 허위의 사실을 알렸다고 하여도 공연성이 인정되기 어려워 甲에 대한 명예훼손죄가 성립되기는 어려울 것으로 보입니다.

참고로 공연성과 관련하여 직장의 전산망에 설치된 전자게시판에 타인의 명예를 훼손하는 내용의 글을 게시한 행위가 명예훼손죄를 구성한다고 한 사례가 있습니다(대법원 2000. 5. 12. 선고 99도5734 판결).

◆ 이혼과 동시에 재산분할을 명할 경우 가집행선고 가능한지

【질의】 ➡ 甲女는 乙男과 이혼소송을 제기하면서 재산분할청구를 병합하여 청구하였습니다. 그런데 甲女가 청구한 대로 인용된다고 하여도 乙男이 항소하여 판결의 확정을 지연시킬 것이 명백한바, 이혼과 동시에 재산분할을 명하는 경우에도 가집행선고가 가능한지요?

【답변】 ➡ 가능하지 않을 것으로 보입니다.

재산분할은 협의이혼 또는 재판상이혼으로 혼인관계가 해소됨에 따라 부부의 일방이 타방에게 하는 재산적 급여의 하나로서, 당사자의 협의로 분할의 액수와 방법을 정하는 것이 원칙이고, 협의가 되지 아니하거나 협의할 수 없는 때에는 법원이 당사자의 청구에 의하여 이를 정하게 됩니다(민법 제839조의2, 제843조).

그런데 재산분할에는 민법 제269조 제2항이 준용되고, 재산분할의 구체적인 방법은 금전지급에 의한 분할, 현물분할, 상속재산분할의 경우에 준하여 특정재산을 일방의 소유로 하고 그 일방으로 하여금 다른 일방에게 일정액의 금전을 지급하게 하거나 이들을 혼용하거나 또는 목적물을 경매에 붙여 그 매각대금을 분할하게 하는 등 법원이 후견적 입장에서 가장 합리적으로 당사자간의 법률관계를 조정할 수 있는 것이면 어느 것이라도 무방하다고 할 것입니다. 다만, 부동산의 현물분할을 명하는 경우에는 그 부동산에 관련된 각종 채권채무의 귀속관계까지도 아울러 정리하여야 하므로 처분의 내용이 복잡하여질 수도 있으며, 금전지급에 의한 분할에 있어서는 일시불, 재산분할총액을 정하고 이를 일정기간으로 나누어 지불하도록 하는 분할급, 총액을 정하지 아니하고 지급의 시기(始期)와 종기(終期) 및 매회의 지급액만을 정하는 정기급 등이 모두 가능합니다.

그런데 이혼소송과 병합하여 재산분할청구를 하여 법원이 이혼과 동시에 재산분할을 명하는 경우 가집행선고를 붙일 수 있는지에 관하여 판례를 보면, "민법상의 재산분할청구권은 이혼을 한 당사자의 일방이 다른 일방에 대하여 재산분할을 청구할 수 있는 권리로서 이혼이 성립한 때에 그 법적 효과로서 비로소 발생하는 것이므로, 당사자가 이혼이 성립하기 전에 이혼소송과 병합하여 재산분할의 청구를 하고, 법원이 이혼과 동시에 재산분할을 명하는 판결을 하는 경우에도 이혼판결은 확정되지 아니한 상태이므로, 그 시점에서 가집행을 허용할 수는 없다."라고 하였습니다(대법원 1998. 11. 13. 선고 98므1193 판결, 2001. 9. 25. 선고 2001므725, 732 판결).

따라서 위 사안에 있어서도 이혼과 동시에 재산분할을 명하는 경우에 가집행선고는 되지 않을 것으로 보입니다.

◘ 소멸한 위자료채권에 기한 가압류를 재산분할청구채권으로 유용가능한지

【질의】 ➡ 甲은 남편 乙에 대하여 이혼을 원인으로 한 위자료청구채권에 기하여 乙소유의 부동산에 가압류를 하였으며, 이혼소송에서 위자료부분이 인용되어 가집행선고부 판결을 받자 乙은 위자료 전액을 변제하였습니다. 그런데 甲은 乙에 대한 재산분할청구를 할 예정인바, 이 경우 위 가압류는 취하하지 않았으므로 위 가압류를 재산분할청구권의 가압류로 유용할 수는 없는지요?

【답변】 ➡ 유용할 수 없습니다.

민사집행법 제288조 제1항에 의하면 "채무자는 가압류이유의 소멸되거나 그밖에 사정이 바뀌거나 법원이 정한 담보를 제공한 때에는 가압류가 인가된 뒤에도 그 취소를 신청할 수 있다."라고 규정하고 있습니다.

그런데 피보전권리와 다른 권리의 보전을 위한 가압류유용의 허용여부에 관한 판례는 "가압류의 피보전권리가 변제로 소멸된 경우에는 민사소송법 제706조(현행 민사집행법 제288조) 제1항에 정한 '사정변경에 의한 가압류취소'사유가 되고, 가압류를 그 피보전권리와 다른 권리의 보전을 위하여 유용할 수 없다."라고 하면서 "부동산가압류의 피보전권리인 이혼을 원인으로 한 위자료청구채권이 재산분할청구권과 비록 청구의 기초에 있어서 다소의 동일성이 인정되나 피신청인은 본안소송에서 위자료청구채권에 대하여 피신청인 일부승소의 가집행선고부 판결을 받은 후 가압류에 기한 본압류절차인 강제집행에 착수하였다가 그 채권을 모두 변제받음으로써 강제집행을 취하한 사건에 있어서, 위 가압류의 효력은 그 피보전권리로 특정된 위자료청구채권 외에 재산분할로 인한 금전지급청구권에까지 유용할 수 없다 할 것이므로, 위 가압류결정은 특별한 사정이 없는 한 그 피보전권리인 위 위자료청구채권의 변제로 더 이상 유지할 필요가 없는 사정변경이 생겼다."라고 하였습니다(대법원 1994. 8. 2. 선고 93므1259 판결).

따라서 위 사안에 있어서도 甲은 위자료채권을 피보전권리로 한 부동산가압류를 위자료를 변제 받은 뒤 재산분할청구권의 가압류로 유용할 수는 없을 것으로 보입니다.

⭘ 소유권이전등기청구권가처분 후 가압류된 경우 가처분이 우선하는지

【질의】➡ 甲회사는 그 시공의 아파트 1채를 乙에게 분양하였고, 일부 분양잔대금이 남아 있는 상태에서 위 乙은 그 처인 丙에게 이혼에 따른 위자료 및 양육비조로 위 아파트분양권을 증여하였습니다. 그리고 丙은 乙을 채무자, 甲을 제3채무자로 하여 乙의 甲에 대한 위 아파트에 대한 소유권이전등기청구권의 가처분결정을 받아 그 결정정본이 甲에게 송달되었습니다. 그런데 그 후 乙에 대한 물품대금채권자 丁이 위 아파트의 소유권이전등기청구권에 대하여 가압류결정을 받아 그 결정정본이 역시 甲에게 송달되었습니다. 이 경우 丙이 甲회사를 상대로 乙에 대한 소유권이전등기절차를 이행하라는 소송을 제기할 때 丁의 가압류가 어떠한 영향을 미치게 되는지요?

【답변】➡ 가압류해제를 조건으로 합니다.

부동산의 경우처럼 등기부에 공시된 경우 가처분에서는 본안승소판결에 의한 등기를 경료할 때, 가압류에서는 강제경매에서 대금이 납부된 이후, 집행법원의 촉탁 등에 의하여 각 후순위의 등기를 말소할 수 있으나, 채권의 경우에는 채무자에 대한 통지 또는 승낙 이외에 다른 공시방법이 없으므로 가압류의 경우에는 제3채무자를 상대로 한 추심소송에서, 가처분의 경우에는 채무자를 상대로 한 본안 승소판결 이후 다시 제3채무자를 상대로 한 소송에서 이러한 우열을 결정한 판결을 하여야 할 것으로 생각됩니다.

그런데 소유권이전등기청구권에 대하여 가처분이 있은 후 그 등기청구권에 대한 가압류가 이루어진 경우, 가처분이 가압류에 우선하는지에 관하여 판례를 보면, "소유권이전등기청구권에 대한 압류나 가압류는 채권에 대한 것이지 등기청구권의 목적물인 부동산에 대한 것이 아니고, 채무자와 제3채무자에게 그 결정을 송달

하는 외에 현행법상 등기부에 이를 공시하는 방법이 없는 것으로서, 당해 채권자와 채무자 및 제3채무자 사이에만 효력이 있을 뿐 압류나 가압류와 관계가 없는 제3자에 대하여는 압류나 가압류의 처분금지적 효력을 주장할 수 없게 되므로, 소유권이전등기청구권의 압류나 가압류는 청구권의 목적물인 부동산 자체의 처분을 금지하는 대물적 효력은 없고, 또한 채권에 대한 가압류가 있더라도 이는 채무자가 제3채무자로부터 현실로 급부를 추심하는 것만을 금지하는 것이므로 채무자는 제3채무자를 상대로 그 이행을 구하는 소송을 제기할 수 있고 법원은 가압류가 되어 있음을 이유로 이를 배척할 수는 없는 것이지만, 소유권이전등기를 명하는 판결은 의사의 진술을 명하는 판결로서 이것이 확정되면 채무자는 일방적으로 이전등기를 신청할 수 있고 제3채무자는 이를 저지할 방법이 없게 되므로 위와 같이 볼 수는 없고 이와 같은 경우에는 가압류의 해제를 조건으로 하지 않는 한 법원은 이를 인용하여서는 아니 되는 것이며(대법원 1992. 11. 10. 선고 92다4680 판결), 가처분이 있는 경우도 이와 마찬가지로 그 가처분의 해제를 조건으로 하여야만 소유권이전등기절차의 이행을 명할 수 있다고 할 것이고(대법원 1998. 2. 27. 선고 97다45532 판결), 소유권이전등기청구권에 대한 가압류가 있기 전에 가처분이 있었다고 하여도 가처분이 뒤에 이루어진 가압류에 우선하는 효력이 없으므로 가압류는 가처분채권자의 관계에서도 유효할 뿐만 아니라(대법원 1998. 4. 14. 선고 96다47104 판결), 가압류 상호간에도 그 결정이 이루어진 선후에 따라 뒤에 이루어진 가압류에 대하여 처분금지적 효력을 주장할 수는 없다."라고 하였습니다(대법원 1999. 2. 9. 선고 98다42615 판결, 2001. 10. 9. 선고 2000다51216 판결).

따라서 위 사안의 경우 丙은 甲회사를 상대로 丁의 가압류의 해제를 조건으로 甲회사는 乙에 대하여 위 아파트의 소유권이전등기절차를 이행하라는 취지로 청구하여야 할 것으로 보이고, 판결도 역시 그러한 취지로 판결할 것으로 보입니다.

◘ 간통고소 후 이혼청구소송만을 취하할 경우 법적 효력

【질의】 ➡ 저의 남편은 혼인 직후부터 바람기가 있더니 날로 심하여져 이제는 며칠에 한번 집에 들러 폭행만을 일삼고 있습니다. 최근 저는 남편을 미행하여 동거하는 甲女를 목격하고는 이혼소송을 제기 후 그들을 간통죄로 고소하였고, 현재는 1심 재판이 진행 중에 있습니다. 하지만 아이들 장래를 위하여 남편과의 이혼소송만은 취하하고 싶은데, 그럴 경우 남편과 甲女에 대한 형사고소는 취소하지 않았으므로 처벌을 받게 되는지요?

【답변】 ➡ 처벌을 받지 않습니다.

간통죄에 관하여 형법 제241조에 의하면 "①배우자 있는 자가 간통한 때에는 2년 이하의 징역에 처한다. 그와 상간한 자도 같다. ②전항의 죄는 배우자의 고소가 있어야 논한다. 단, 배우자가 간통을 종용 또는 유서한 때에는 고소할 수 없다."라고 규정하고 있고, 배우자의 고소권에 관하여 형사소송법 제229조에 의하면 "①형법 제241조의 경우에는 혼인이 해소되거나 이혼소송을 제기한 후가 아니면 고소할 수 없다. ②전항의 경우에 다시 혼인을 하거나 이혼소송을 취하한 때에는 고소는 취소된 것으로 간주한다." 라고 규정하고 있습니다.

그러므로 간통죄에 대한 고소는 혼인이 해소되거나 이혼소송을 제기한 후가 아니면 할 수 없고, 다시 혼인을 하거나 이혼소송을 취하한 때에는 고소는 취소된 것으로 간주되는 것입니다.

그리고 위 고소는 혼인관계의 부존재 또는 이혼소송의 계속을 그 유효요건으로 하고 있다 할 것이므로 이러한 조건은 공소제기시부터 재판이 종결될 때까지 구비해야 하는 것이며, 판례도 "간통고소는 혼인의 해소 또는 이혼소송의 계속을 그 유효조건으로 하고 있으므로 고소 당시 이혼소송을 제기하였다 하더라도 그 소송이 취하되는 경우에는 최초부터 이혼소송을 제기하지 아니한 것과 같게 되어 간통고소는 소급하여 그 효력을 상실하게 된다."라고 하였습니다(대법원 1985. 9. 24. 선고 85도1744 판결).

또한 "간통죄에 대한 제1심 판결선고 후 고소인이 이혼심판청구를 취하하였다면 취하의 소급효로 인하여 간통고소 역시 소급하여 그 효력을 상실하므로, 간통죄의 공소 또한 소추조건을 결한 것을 공소제기절차가 법률의 규정에 위반하여 무효인 때에 해당한다."라고 하였습니다(대법원 1981. 10. 13. 선고 81도1975 판결).

따라서 귀하가 이혼소송을 취하하게 되면 간통고소사건은 소추요건을 결하여 공소기각판결이 선고될 것이므로 귀하의 남편과 甲女는 간통죄로 처벌받지 않을 것입니다.

◘ 간통죄의 제1심 판결선고 후 이혼소송 취하시 간통죄의 효력

【질의】 ➡ 저는 두 명의 자녀를 둔 주부로 간통한 남편과 그 상간한 여자를 고소하였습니다. 그런데 간통죄에 대한 제1심 판결에서 실형이 선고된 후 잘못을 뉘우친 남편은 한번만 용서해 달라고 애원하였고, 저 또한 아이들의 장래를 위하여 남편이 처벌받는 것을 원치 않아 법원에 제기한 이혼심판청구를 취하하였습니다. 이 경우 남편은 형사재판 제1심에서 선고받은 실형을 면제받을 수 있는지요?

【답변】 ➡ 공소기각 판정이 내려집니다.

법률상 혼인신고를 마친 부부 중 일방이 배우자 아닌 자(者)와 성관계를 가진 경우 다른 일방 배우자는 혼인이 해소되거나 이혼소송을 제기한 후 수사기관에 간통고소를 할 수 있습니다.

간통죄에 대하여 형법 제241조에 의하면 "배우자 있는 자가 간통한 때에는 2년 이하의 징역에 처한다. 그와 상간한 자도 같다." 라고 규정하고 있으며, 형사소송법 제229조에 의하면 "①형법 제241조의 경우에는 혼인이 해소되거나 이혼소송을 제기한 후가 아니면 고소할 수 없다. ②전항의 경우에 다시 혼인을 하거나 이혼소송을 취하한 때에는 고소는 취소된 것으로 간주한다."라고 규정하고 있습니다.

그러므로 간통죄는 고소당시 제기한 이혼소송을 취하하게 되면 간통고소는 취소된 것으로 봅니다.

그런데 형사소송법 제232조 제1항에 의하면 "고소는 제1심 판결선고 전까지 취소할 수 있다."라고 규정하고 있으며, 간통죄가 아닌 다른 친고죄인 강간죄의 경우 판례를 보면, "친고죄에 있어서의 고소의 취소는 제1심 판결선고 전까지만 할 수 있다고 형사소송법 제232조 제1항에 규정되어 있어 제1심 판결선고 후에 고소가 취소된 경우에는 그 취소의 효력이 없으므로 형사소송법 제327조 제5호의 공소기각의 재판을 할 수 없다."라고 하였습니다

(대법원 1985. 2. 8. 선고 84도2682 판결).

그러나 간통죄의 경우에는 친고죄이면서도 간통죄의 고소는 혼인관계의 부존재 또는 이혼소송의 계속을 그 유효요건으로 하고 있다 할 것이므로, 강간죄 등의 친고죄와는 달리 보아야 할 것입니다.

즉, 간통죄에 대한 제1심 판결선고 후 고소인이 이혼심판청구를 취하한 경우의 효과와 관련된 판례를 보면 "간통죄에 대한 제1심 판결선고 후 고소인이 이혼심판청구를 취하하였다면 취하의 소급효로 인하여 간통고소 역시 소급하여 그 효력을 상실하므로, 간통죄의 공소 또한 소추요건을 결한 것으로 공소제기절차가 법률의 규정에 위반하여 무효인 때에 해당된다."라고 하였으며(대법원 1981. 10. 13. 선고 81도1975 판결, 대법원 1985. 9. 24. 선고 85도1744 판결), "간통피고사건에 대한 제1심 판결선고 후에 고소인의 이혼심판청구사건이 취하간주된 경우에는 간통고소는 소급하여 효력을 상실하고 간통의 상간자가 이미 유죄판결을 받아 확정되었어도 이론을 달리하지 않는다."라고 하였고(대법원 1975. 6. 24. 선고 75도1449 판결), "형사소송법 제229조 제1항 소정의 간통고소의 유효조건인 혼인관계의 부존재 또는 이혼소송의 계속은 공소제기시부터 재판이 종결될 때까지 구비하여야 하는 것이며, 고소 당시 제기된 이혼소송은 그 후 소장이 각하 되었다면 최초부터 이혼소송은 제기하지 아니한 것과 같다 할 것이므로, 그 각하 일자가 간통피고사건의 제2심 판결선고 이후라 하여도 본건 간통고소는 소추조건을 결한 것이 되어 공소제기절차가 법률의 규정에 위반하여 무효인 때에 해당한다."라고 하였습니다(대법원 1975. 10. 7. 선고 75도1489 판결).

따라서 귀하의 남편은 형사소송법 제232조의 "고소는 제1심 판결선고 전까지 취소해야 한다."는 규정에도 불구하고, 제1심 판결선고 후 귀하의 이혼심판청구취소로 인하여 이미 제1심에서 선고받은 간통죄는 공소제기요건이 없어져 형사소송법 제327조 제2호에 의해 법에 의하여 공소기각판결이 내려질 것으로 보입니다.

◘ 협의이혼 후 이혼 전 간통행위에 대한 고소 가능한지

【질의】 ➡ 저는 얼마 전 협의이혼을 하였는데, 그 후 알고 보니 처(妻)는 혼인기간 중 이미 다른 남자와 간통한 사실이 있었습니다. 지금이라도 그들을 간통죄로 고소할 수 있는지요?

【답변】 ➡ 고소할 수 있습니다.

형법 제241조에 의하면 "①배우자 있는 자가 간통한 때에는 2년 이하의 징역에 처한다. 그와 상간한 자도 같다. ②전항의 죄는 배우자의 고소가 있어야 논한다. 단, 배우자가 간통을 종용(慫慂) 또는 유서(宥恕)한 때에는 고소할 수 없다."라고 규정하고 있으며, 형사소송법 제229조 제1항에 의하면 "형법 제241조의 경우에는 혼인이 해소되거나 이혼소송을 제기한 후가 아니면 고소할 수 없다."라고 규정하고 있습니다.

그런데 원칙적으로 협의이혼의 확인이 있다고 하여 거기에 혼인생활 중에 있었던 간통행위를 용서한다는 의사가 당연히 내포되어 있다고는 할 수 없으므로(대법원 1986. 6. 24. 선고 86도482 판결), 귀하의 경우에도 협의이혼의사의 확인 전 혼인생활 중에 있었던 간통사실에 대하여도 이혼 당시 간통행위를 용서한다는 특별한 의사표시가 없었다면 간통죄로 고소가 가능할 것입니다.

참고로 협의이혼의사의 확인을 받고 이에 의한 이혼신고를 하기 전에 한 간통고소의 효력은 혼인이 해소되었거나 이혼소송을 제기한 후에 해당되지 않으므로, 형사소송법 제229조 제1항에 위반된 고소라 할 수 있으나, 위 고소가 있은 뒤 위 협의이혼의 확인에 의한 협의이혼신고를 하여 혼인이 해소되었다면 위 고소는 혼인의 해소(解消)시로부터 장래를 향하여 유효한 고소가 된다 하겠습니다.

그리고 협의이혼의사확인을 받은 후 이혼신고 전에 행한 간통에 관하여 판례는 "혼인당사자가 더 이상 혼인관계를 지속할 의사가 없고 이혼의사의 합치가 있는 경우에는 비록 법률적으로 혼인관계가 존속한다고 하더라도 간통에 대한 사전동의인 종용(慫慂)에 해당하는 의사표시가 그 합의 속에 포함되어 있는 것으로 보아야 할 것이고, 그러한 합의가 없는 경우에는 비록 잠정적·임시적·조건적으로 이혼의사가 쌍방으로부터 표출되어 있다고 하더라도 간통종용의 경우에 해당하지 않는다."라고 하였습니다(대법원 2000. 7. 7. 선고 2000도868 판결, 2002. 7. 9. 선고 2002도2312 판결).

따라서 협의이혼의사확인을 받은 후 이혼신고 전에 행한 간통에 관하여 협의이혼의사의 확인이 간통의 종용(慫慂)인지는 구체적인 사안에 따라 개별적·구체적으로 결정되어야 할 것으로 보입니다.

◘ 송달불능으로 이혼소송이 각하된 경우 간통고소의 효력

【질의】 ➡ 저는 간통한 처(妻) 甲과 그 상간자인 乙을 간통죄로 고소하였습니다. 그러나 甲과 乙이 도주하여 수사가 진행되지 못하였고, 간통고소 전에 제기한 이혼소송은 소장의 송달불능으로 주소보정명령이 발하여졌으나 보정기간 내에 보정하지 못하여 각하 되었습니다. 이 경우 간통고소사건도 종결된다고 하는데 그렇다면 乙을 처벌할 수 없는지요?

【답변】 ➡ 처벌할 수 없습니다.

형사소송법 제229조에 의하면 "간통죄의 경우 혼인이 해소되거나 이혼소송을 제기한 후가 아니면 고소할 수 없다."라고 규정하고 있습니다.

또한, 관련 판례를 보면 "간통의 고소는 혼인관계가 해소 또는 이혼소송의 계속을 조건으로 하는 것이므로, 간통고소 당시 이혼소송을 제기하였다 할지라도 그 소장이 각하 되는 경우에는 최초부터 이혼소송을 제기하지 아니한 것과 같아서 그 간통고소는 효력을 상실하게 된다."라고 하였습니다(대법원 1994. 6. 10. 선고 94도774 판결).

따라서 귀하가 고소한 간통사건이 기소되기 이전이었다면 공소권이 없다 하여 공소권 없음으로 불기소처분되어 종결될 것으로 보이고, 이미 공소가 제기되었다면 형사소송법 제327조 제2호 공소제기의 절차가 법률의 규정에 위반한 때에 해당되어 공소기각될 것으로 보입니다.

참고로 형사소송법 제232조 제2항에 의하면 고소를 취소한 자는 다시 고소하지 못한다고 규정하고 있습니다. 이혼소장이 각하된 경우 고소가 소급하여 효력을 상실하게 됨으로써 고소를 취소한 것이나 다름없게 된 이상 이 경우에도 고소의 취소와 동일하게 취급하여 다시 고소할 수 없다 하겠습니다. 물론 고소인의 자유로운 의사에 기한 고소취소와 소장각하에 의한 고소의 효력상실은 달리 취급하여 소장각하의 경우에는 재고소가 가능하다고 보는 견해도 있으나, 판례는 고소취소와 동일하게 취급하고 있습니다(대법원 1997. 5. 23. 선고 95도477 판결).

◘ 친고죄의 공범 제1심판결선고 후 타공범자에 대한 고소취소

【질의】 ➡ 甲은 처인 乙女와 丙男이 부정행위를 하여 이혼소송을 제기한 후 간통죄로 고소하였는데, 乙女는 도피하였고 丙男은 이미 제1심 판결의 형이 선고되어 복역 중에 있습니다. 그런데 乙女가 붙들려 조사를 받고 있는바, 자녀들을 생각하여 乙女의 처벌은 원하지 않으므로 공소제기가 되기 이전에 고소를 취하하면 乙女는 처벌을 받지 않게 되는지요?

【답변】 ➡ **처벌을 받습니다.**

형사소송법 제232조 제1항에 의하면 "고소는 제1심판결선고전까지 취소할 수 있다."라고 규정하고 있으며, 형사소송법 제233조에 의하면 "친고죄의 공범 중 그 1인 또는 수인에 대한 고소 또는 그 취소는 다른 공범자에 대하여도 효력이 있다."라고 규정하고 있습니다.

그런데 필요적 공범인 상간자의 한 사람에 대하여 이미 제1심 판결이 선고된 후에 다른 한 사람에 대하여 한 고소취소의 효력에 관하여 판례를 보면, "간통죄와 같은 친고죄에 있어서는 그 고소의 취소는 제1심 판결선고 전까지 이를 할 수 있다고 형사소송법 제232조 제1항이 규정하고 있고, 또 형사소송법 제233조의 이른바 고소와 그 취소에 관한 불가분의 원칙이 적용되는 결과 필요적 공범인 상간자의 한 사람에 대하여 이미 제1심 판결이 선고되어 그 사람에 대하여 고소취소의 효력이 미칠 수 없는 경우에는 비록 다른 한 사람에 대하여 아직 공소의 제기나 제1심 판결이 선고되기 이전이라 하더라도 벌써 그 고소를 취하할 수가 없다."라고 하였으며(대법원 1975. 6. 10. 선고 75도204 판결), "친고죄의 공범 중 그 일부에 대하여 제1심 판결이 선고된 후에는 제1심 판결 선고전의 다른 공범자에 대하여는 그 고소를 취소할 수 없고, 그 고소의 취소가 있다 하더라도 그 효력을 발생할 수 없으며, 이러한 법리는 필요적 공범이나 임의적 공범이나를 구별함이 없이 모두 적용된다."라고 하였습니다(대법원 1985. 11. 12. 선고 85도1940 판결).

따라서 위 사안에서 이미 丙男이 제1심 판결의 형이 선고되어 복역 중에 있는 상태에서는 甲이 乙女에 대한 고소를 취소한다고 하여도 그 고소취하는 효력이 없다고 할 것입니다.

◘ 재산분할로 부동산소유권 이전시 양도소득세 부과되는지

【질의】 ➡ 저는 乙男과의 혼인생활을 파기하여 이혼하려고 합니다. 재산분할에 관하여는 乙과 합의하여, 다른 부동산은 乙이 가지고 乙의 명의로 1년 전에 분양 받은 아파트를 제 명의로 소유권이전을 받으려고 하는바, 이 경우에도 양도소득세가 부과되는지요?

【답변】 ➡ 부과되지 않을 것으로 보입니다.

양도소득세에 있어서의 양도란 자산에 대한 등기 또는 등록에 관계없이 양도, 교환, 법인에 대한 현물출자 등으로 인하여 그 자산이 유상으로 사실상 이전되는 것을 말합니다(소득세법 제88조 제1항).

그런데 이혼을 할 경우 재산분할의 방편으로 이루어진 자산 이전이 양도소득세 과세대상인 유상양도에 해당하는지에 관하여 판례를 보면, "민법 제839조의2에 규정된 재산분할제도는 혼인 중에 부부 쌍방의 협력으로 이룩한 실질적인 공동재산을 청산 · 분배하는 것을 주된 목적으로 하는 것인바, 이와 같이 협의이혼시에 실질적인 부부공동재산을 청산하기 위하여 이루어지는 재산분할은 그 법적 성격, 분할대상 및 범위 등에 비추어 볼 때 실질적으로는 공유물분할에 해당하는 것이라고 봄이 상당하므로, 재산분할의 방편으로 행하여진 자산의 이전에 대하여는 공유물분할에 관한 법리가 준용되어야 할 것이므로, 이혼시 재산분할의 일환으로 부부 각자의 소유명의로 되어 있던 각 부동산을 상대방에게 서로 이전하였다고 하여도 특별한 사정이 없는 한, 공유물분할에 관한 법리에 따라 그와 같은 부동산의 이전이 유상양도에 해당한다고 볼 수 없고, 또한 재산분할이 이루어짐으로써 분여자의 재산분할의무가 소멸하는 경제적 이익이 발생한다고 하여도, 이러한 경제적 이익은 분할재산의 양도와 대가적 관계에 있는 자산의 출연으로 인한 것이라 할 수 없으므로, 재산분할에 의한 자산의 이전이 양도소득세 과세대상이 되는 유상양도에 포함되지 않는다."라고 하였습니다(대법원 1998. 2. 13. 선고 96누14401 판결).

따라서 이혼을 할 경우 재산분할의 방편으로 이루어진 자산 이전은 양도소득세 과세대상인 유상양도에 해당하지 않습니다.

그러나 이혼을 할 경우에도 위자료 또는 자녀양육비에 대한 대가로 자산이 이전된 경우에는 양도소득세 과세대상이 되는 유상양도에 포함됩니다(대법원 1996. 11. 22. 선고 96누11440 판결).

참고로 이혼시 위자료 부분과 재산분할 부분이 특정되지 아니한 채 자산이 이전된 경우, 양도소득세의 과세대상이 되는 위자료 부분의 입증책임에 관하여 판례를 보면, "과세처분의 위법을 이유로 그 취소를 구하는 행정소송에서 과세요건의 존재에 대한 입증책임이 처분청에 있는 것과 마찬가지로, 협의이혼 또는 재판상 화해나 조정에

의한 이혼을 하면서 위자료와 재산분할, 자녀양육비 등의 각각의 액수를 구체적으로 정하지 아니한 채 자산을 이전한 경우 그 자산 중 양도소득세의 과세대상이 되는 유상양도에 해당하는 위자료 및 자녀양육비의 입증책임도 원칙적으로는 처분청에 있고, 다만 이 때 처분청이 위자료나 자녀양육비의 액수까지 구체적으로 주장·입증할 필요는 없고, 단지 그 액수를 정할 수 있는 자료를 법원에 제출하는 것으로 충분하며, 이에 대하여 법원은 이와 같은 자료를 토대로 혼인기간, 파탄의 원인 및 당사자의 귀책사유, 재산정도 및 직업, 당해 양도자산의 가액 등 여러 사정을 참작하여 직권으로 위자료나 자녀양육비의 액수를 정하여야 한다."라고 하였습니다(대법원 2002. 6. 14. 선고 2001두4573 판결).

◘ 사실혼 파기시 재산분할청구가 가능한지

【답변】 ➡

사실혼이란 부부공동생활을 인정할 만한 혼인생활의 실체가 있는 경우로서 법률혼에 대한 민법의 규정 중 혼인신고를 전제로 하는 규정은 유추적용 할 수 없으나, 부부재산 청산의 의미를 갖는 민법의 재산분할에 관한 규정은 사실혼관계에도 준용될 수 있는 것이므로, 사실혼이 파기된 경우 이혼의 경우와 같이 재산분할청구가 가능합니다(93.11.23. 대법 93므560, 95.3.10. 대법 94므1379, 1386).

따라서 사실혼관계 기간 중 부부 공동의 노력으로 형성된 재산에 대하여는 사실혼 파기시 다른 한쪽의 명의로 되어있다고 하더라도 법률혼과 마찬가지로 재산분할청구권을 행사할 수 있습니다. 사실혼관계해소에 따른 재산분할청구사건은 상대방의 주소지 가정법원의 전속관할에 속하므로, 서울의 경우 서울가정법원에 지방의 경우는 주소지 관할 지방법원에 제기하면 될 것입니다(민법 제839조의2 제2항, 가사소송법 제2조 제1항 나(2) 제4호, 제46조, 95.3.28. 대법 94므1584).

◘ 부부재산의 관리와 특유재산의 범위

【답변】 ➡

민법은 부부의 일방이 혼인 전부터 가진 고유재산과 혼인 중 자기의 명의로 취득한 재산은 그의 특유재산으로 보는 이른바 부부재산 별산제를 원칙으로 하며, 부부의 특유재산은 각자가 관리. 사용. 수익하고, 부부의 누구에게 속한 것인지 불분명한 재산은 공유로 추정합니다. 부부간 재산에 관한 약정은 혼인성립까지 등기하지 않으면 제3자에게 대항할 수 없으며, 부부공유재산을 분할하거나 혼인기간 중 재산관리약정을 변경할 경우에는 법원의 허가를 얻어야 합니다.

또한 부부의 공동생활에 필요한 비용은 특별한 약정이 없는 한 부부공동으로 부담하고, 일상의 가사에 대한 채무는 부부간 연대책임이 인정되며, 판례는 이혼에 의한 재산분할의 경우 부부 일방의 특유 재산은 원칙적으로 분할대상이 되지 아니하나 특유재산일지라도 다른 일방이 적극적으로 특유재산의 유지에 협력하여 감소를 방지하였거나 증식에 협력하였다고 인정되는 경우에는 분할대상이 될 수 있고, 또 부부 일방이 혼인 중 제3자에게 부담한 채무는 일상가사에 관한 것 이외에는 원칙적으로 개인 채무로서 청산 대상이 되지 않으나 공동재산의 형성에 수반하여 부담한 채무인 경우에는 청산 대상이 된다고 하였습니다(민법 제830조, 제832조, 93.5.25. 대법 92므501).

◘ 협의이혼 절차

【답변】➡

부부가 이혼하기로 합의한 경우에는 이혼사유에 관계없이 이혼할 수 있습니다. 협의이혼을 하려면 우선 구청과 법원에 비치된 이혼신고서 3통과 협의이혼의사확인신청서 1통을 작성하고, 호적등본 1통과 주민등록등본 1통, 주민등록증 및 도장을 지참하여 주소지 또는 본적지의 가정법원에 함께 출석하여, 판사 앞에서 두 사람이 진정한 의사에 의하여 협의이혼이 성립되었음을 확인 받아야 합니다. 당사자 일방이 외국에 있는 경우 외에는 쌍방 모두 법원에 출석해야만 협의이혼을 할 수 있습니다. 이 경우 미성년의 자녀가 있다면 친권자를 정하여야 하고, 협의가 안될 경우 가정법원에 그 지정을 청구하여야 합니다.(민법 제836조, 제837조, 제909조, 호적법 제79조의2, 호적법시행규칙 제86조)

이혼신고는 각자 또는 일방이 할 수 있으나, 법원으로부터 협의이혼의사확인서 등본을 송달 받은 날로부터 그 확인서 등본과 여자의 제적증명초본을 첨부하여 이혼신고서로 3개월 이내 본적지 또는 주소지 호적관서에 신고하지 않으면 법원에서 받은 확인의 효력은 무효가 되므로, 그 이후 이혼신고 하려면 다시 협의이혼의사확인을 받아야 합니다. 그러나 이혼의사는 이혼신고시에도 쌍방에게 존재해야 하는 것이므로, 법원으로부터 협의이혼의사 확인서등본을 교부 받은 후에도 이혼신고접수 전에 어느 일방이 이혼을 원하지 아니할 경우 시·읍·면의 장에게 이혼의사를 철회할 수 있습니다. 이혼의사철회 표시 후에는 다른 일방의 이혼신고가 수리되지 않습니다.(호적법 제79조의2, 호적법시행규칙 제91조 제92조)

◘ 외국거주 배우자와의 협의이혼 절차

【답변】 ➡

협의이혼하려는 당사자 일방이 외국에 거주하는 경우에는 국내거주자가 서울가정법원에 이혼당사자와 성년의 증인 2명이 연서한 이혼신고서를 첨부하여 협의이혼의사확인신청을 하고, 법원이 재외공관장에게 외국거주자의 이혼의사확인을 촉탁하여 그 확인회보를 받으면, 국내에 거주하는 타방 당사자를 출석시켜 이혼의사를 확인한 후 이혼의사확인서등본을 발급하면 그 확인받은 날로부터 3월 이내에 본적지나 주소지 호적관서에 이혼신고를 할 수 있습니다.

그러나 회보내용이 재외국민에게 이혼의사가 없다거나, 촉탁 후 6개월이 지나도록 촉탁회보서가 접수되지 않으면, 서울가정법원은 협의이혼의사확인서 등본을 발급하지 않으므로 협의이혼을 할 수 없습니다(호적법시행규칙 제87조, 호적법 제79조의2). 또 다른 방법으로는 협의이혼에 필요한 서류인 호적등본, 이혼신고서, 협의이혼의사확

인신청서 등을 외국거주자에게 보내면 외국거주자의 재외공관장이 이혼의사를 확인하여 서울가정법원으로 보낼 수도 있습니다.

◘ 해외거주 한국인 부부의 협의이혼 절차

【답변】 ➡

외국에 거주하는 한국인부부의 협의이혼은 그 거주지를 관할하는 재외공관의 장이나 재외공관이 없는 때에는 인접하는 지역을 관할하는 재외공관의 장에게 협의이혼의사의 확인을 신청할 수 있고, 신청을 받은 재외공관의 장은 당사자 쌍방에게 이혼의사의 존부와 미성년의 자녀가 있는 경우 그 자(子)에 대한 친권행사자의 지정 여부를 확인하여 그 요지를 기재한 서면을 작성한 후 이를 신청서에 첨부하여 지체없이 서울가정법원에 송부하여야 합니다.

서류를 송부받은 가정법원은 그 서류만으로 이혼의사가 확인된 때에는 확인서등본을 재외공관의 장에게 송부하며, 재외공관의 장은 이를 당사자 쌍방에게 송부하고, 확인서등본을 교부받은 당사자는 각각 또는 어느 한쪽이 한국의 본적지나 재외공관의 장에게 이혼신고를 할 수 있습니다. 재외공관의 장이 신고서류를 수리한 때에는 1개월 이내에 외교통상부장관을 경유하여 당사자의 본적지 시. 읍. 면의 장에게 발송하여야 합니다(호적법 제39조, 제40조, 호적법시행규칙 제88조, 제91조).

이혼의사확인신청인은 그 확인을 받기 전까지 신청을 취하할 수 있고, 당사자 쌍방 또는 일방이 확인절차에 의한 소환을 받고도 정당한 사유 없이 2회에 걸쳐 출석하지 아니하였을 때에는 확인신청을 취하한 것으로 봅니다(호적법시행규칙 제89조).

◘ 협의이혼신고 절차

【답변】 ➡

협의이혼은 부부 당사자간 자유로운 의사합치로 혼인관계를 해소시키는 것을 말하며, 협의이혼을 하려는 당사자는 협의이혼의사확인신청서와 호적등본 1통, 이혼신고서 3통 및 주민등록등본 1통을 첨부하여 본적지 또는 주소지를 관할하는 가정법원 또는 지방법원에 당사자 쌍방이 출석하여 판사의 확인을 받아야 합니다. 만일 이혼하려는 당사자 사이에 미성년의 자녀가 있는 경우에는 반드시 친권자를 정해야 하며 협의가 되지 않을 경우에는 법원에 그 지정을 청구할 수 있습니다(민법 제836조, 제837조, 호적법 제79조, 제79조의2).

가정법원은 당사자사이에 진정한 이혼의사가 확인된 때 이혼의사확인서등본 2통과 이혼신고서를 각 당사자에게 교부하며, 각 당사자는 교부받은 서류를 시. 구. 읍. 면의 장에게 단독으로 이혼신고를 할 수 있습니다. 다만, 이혼의사확인서 등본을 교부 또는 송달 받은 날로부터 3개월이 경과하면 그 확인의 효력은 상실되므로, 그 이후 이혼신고를 하려면 다시 확인을 받아야 합니다(호적법시행규칙 제87조, 제91조, 호적법 제79조의2). 그러나 협의이혼 확인서를 발급 받았더라도 이혼신고가 접수되기 전에 어느 일방이 이혼을 원하지 않으면, 시. 구・읍・면의 장에게 이혼의사철회의 신고를 할 수 있고, 이혼의사철회의 의사표시 이후에는 다른 한쪽배우자가 이혼신고를 하더라도 수리되지 않습니다(호적법시행규칙 제92조).

◘ 협의이혼의사의 철회 방법

【답변】 ➡

부부 당사자가 법원에서 이혼의사를 확인 받았더라도 쌍방 모두 이혼신고 전이면 이혼의사를 철회할 수 있습니다(호적법시행규칙 제92조).

호적실무는 협의이혼의사철회의 서면은 반드시 남편의 본적지 시, 구, 읍, 면에 제출토록 하고, 만일 주소지에서 이혼신고서를 수리할 경우에는 남편의 본적지에 송부하여야 하며, 이를 송부 받은 남편의 본적지에서는 호적정리와 동시에 처의 본적지에 송부하도록 하고 있는바, 주소지나 본적지에서 이혼신고서나 이혼의사철회서를 접수할 경우에는 접수연월일 및 접수시간을 분 단위까지 반드시 명기하여 어느 것이 먼저 접수되었는지를 검토하여 수리하고, 만일, 당사자 쌍방이 같은 날 같은 시에 동시에 제출하거나, 주소지나 본적지에서 각 접수한 이혼신고서와 이혼의사철회서의 각 접수날짜와 시간이 같은 경우에는 이혼신고서를 수리할 것이 아니라 이혼의사철회의 서면을 수리하도록 하고 있습니다.(호적예규 제696호)

◘ 협의이혼의사 확인서 등본을 분실한 경우

【답변】 ➡

법원으로부터 받은 협의이혼의사 확인서 등본을 당사자 쌍방이 각 분실한 경우 호적실무는 그 확인서 등본의 법정신고기간인 3월 이내라도 다시 협의이혼의사 확인신청을 할 수 있으며, 확인서 등본을 재교부할 경우에는 확인서 등본의 법정신고기간인 3월 이내에는 법원에 편철 보존된 확인서 원본에 의하여 확인서 등본만은 재교부가 가능하고, 이혼신고서는 당사자가 작성하여 재교부 받은 확인서 등본과 함께 당사자의 본적지 시. 구. 읍. 면에 신고할 수 있다고 하였습니다. 재교부된 확인서등본으로 이혼신고를 수리하는 시, 구, 읍, 면에서는 확인서 등본과 이혼신고서와의 간인이 없어도 반송치 못하도록 하고 있습니다.

◘ 가장이혼의 효력

【답변】 ➡

부부당사자간 진정한 이혼의사 없이 협의이혼신고를 하였더라도 일방의 사기행위로 인한 것이 아닌한 법률상 유효한 이혼으로 성립되는 것입니다. 가장이혼에 대하여 판례는 혼인 및 이혼의 성립여부에 관하여 형식주의를 취하는 법제하에서는 이혼신고의 법률상 중대성에 비추어 볼 때 협의이혼의 이혼의사는 법률상 부부관계를 해소하려는 의사를 말하므로, 법률상 부부관계를 해소하려는 당사자간의 합의하에 협의이혼신고가 된 이상 협의이혼에 다른 목적이 있더라도 양자간에 이혼의사가 없다고는 말할 수 없으므로 그 협의이혼은 무효로 되지 아니한다고 하였습니다(76.9.14. 대법 76도107, 81.7.28. 대법 80므77, 93.6.11. 대법 93므171).

그러나 협의이혼 당시 부부일방이 타인과 혼인할 의도로 다른 일방을 속여 이혼에 동의하도록 한 경우에는 사기로 인한 협의이혼으로서 그 취소를 청구할 수 있고, 취소심판이 확정되면 당초부터 이혼하지 않은 상태로 되어 그 가장이혼 후 타인과의 혼인은 그 취소를 청구할 수 있을 것입니다(민법 제810조, 838조, 제816조, 84.3.27. 대법 84므9).

◘ 이혼경력을 말소할 수 있는지

【답변】 ➡

호적은 호주와 그 가족의 신분관계 변동사항을 등록하여 공시·공증해 주는 유일한 공문서로서 일단 호적에 적법하게 기재된 사항은 자녀교육이나 사회생활에 지장이 있다는 등의 개인적인 사정으로 삭제할 수 없는 것입니다(호적선례 1993.3.31. 법정 제616호).

그러나 호적예규인 '신호적편제,재제,입적,복적시의 호적이기범위에 관한 지침'에 따르면 현재 효력이 있는 중요한 사항에 관하여만 옮겨 기재하도록 규정하고 있으므로 이혼한 여성이 친정으로 복적한 후 친정 호적을 전적한 다음 자신을 단독호주로 분가신고를 하면 분가한 신호적에는 이혼경력사항이 나타나지 않을 것입니다.(호적법시행규칙 제73조,제74조,제75조, 호적예규 제653호)

◘ 재판상 이혼사유 및 절차

【답변】 ➡

민법이 정한 재판상 이혼사유는 ①배우자에 부정행위가 있을 때, ②배우자가 악의로 다른 일방을 유기한 때, ③배우자 또는 그 직계존속으로부터 심히 부당한 대우를 받았을 때, ④자기의 직계존속이 배우자로부터 심히 부당한 대우를 받았을 때, ⑤배우자의 생사가 3년이상 분명하지 아니한 때, ⑥기타 혼인을 유지하기 어려운 중대한 사유가 있을 때로 되어있습니다.(민법 제840조)

그러나 배우자의 부정행위에 대하여 사전 동의 또는 사후 용서를 하였거나, 이를 안 날로부터 6월, 그 사유 있은 날로부터 2년을 경과한 때에는 그것을 이유로 이혼을 청구하지 못하며, 혼인을 계속하기 어려운 중대한 사유가 있는 경우에도 이 기간의 적용을 받습니다.(민법 제841조, 제842조)

재판상 이혼을 하고자 하는 배우자는 이혼사유를 입증할 수 있는 자료와 호적등본 1통, 주민등록등본 1통, 이혼 및 위자료 청구의 조정신청서를 첨부하여 서울의 경우 가정법원에, 지방은 관할 지방법원에 제출하면 조정절차를 거쳐 판결을 받을 수 있습니다.(가사소송법 제2조제1항)

일반적으로 이혼을 청구할 때는 정신적 고통에 따른 위자료와 재산분할 및 자녀양육권관계를 함께 청구하여 하나의 절차로서 혼인생활에 관한 모든 관계를 재판 받아 정리할 수 있으며, 재판상이혼은 협의이혼과 달리 이혼판결이 확정됨으로써 이혼의 효력이 발생하지만, 재판이 확정된 때로부터 1개월 내에 판결의 등본 및 그 확정증명서를 첨부하여 이혼신고를 하여야 합니다.(민법 제806조, 제837조, 제839조의2, 제843조, 호적법 제81조, 제63조, 제130조 내지 제132조)

◘ 부정행위한 배우자에 대한 이혼청구

【답변】 ➡

배우자 있는 자가 다른 사람과 불륜관계를 가지는 것은 부정한 행위로서 민법이 규정한 재판상이혼사유가 되고, 다른 일방은 이혼과 위자료 및 재산분할 등의 청구소송을 관할 가정법원에 제기할 수 있습니다. 다만, 배우자의 부정행위에 대하여 사전 동의 또는 사후 용서를 하였거나, 이를 안 날로부터 6월, 그 사유 있은 날로부터 2년을 경과한 때에는 이혼을 청구할 수 없습니다.(민법 제840조, 제841조, 제806조)

이혼청구시에는 배우자의 잘못을 입증할 수 있는 자료와 호적등본 1통, 주민등록등본 1통, 이혼 및 위자료 청구의 조정신청서를 첨부하여 법원에 제출하면 조정절차를 거쳐 재판을 받을 수 있습니다.(가사소송법 제22조) 이혼판결이 확정되면 이혼의 효력은 발생되고, 당사자는 재판확정일로부터 1개월 이내 재판의 등본 및 확정증명서를 첨부하여 이혼신고를 하여야 합니다.(호적법 제81조, 제63조, 제130조 내지 제132조)

◘ 가정을 돌보지 않는 배우자에 대한 이혼청구

【답변】 ➡

배우자가 정당한 이유 없이 외박을 하며, 가족을 돌보지 않는 등 부부로서의 동거나 부양의무를 고의로 이행하지 않는 경우 다른 일방은 그 의무 위반에 대해 법원에 부양료청구소송을 제기하거나, 악의의 유기를 이유로 이혼과 위자료 및 재산분할청구의 소를 제기할 수 있습니다(민법 제840조, 제826조, 제837조, 제833조, 제806조, 제974조).

부양료청구소송을 제기하여 승소 확정판결을 받으면 배우자의 소득인 월급 등에서 강제로 생활비를 받아 내거나 강제집행 할 수 있으며, 악의의 유기를 원인으로 하는 재판상 이혼청구권은 배우자가 이혼청구 당시까지 불륜관계 내지 부첩관계를 계속 유지하는 경우에는 기간 경과에 의하여 소멸하지 않으며, 이 경우는 배우자의 잘못으로 인한 정신적 고통에 대한 위자료와 재산분할 및 자(子)의 양육자 지정을 함께 청구하여 하나의 절차로서 혼인생활에 관한 모든 점을 재판 받을 수 있습니다. 이혼판결이 확정되면 당사자는 재판확정일로부터 1개월 이내 재판의 등본 및 확정증명서를 첨부하여 이혼신고를 하여야 합니다(민법 제806조 내지 제839조의2, 제840조, 제843조, 제974조 내지 제979조, 호적법 제81조, 제63조, 98.4.10. 대법 96므1434).

◆ 이혼하기로 합의한 사실이 재판상이혼사유 되는지

【답변】 ➡

부부당사자가 일시 이혼에 합의하고 위자료 명목등의 재산분배를 하였더라도 그것으로 인하여 부부관계가 돌이킬 수 없는 정도로 파탄되어 사실상 부부관계의 실체가 없다는 등의 특별한 사정이 없는 한, 이혼에 합의한 사실만으로는 재판상이혼사유가 될 수 없고, 그 이혼합의와 동시에 별거에 들어갔다 하더라도 잘못한 당사자에게는 이혼청구권이 없는 것입니다(민법 제840조 제6호, 91.11.22. 대법 91므23, 96.4.26. 대법 96므226).

◘ 별거기간이 장기화될 경우의 이혼청구

【답변】 ➡

혼인관계는 오직 배우자의 사망과 이혼에 의해서만 해소되며, 당사자 사이에 별거기간이 장기화된다 하더라도 당사자간 협의이혼을 하거나 재판이혼을 청구하지 않는 한 자동으로 이혼될 수는 없습니다.

부부는 동거하면서 서로 부양하고 협조해야할 의무가 있음에도 부부일방이 정당한 이유 없이 가출하여 돌아오지 않거나, 별거기간이 장기화되고 있는 경우 다른 일방은 재판상 이혼소송을 제기해 볼 수 있습니다. 그러나 이 경우 잘못한 당사자에게는 이혼청구권이 없으므로 별거기간이 오래되었음을 이유로 이혼청구를 하더라도 다른 일방이 자녀를 생각하여 이혼을 원하지 않는다면 이혼은 성립되지 않습니다. 다만, 유책자의 다른 일방도 그 파탄 이후 혼인을 계속할 의사가 없음이 객관적으로 명백한데도 오기나 보복적 감정에서 이혼에 응하지 아니하고 있을 뿐이라는 등 특별한 사정이 있는 경우에만 예외적으로 이혼을 청구할 수 있을 뿐입니다(민법 제840조, 97.5.16. 대법 97므155, 96.11.8. 대법 96므998, 98.6.23. 대법 98므15, 22).

◘ 행방불명된 배우자와의 이혼절차

【답변】 ➡

부부일방이 정당한 이유 없이 가출하여 행방을 감춘 경우에는 배우자로서의 동거, 부양, 협조의무 등을 포기하고 다른 일방을 버린 것으로써, 민법이 규정한 재판상 이혼사유 중 배우자가 다른 일방을 악의로 유기한 것에 해당되므로 다른 일방은 이혼을 청구할 수 있습니다. 다만, 배우자의 폭력이나 부정행위 등을 이유로 가출한 경우에는 악의의 유기가 아니므로 이혼을 청구할 수 없습니다(90.11.9 대법 90므583,590, 90.8.10 대법 90므408).

행방불명된 배우자를 상대로 한 이혼청구소송은 행방불명된 배우자의 최후주소지 통, 반장의 불거주사실확인서와 그 친족의 부재사실확인서 등을 첨부하여 공시송달절차에 의할 수 있고, 공시송달은 법원사무관 등이 송달할 서류를 보관하고 그 사유를 법원게시판에 게시한 날로부터 2주일을 경과하면 그 효력이 생깁니다. 이혼 판결이 확정되면 1개월 이내에 재판의 등본 및 확정증명서를 첨부하여 이혼신고를 함으로써 호적정리를 할 수 있습니다(민사소송법 제194조 내지 제196조, 호적법 제81조, 제63조).

◘ 법률상 부부가 별거하던 중 제3자와 동거한 경우

【답변】➡

형법은 배우자 있는 자가 간통한 때와 그와 상간한 자는 배우자의 고소가 있는 경우 간통죄로 처벌하며, 다만, 배우자가 간통을 사전에 종용 또는 사후에 용서한 때에는 고소할 수 없다고 규정하고 있습니다.

그러므로 부부당사자간 이혼에 합의함이 없이 단순히 별거하던 중 제3자와 성관계를 가진 경우는 형사상 간통죄로 고소될 수 있고, 민사상 재판이혼사유가 될 수 있으며, 이혼합의 후 별거하던 중 부부 쌍방 또는 일방이 법률상배우자 아닌 제3자와 동거할 경우에도 형사상 간통죄의 성립여부는 별론으로 하더라도 이미 부부관계는 돌이킬 수 없이 파탄에 이르렀다고 볼 수 있으므로, 민법이 규정한 이혼사유 중 혼인을 계속하기 어려운 중대한 사유에 해당되는 것으로 볼 수 있을 것입니다(형법 제241조, 민법 제840조, 91.1.11 대법 90므552, 72.1.31. 대법 71도2259, 73.3.13. 대법 73도227).

◘ 이혼판결 확정 후 이혼신고 절차

【답변】 ➡

재판상이혼은 소(訴)를 제기한 자가 재판이 확정된 날로부터 1개월 이내에 재판의 등본 및 확정증명서를 첨부하여 남편 및 처의 본적지 또는 신고인의 주소지나 현주지의 시,구,읍,면의 사무소에 이혼신고를 하여야 하나 이혼신고기간을 도과하였다고 하여 이혼의 효력이 상실되는 것은 아닙니다.

이혼판결이 확정되면 법원사무관등은 지체없이 당사자 본적지의 호적사무를 관장하는 시. 읍. 면의 장에게 그 뜻을 통지하고, 통지를 받은 시. 읍. 면의 장은 신고의무자에게 상당한 기간을 정하여 신고를 최고하며, 최고할 수 없거나 2회의 최고를 하여도 신고하지 아니하는 때에는 감독법원의 허가를 얻어 직권으로 통지받은 사항을 기재할 수 있습니다. 신고의무자가 법정신고기간인 판결 확정일로부터 1개월 이내에 이혼신고를 하지 않은 경우에는 5만원이하의 과태료에 처하며, 시, 읍, 면의 장이 기간을 정하여 신고의 최고를 하였음에도 신고하지 아니하는 경우에는 10만원이하의 과태료처분을 받습니다(호적법 제81조, 제63조, 제43조, 제22조 제2항, 가사소송규칙 제7조 제1항, 호적법 제130 내지 133조).

◘ 이혼시 위자료 배상책임

【답변】 ➡

부부가 이혼할 경우 이혼사유의 발생책임이 어느 배우자에게 있느냐에 따라 위자료를 지급할 책임이 인정되며, 당사자간 위자료 액수에 합의되지 않을 경우에는 법원이 당사자의 재산정도, 학력, 경력, 연령, 혼인기간 등 제반사정을 참작하여 결정하게 됩니다.

위자료에 관하여 판례는 이혼심판상 화해로 이혼을 한 경우에도 잘못한 상대방에 대하여 위자료청구소송을 할 수 있고, 혼인의 파탄에 대하여 쌍방의 책임정도가 대등할 경우에는 위자료청구를 기각할 수 있으며, 당사자간에 이혼 위자료조로 일정 금원 등의 수수를 약정하고 그것을 지급 받은 경우라면, 협의 또는 재판상 이혼에 관계없이 그 부부관계의 완전한 청산을 전제로 위자료를 지급한 취지라고 볼 것이므로, 그 후의 위자료청구권은 소멸한다고 하였습니다(민법 제843조, 제841조, 제806조 제2항, 94.4.26. 대법 93므1273, 83.9.27. 대법 83므20, 83므21).

◘ 위자료청구권의 산정기준

【답변】 ➡

부부이혼시 혼인의 파탄원인에 주된 책임이 있는 당사자는 다른 일방에게 위자료를 배상할 책임이 있으며, 위자료의 액수에 대하여 합의되지 않을 경우 법원은 파탄행위의 불법성, 당사자의 사회적지위 및 재산정도, 학력, 경력, 혼인기간, 재산형성과정, 정신적 고통의 정도, 재혼의 가능성여부 등을 산정기준으로 하여 결정하게됩니다(민법 제806조, 제843조). 판례는 배우자와 간통한 자를 상대로 제기한 위자료청구소송에서 위자료는 간통행위의 정도, 당사자의 사회적 지위 및 재산 정도, 간통죄로 형벌을 받은 여부 등뿐만 아니라 청구권자가 다른 사람과 부정행위를 했느냐의 여부 등도 참작하여야 한다고 하였습니다(민법 제751조, 59.11.5. 대법 59다771).

◘ 위자료 지급 판결문을 이행치 않는 경우의 이행명령

【답변】 ➡

가사소송법에서 가정법원은 판결·심판·조정조서 또는 조정에 갈음하는 결정에 의하여 금전의 지급 등 재산상의 의무를 이행하여야 할 자가 정당한 이유없이 그 의무를 이행하지 아니할 때에는 당사자의 신청에 의하여 일정한 기간 내에 그 의무를 이행할 것을 명할 수 있고, 당사자 또는 관계인이 정당한 이유 없이 이행명령에 위반한 때는 가정법원·조정위원회 또는 조정담당판사는 직권 또는 권리자의 신청에 의하여 결정으로 100만원이하의 과태료에 처할 수 있고, 금전의 정기적 지급을 명령받은 자가 정당한 이유 없이 3기 이상 그 의무를 이행하지 아니한 때에는 30일의 범위 내에서 그 의무이행이 있을 때까지 법원에서 붙잡아 가두도록 하는 감치처분을 결정할 수도 있습니다(가사소송법 제64조, 제67조 제1항, 제68조 제1항1호).

그러므로 이혼 및 위자료청구소송에서 승소하였으나 위자료지급명령을 이행치 않을 경우 그의 재산에 대한 강제집행절차를 밟아 지급받을 수 있으나, 상대방의 재산이 없거나 파악되지 않을 경우에는 법원에 그 이행명령을 신청하여 과태료처분 등의 제재를 받게 함으로써 간접강제를 해 보는 것도 효과적일 수 있을 것입니다.

◘ 이혼시 재산분할청구권

【답변】 ➡

부부의 이혼시 재산분할청구권은 위자료청구권과는 그 성질을 달리하므로 위자료청구와 함께 또는 독립적으로 행사할 수 있고, 파탄원인과 재산명의에 관계없이 혼인기간 중 자신 또는 부부 공동의 노력으로 형성된 재산임을 입증하여 이혼한 날로부터 2년 이내에 재산분할청구권을 행사할 수 있습니다.

재산분할은 당사자 쌍방의 협의에 의할 수 있으나, 협의되지 않을 경우에는 당사자의 신청으로 가정법원이 결정하게 되며, 법원은 그 재산형성에 기여한 정도, 혼인기간, 혼인 중 생활정도, 혼인의 파탄원인, 현재의 생활상황, 장래의 전망, 피부양자유무, 이혼위자료의 유무 등 당사자 쌍방의 일체의 사정을 참작하여 분할의 액수와 방법을 정하게됩니다(민법 제829조 내지 제831조, 제839조의2, 제843조, 93.5.11. 대법 93스6, 95.10.12. 대법 95므175등, 96.2.9. 대법 94므635, 642).

◘ 장래 퇴직금에 대한 재산분할청구

【답변】 ➡

이혼하려는 배우자의 일방이 직장에 근무중인 경우에는 그의 직장 퇴직일과 수령할 퇴직금이 확정되었다는 등의 특별한 사정이 없는 한 그가 장래에 받을 퇴직금은 재산분할에 따른 청산대상에 포함되지 않습니다.

판례도 퇴직금은 혼인 중에 제공한 근로에 대한 대가가 유예된 것이므로 부부의 혼인 중 재산에 해당되며, 부부 중 일방이 이혼 당시에 이미 퇴직금 등의 금원을 수령하여 소지하고 있는 경우에는 이를 청산의 대상으로 삼을 수 있으나, 부부 일방이 아직 퇴직하지 아니한 채 직장에 근무하고 있을 경우에는 그의 퇴직일과 수령할 퇴직금이 확정되었다는 등의 특별한 사정이 없는 한, 그가 장차 퇴직금을 받을 개연성이 있다는 사정만으로는 재산분할의 액수와 방법을 정하는데 필요한 기타 사정으로 참작될 수는 있더라도, 그 장래의 퇴직금을 청산의 대상이 되는 재산에 포함시킬 수 없다고 하였습니다(민법 제839조의2 제2항, 제843조, 00.5.2. 대법 2000스13, 95.3.28. 대법 94므1584, 95.5.23. 대법 94므1713, 1720, 98.6.12. 대법 98므213).

◘ 부부 일방의 특유재산

【답변】 ➡

부부의 일방이 혼인 전부터 가진 고유재산과 혼인기간 중 부모로부터 상속받은 재산과 같이 자기명의로 취득한 재산은 각자가 관리·수익하는 그 일방의 특유재산으로 보며, 부부의 이혼시 그 특유재산은 원칙적으로 재산분할의 대상이 되지 않습니다. 그러나 다른 일방이 그 특유재산의 유지에 적극적으로 협력하여 그 감소를 방지하였거나 재산증식에 협력하였다고 인정되는 경우에는 분할의 대상이 될 수도 있습니다(민법 제839조의2, 제843조, 96.2.9. 대법 94므635, 642, 98.2.13. 대법 97므1486, 1493).

◘ 재산분할청구에 대한 법원의 직권조사

【답변】 ➡

이혼당사자가 재산분할을 청구한 경우 법원은 당사자의 주장에 구애되지 아니하고 재산분할의 대상이 무엇인지 직권으로 사실조사를 하여 포함시킬 수 있으며, 이혼당사자의 소유부동산과 채무관계, 현황, 그 형성과정 및 이용상황 등에 비추어 적정한 재산분할방법을 결정하고, 그 비율에 관하여는 당사자들의 나이와 직업, 생활정도, 수입, 재산상태, 혼인관계가 파탄에 이르게 된 경위, 당사자가 그 재산의 형성에 기여한 정도 등 모든 사정을 참작하여 적극재산의 가액에서 소극재산인 채무를 공제한 금액 등으로 결정할 수 있습니다(민법 제839조의2, 제843조, 가사소송법 제2조 제1항 나(2) 제4호, 제34조, 비송사건절차법 제11조, 95.3.28. 대법 94므1584).

◘ 협의이혼을 전제로 재산분할약정을 한 경우 그 효력

【답변】 ➡

부부 당사자가 협의이혼을 전제로 재산분할에 관한 약정을 한 경우는 그 약정한 대로 협의상 이혼이 이루어진 경우에 한하여 재산분할약정의 효력이 발생하는 것이므로, 만일, 약정한 대로 협의이혼을 하지 않고, 혼인관계가 계속되거나 일방이 제기한 이혼청구의 소에서 화해나 조정 또는 재판상 이혼을 한 경우 당초의 재산분할에 관한 협의는 조건의 불성취로 인하여 효력이 발생하지 않는 것이고, 그 협의 내용의 이행을 청구할 수 없을 것입니다(민법 제105조, 제147조, 제839조의2, 93.12.28. 대법 93므409). 다만, 이 경우 가정법원은 그 협의의 내용과 협의가 이루어진 경위 및 기타사정을 참작하여 재산분할의 액수와 방법을 정하게 될 것입니다(민법 제839조의2 제2항).

◘ 이혼시 자녀양육권

【답변】 ➡

이혼하는 당사자에게 미성년인 자녀가 있는 경우 그 자녀의 양육에 관한 사항은 협의하여 정하여야 하나, 협의되지 않거나 협의할 수 없는 때에는 가정법원은 당사자의 청구 또는 직권에 의하여 그 자녀의 연령, 부모의 재산상황 기타 사정을 참작하여 양육에 필요한 사항을 정하며, 언제든지 양육에 관한 사항을 변경하거나 다른 적당한 처분을 할 수 있습니다.

다만, 양육 및 친권에 관한 사항 외에는 부모의 권리의무에 변경을 가져오지 않으므로 법원으로부터 양육권자나 친권행사자로 지정되지 않은 일방에게도 자녀에 대한 부양의무는 여전히 있는 것이며, 양육비는 부모가 공동으로 부담하여야 하고, 그 부담을 거부하는 일방에게는 양육비청구소송을 이용할 수 있습니다(민법 제837조, 제909조, 제974조).

◘ 자녀양육비에 관한 합의 후 제기된 양육비청구소송

【답변】 ➡

부모는 미성년자인 자녀를 공동으로 양육할 책임이 있으며, 부모가 이혼을 하면서 미성년인 자녀의 양육비에 관하여 합의하였더라도 그 내용이 부당할 경우에는 법원에 그 변경을 청구할 수 있습니다.

판례도 부부가 이혼하면서 양육비에 관하여 협의하였으나 어느 일방이 양육비심판청구소송을 제기한 경우에는 당사자 사이의 양육에 관한 합의사항 중 양육비 부담 부분의 변경을 구하는 취지로 보아야 할 것이고, 법원으로서는 당사자가 협의하여 정한 사항이 그 자의 연령, 부모의 재산상황 기타 사정 등 제반 사정에 비추어 부당하게 결정되었는지 여부를 살펴 부당하다고 인정되는 경우에는 언제든지 이를 변경할 수 있다고 하였습니다(민법 제837조 제2항, 91.6.25. 대법 90므699, 92.12.30. 대법 92스17, 92스18, 98.7.10. 대법 98스17, 18).

◘ 이혼하면서 정한 양육자에게 자녀를 인도하지 않는 경우

【답변】 ➡

재판상이혼을 하면서 부부일방이 자녀의 양육자로 지정되었으나 다른 일방이 그 자녀를 돌려보내지 않는 경우에는 양육권자가 법원에 유아인도청구소송을 제기하거나 유아인도의무에 대한 이행명령을 신청할 수 있으며, 그 이행명령에 위반하면 법원은 직권 또는 권리자의 신청에 의하여 100만원 이하의 과태료를 부과할 수 있고, 제재를 받은 후에도 정당한 이유 없이 30일이 지나도록 유아를 인도하지 않았을 경우 권리자는 30일의 범위 내에서 인도의무를 이행할 때까지 그 의무 불이행자를 구치소에 유치하는 감치(監置)처분을 법원에 신청할 수도 있습니다(가사소송법 제64조, 제67조, 제68조).

이와 같은 제재에도 불구하고 유아인도를 거부할 경우 법원집행관에게 강제집행을 위임하여 아이를 강제로 데려오는 방법이 있으나, 자녀가 의사능력이 있어 자녀 본인이 양육자에게 가는 것을 거부한다면 유아인도를 강제로 집행할 수는 없습니다.

◘ 재혼한 모(母)의 친권행사

【답변】 ➡

친권은 부모가 미성년인 자(子)를 보호·교양 할 권리와 의무를 말하며, 부모는 미성년자인 자(子)의 친권자가 됩니다. 부모가 이혼한 경우 그 자(子)에 대한 친권은 어느 일방이 행사할 것을 특별히 지정하지 않는 한 이혼한 부부 모두가 행사할 수 있으며, 이는 어느 일방이 재혼하더라도 마찬가지입니다.

다만, 혼인외의 자가 인지된 경우와 부모가 이혼한 경우에는 부모의 협의로 친권자를 정하여야 하고 협의할 수 없거나 협의가 이루어지지 않는 경우에는 당사자는 가정법원에 그 지정을 청구하여야 하며, 가정법원은 자의 복리를 위하여 필요하다고 인정되는 경우에는 자의 4촌 이내의 친족의 청구에 의하여 정하여진 친권자를 다른 일방으로 변경할 수 있습니다.

또한 부모가 친권자로서의 양육, 재산관리의 권리의무를 부당하게 행사하여 자녀의 복리를 해하는 등 친권을 남용하거나, 음주. 도박 등의 현저한 비행이 있거나, 기타 친권을 행사하게 할 수 없는 중대한 사유가 있는 경우에는 자녀의 친족 또는 검사의 청구에 의하여 그 친권의 상실을 선고할 수도 있습니다(민법 제909조, 제924조).

✪ 자녀를 양육한 자의 양육비구상권

【답변】 ➡

이혼한 후 미성년자인 자녀를 특별한 약정 없이 어느 일방이 양육해 온 경우 그 양육자는 자녀에 대한 과거 및 장래의 양육비용의 일부를 양육하지 않는 일방에게 청구해 볼 수 있습니다.

판례도 부모의 자녀양육의무는 자녀의 출생과 동시에 발생하는 것이므로 부모 중 어느 한 쪽만이 자녀를 양육하는 것이 그 양육자의 일방적이고 이기적인 목적이나 동기에서 비롯하였거나 자녀의 이익을 위하여 도움이 되지 않는 등 특별한 사정이 있는 경우를 제외하고는, 양육하는 일방이 상대방에 대하여 과거의 양육비는 물론 현재 및 장래의 양육비에 대한 분담을 청구할 수 있으며, 다만, 과거의 양육비는 부모 중 한 쪽이 자녀를 양육하게 된 경위와 그에 소요된 비용의 액수 및 양육에 소요된 통상의 생활비여부와 당사자들의 경제적 능력과 부담의 형평성 등 여러 사정을 고려하여 적절하다고 인정되는 분담의 범위를 정할 수 있다고 하였습니다(민법 제837조, 94.5.13. 대법 92스21).

◘ 이혼한 모(母)의 호적에 자녀가 입적할 수 있는지

【답변】 ➡

자녀는 부(父)의 성과 본을 따르고 부가(父家)에 입적(入籍)하며, 아버지를 알 수 없는 경우에만 모(母)의 성과 본을 따르고 모가(母家)에 입적할 수 있으므로, 부부의 이혼으로 어머니가 일가(一家)를 창립하고, 자녀를 양육하더라도 자녀는 아버지의 호적에 그대로 남아있게 됩니다.

다만, 어머니가 다른 가족없이 일가 창립한 호주로 있는 경우 그 자녀가 분가한 후 어머니를 입적할 수는 있으나, 이 경우 분가하는 자녀가 미성년자인 경우에는 법정대리인의 동의를 받아야 합니다.(민법 제785조, 제791조)

◘ 간통죄의 고소절차

【답변】 ➡

간통죄는 배우자 있는 자가 다른 사람과 정교관계를 가지면 성립하는 범죄로 배우자의 고소가 있어야 논할 수 있는 친고죄이며, 간통행위를 안 날로부터 6개월 이내에 고소하여야 적법한 고소가 됩니다(형법 제241조, 형사소송법 제230조).

그리고 간통한 자의 배우자가 간통죄로 고소하려면 혼인이 해소되거나 이혼소송을 제기한 후가 아니면 고소할 수 없고, 고소 후 다시 혼인을 하거나 이혼소송을 취하한 때에는 간통의 고소는 취소된 것으로 간주됩니다(형사소송법 제229조).

그러므로 배우자의 간통행위를 고소하려면 간통행위를 안 날로부터 6개월 이내에 이혼하거나 이혼소송을 제기한 후에 하여야 하며, 고소의 불가분성으로 인하여 공범관계에 있는 1인에 대하여만 고소를 하여도 전원에 대하여 한 것과 같은 효력이 있으므로(형사소송법 제233조), 배우자의 정부만을 처벌받게 하는 방법은 없음을 유의하시기 바랍니다.

◈ 협의이혼후 이혼전의 간통행위에 대하여 고소할 수 있는지

【답변】 ➡

배우자 있는 자가 간통한 때에는 간통죄로 처벌받게 되며 간통죄의 고소는 혼인이 해소되거나 이혼소송을 제기한 후에 할 수 있습니다. 그러나 배우자가 간통을 사전에 묵인하거나 사후에 용서를 한 때에는 고소할 수 없습니다(형법 제 241조, 형사소송법 제229조).

협의이혼후 이혼전의 간통행위에 대한 고소여부는 원칙적으로 협의이혼의 확인이 있다고 하여 거기에 혼인생활 중에 있었던 간통행위를 용서한다는 의사가 당연히 내포되어 있다고는 할 수 없으므로(대법원 1986.6.24. 86도482), 협의이혼의사의 확인전 혼인생활 중에 있었던 간통사실에 대하여도 이혼 당시 간통행위를 용서한다는 특별한 의사표시가 없었다면 간통죄로 고소가 가능할 것입니다.

그러나, 협의이혼의사확인을 받은 후 이혼신고 전에 행한 간통에 관하여는 "혼인당사자가 더 이상 혼인관계를 지속할 의사가 없고 이혼의사의 합치가 있는 경우에는 비록 법률적으로 혼인관계가 존속한다고 하더라도 간통에 대한 사전동의의 의사표시가 그 합의속에 포함되어 있는 것으로 보아야 할 것이므로 간통죄가 성립되지 않는다"는 것이 판례의 입장입니다(대법원 1997.11.11. 97도2245).

◘ 간통고소후 이혼청구소송만을 취하할 경우의 법적효력

【답변】 ➡

형사소송법 제229조에 의하면 "간통고소는 혼인이 해소되거나 이혼소송을 제기한 후가 아니면 할 수 없다."라고 규정하고 있으므로, 간통의 고소는 혼인관계의 부존재 또는 이혼소송의 계속을 그 유효요건으로 볼 수 있습니다. 이와 관련하여 판례는 고소 당시 이혼소송을 제기하였다 하더라도 그 소송이 취하되는 경우에는 최초부터 이혼소송을 제기하지 아니한 것과 같게 되어 간통고소는 소급하여 그 효력을 상실하게 된다고 하였습니다. (85.9.24. 대법 85도1744)

따라서 간통고소한 배우자가 이혼소송을 취하하게 되면 간통고소사건은 소추요건을 결하여 공소기각판결이 선고될 것이므로 간통한 배우자 및 이와 상간한 자는 간통죄로 처벌받지 않게 될 것입니다.

◘ 송달불능으로 이혼소송이 각하된 경우 간통죄로 고소한 사건은 어떻게 되는지

【답변】 ➡

형사소송법 제229조에 의하면 "간통죄의 경우 혼인이 해소되거나 이혼소송을 제기한 후가 아니면 고소할 수 없다."라고 규정하고 있습니다.

또한 관련 판례를 보면 "간통의 고소는 혼인관계의 해소 또는 이혼소송의 계속을 조건으로 하는 것이므로, 간통고소 당시 이혼소송을 제기하였다 할지라도 그 소장이 각하되는 경우에는 최초부터 이혼소송을 제기하지 아니한 것과 같아서 그 간통고소는 효력을 상실하게 된다"라고 하였습니다(대법원 1994.6.10. 94도774).

따라서 고소한 간통사건이 기소되기 이전이었다면 공소권이 없다 하여 공소권 없음으로 불기소처분되어 종결될 것으로 보이고, 이미 공소가 제기되었다면 공소제기의 절차가 법률의 규정에 위반한 때에 해당되어 공소기각 될 것으로 보입니다.

◘ 혼인중 연대보증한 처의 채무에 관한 이혼후의 책임

【답변】 ➡

우리 민법은 부부는 그 특유재산을 각자 관리, 사용, 수익하도록 하는 부부별산제를 채택하고 있으므로(민법 제831조), 혼인 생활중에도 일상가사대리로 인하여 연대책임을 지는 경우를 제외하고는 각자 책임을 지게 됩니다.

따라서 혼인중에 연대보증을 선 것에 대하여는 처와 이혼을 하더라도 연대보증인의 책임을 면할 수 없습니다. 다만, 이혼한 처의 채무를 대신 갚아 주었을 경우에는 보증인으로서의 구상권을 행사할 수 있을 것입니다.

◘ 이혼소송중 증여재산의 취소

【답변】➡

부부간의 계약은 혼인중 언제든지 부부의 일방이 이를 취소할 수 있으나(민법 제828조), 혼인이 파탄난 상태에서의 감정적인 계약취소는 허용되지 않습니다.

부부간의 계약취소는 정당한 부부관계를 전제로 할 때에 인정되는 것이지, 부부의 일방이 상대방에게 손해를 끼칠 목적으로 부부계약을 취소하는 것은 곧 취소권의 남용이 되기 때문에 취소의 효과가 발생하지 않을 수 있습니다.

판례도 "부부간의 계약은 혼인중 언제든지 부부의 일방이 취소할 수 있으나, 여기에서 혼인중이라 함은 단지 형식적으로 혼인관계가 계속되고 있는 상태를 가리키는 것이 아니라 형식적으로는 물론 실질적으로도 원만한 혼인관계가 계속되고 있는 상태를 가리키는 것이다"라고 판시하여(대법원 1979.10.30. 선고, 79다1344)이미 파탄상태에 놓인 상태에서는 이전에 맺었던 부부계약을 취소할 수 없다고 하였습니다.

◘ 이혼위자료청구권의 승계가 가능한지

【답변】 ➡

민법에 의하면 약혼해제로 인한 정신상 고통에 대한 손해배상청구권은 양도 또는 승계하지 못하지만 당사자간에 배상에 관한 계약이 성립되거나 소를 제기한 후에는 양도 또는 승계가 가능하다고 규정하고 있으며, 이를 재판상 이혼의 경우에도 준용하도록 하고 있습니다(민법 제806조 제3항, 제843조).

관련 판례를 보면 "재판상 이혼청구권은 부부의 일신전속적 권리이므로 이혼소송 계속중 배우자 일방이 사망한 때에는 상속인에게 수계되지 않고 소송이 종료되지만, 이혼위자료청구권은 청구권자가 위자료의 지급을 구하는 소송을 제기함으로써 청구권을 행사할 의사가 객관적으로 나타난 경우에는 양도나 상속 등 승계가 가능하다." 라고 하였습니다(대법원 1993.5.27. 92므143).

따라서 이혼위자료청구권은 청구권을 행사할 자가 위자료에 관한 계약을 체결하였거나 위자료청구 소송을 제기하여 청구권을 행사할 의사가 객관적으로 나타난 경우에는 양도 또는 승계가 가능할 것입니다.

◘ 재산분할을 명하는 경우 가집행선고를 할 수 있는지

【답변】 ➡

재산권의 청구에 관한 판결에는 상당한 이유가 없는 한 법원에서 가집행선고를 하고 있지만(민사소송법 제199조 제1항), 재산분할청구권에 대하여도 가집행선고를 할 수 있는지가 문제가 됩니다.

이에 대하여 대법원 판례는 "재산분할청구권은 이혼을 한 당사자의 일방이 다른 일방에 대하여 재산분할을 청구할 수 있는 권리로서 이혼이 성립한 때에 그 법적효과로서 발생하는 것이므로 당사자가 이혼이 성립하기 전에 이혼소송과 병합하여 재산분할의 청구를 하고, 법원이 이혼과 동시에 재산분할을 명하는 판결을 하는 경우에도 이혼판결이 확정되지 아니한 상태이므로, 가집행을 허용할 수 없다." 라고 하였습니다(대법원 1998. 11. 13. 98므1193).

따라서 이혼 소송과 동시에 재산분할을 청구하는 경우에는 이혼재판이 확정되지 않은 상태이므로 가집행 선고를 하지 않습니다.

◘ 미성년자의 부가 사망한 경우 생모의 친권행사여부

【답변】 ➡

미성년자에 대한 친권행사자 지정은 친권을 창설하거나 소멸시키는 것이 아니기 때문에 친권행사자로 지정되지 않은 자도 친권자임에는 변함이 없고 다만 그 친권의 행사만이 정지될 뿐이므로, 사정변경이 있을 경우에는 친권행사자를 변경하여 그 정지된 친권을 행사할 수도 있으며, 친권행사자로 지정된 미성년자의 부가 사망한 때에는 그의 생모가 이혼, 친가복적, 재혼여부에 상관없이 친권을 행사하게 됩니다.

따라서 부부가 이혼을 하면서 미성년자에 대한 친권을 부가 행사하도록 지정된 후 친권자로 지정된 부(父)가 사망 한 경우에는 이혼한 생모가 친권을 행사하게 됩니다.

◈ 위자료 청구권도 상속되는지

【답변】 ➡

불법행위로 인한 위자료청구권은 피해자가 이를 포기하거나 면제하였다고 볼 수 있는 특별한 사정이 없는 한 원칙적으로 상속되는 것으로 볼 수 있습니다. 그러므로, 불법행위로 인해 사망한 자의 직계비속과 직계존속 및 배우자는 사망한 자의 위자료청구권을 상속할 뿐만 아니라, 자기 고유의 위자료청구권을 동시에 행사할 수 있을 것입니다(민법 제752조, 66.10.18. 대법 66다1335, 69.10.23. 대법 69다1380).

그러나 이혼 등으로 인한 위자료청구권은 일신전속권이기 때문에 당사자 사이에 이미 배상에 관한 계약이 성립되거나, 재판상 청구한 후가 아니라면 상속되지 않습니다(민법 제806조, 제825조, 제843조, 제897조, 제908조).

제3편. 이혼 관련 서식

제3편 이혼 관련서식

【서식 1】 부부재산계약서

부부 재산 계약서

본 적
주 소
부 이 ○ ○

본 적
주 소
처 김 ○ ○

위 당사자는 혼인을 함에 있어 혼인신고를 하기 전에 아래와 같은 계약을 체결한다.

1. 아래의 재산에 대하여는 혼인한 후에도 각자의 재산으로 하고 각자가 사용·수익·관리하기로 한다.
   (1) 부의 재산
   서울특별시 ○○구 ○○동 15의20 ○○아파트 120동 1102호
   (2) 처의 재산
   대전광역시 ○○구 ○○동 35-7 대지 2,194㎡

2. 이외의 재산에 대하여는 모두 부부의 공유재산으로 한다.

위 계약을 체결한 것을 증명하기 위해 본 부부재산계약서 2통을 작성하고 각각 서명날인한 후 각자가 1통씩을 소지하기로 한다.

20○○년 ○월 ○일

부 이 ○ ○ ㊞
처 김 ○ ○ ㊞

【서식 2】 부부재산 계약등기신청서

부부 재산 계약등기신청서

1. 등기목적 : 부부재산계약의 등기
2. 등기사항 : 신청인들은 혼인에 앞서 부부재산계약을 체결하였으므로 그것을 등기하고자 합니다.
3. 계약자의 주소, 이름

주 소 (갑) 이 ○ ○

주 소 (을) 김 ○ ○

4. 계약사항

갑과 을이 혼임함에 있어서 아래의 재산에 대하여는 결혼한 후에도 각자의 재산으로 하고, 각자가 사용, 수익, 관리하기로 한다.

(1) 갑의 재산

서울특별시 ○○구 ○○동 15의20 ○○아파트 120동 1102호

(2) 을의 재산

대전광역시 ○○구 ○○동 35-7 대지 2,194㎡

5. 첨부서류

(1) 부부재산계약서 1통

(2) 갑의 호적등본 1통

(3) 을의 호적등본 1통

위와 같은 등기를 신청합니다.

20○○년 ○월 ○일

신청인 이 ○ ○ ㊞

신청인 김 ○ ○ ㊞

○○등기소 귀중

【서식 3】 약혼해제로 인한 손해배상 및 예물반환 청구의 소

약혼해제로 인한 손해배상 및 예물반환 청구의 소

원 고 김갑순(金甲順) 19○○년 ○월 ○일생
본 적
주 소
피 고 이갑돌(李甲乭) 19○○년 ○월 ○일생
본 적
주 소

청 구 취 지

1. 피고는 원고에게 금50,000,000원 및 이 사건 소장본부 송달다음날부터 완제일까지 연2할5푼의 비율에 의한 금원을 지급하라.
2. 피고는 원고에게 별지목록기재 예물을 반환하라.
3. 소송비용은 피고의 부담으로 한다.
4. 위 제1항은 가집행할 수 있다.

라는 판결을 구함.

청 구 원 인

1. 원고는 20○○년 ○월 ○일 피고를 중매로 만나 사귀어 오던 중 20○○년 ○월 ○일 시내에 있는 ○○호텔에서 약혼식을 성대하게 치루었습니다.
2. 원고의 부모님이 부동산으로 큰 돈을 벌어 외동딸인 원고를 남부럽지 않게 결혼시키겠다며 미국에서 박사학위를 취득하고 귀국해 대학의 전임강사로 있는 피고를 중매를 통해 소개받아 결혼을 약속하였고, 약혼 당시 원고측에서 피고에게 약혼예물로 별지목록기재 예물은 물론 피고 가족들의 예물 등으로 총 1,000만원 이상의 돈을 들였습니다.
3. 그런데 약혼 후 피고는 "내가 박사고 교수인데 예물이 너무 적다. 결혼 후에 생활할 아파트를 사달라. 그리고 지금 당장 타고 다닐 자가용이 없으니 자가용을 한 대 사달라"는 등으로 원고에게 무리한 요구를 하기 시작하여 원고가 이를 거절하였더니

피고는 파혼을 하겠다며 중매쟁이를 통해 통보한 이후 원고에게 연락은커녕 만나주지도 않았습니다.

4. 이상과 같이 피고가 인륜지대사인 결혼을 미끼로 원고에게 과다한 혼수를 요구하는 등으로 원고와 피고의 약혼이 파탄에 이르렀으므로 원고는 이 건 청구에 이른 것입니다.

입 증 방 법

1. 호적등본 2통(갑제1호증의 1, 2)
1. 주민등록표등본 2통(갑제2호증의 1, 2)
1. 약혼식 사진 1통(갑제3호증)
1. 납부서

20○○년 ○월 ○일

위 원고 김 갑 순 ㊞

○○법원 귀중

별 지 목 록

1. 다이아 반지(5부) 1개
1. 금반지(5돈) 1개
1. 로렉스 시계 1개
1. 넥타이 핀(다이아 1부) 1개
1. 커프스보턴(각 다이아 1부) 1개

【서식 4】 혼인취소 청구의 소

혼인취소 청구의 소

원 고 김갑순(金甲順) 19○○년 ○월 ○일생
본 적
주 소

피 고 이갑돌(李甲乭) 19○○년 ○월 ○일생
본적 원고와 같은 곳
주 소

청 구 취 지

1. 원고와 피고 사이에 20○○년 ○월 ○일 ○○시 △△구청장에게 신고하여서 된 혼인은 이를 취소한다.
2. 소송비용은 피고의 부담으로 한다.

라는 판결을 구함.

청 구 원 인

1. 원고와 피고는 20○○년 ○월 ○일자로 혼인신고를 하였습니다.
2. 원고는 20○○년 ○월 ○일경 직장 동료들과 야유회를 갔다가 돌아오는 기차 안에서 옆자리에 앉은 피고를 알게 되었는데, 그 후 원고는 피고와 자주 만났고 피고는 원고에게 자신을 대기업체의 사원이라고 소개하였습니다.
3. 그러던 중 피고는 원고에게 자꾸 돈이 필요하다면 금전적인 요구를 하여 원고는 월급까지 가불하여 빌려주었으며, 원고는 피고와 자연스레 가까워져 육체관계를 갖게 되었습니다.
4. 그러나 피고는 계속 원고에게 돈을 요구하며 구타까지 하였고, 더구나 사실을 알고보니 피고가 대기업체 사원이 아니라 아무런 직업이 없는 건달이어서 원고가 헤어지려고 하자 피고는 원고의 회사 앞까지 찾아와 원고를 기다렸다 퇴근시간에 원고를 피고의 자취방으로 끌고 갔으며, 원고가 피고로부터 벗어나기 위해 도망치려고 하였으나 그때마다 피고에게 들켜 원고는 흠씬 두들겨 맞기 일쑤였습니다.

5. 20○○년 ○월 ○일경 피고는 구청에서 혼인신고 용지를 들고 와서 원고를 구타하면서 혼인신고를 해야겠으니 도장을 찍으라고 하여 원고가 이를 거부하였더니 피고는 원고를 죽이겠다며 구타하여 원고는 피고의 구타가 무서워할 수 없어 피고가 내미는 혼인신고 용지에 도장을 찍어주었고, 피고가 구청에 가서 혼인신고를 하였습니다.
6. 그 후 피고는 원고가 혼인신고까지 되었으니 도망가지 못할 것이라며 원고에 대한 감시를 소홀히 하여 원고는 20○○년 ○월 ○일 피고로부터 벗어날 수 있었습니다.
7. 이상과 같이 원고와 피고 사이의 혼인신고는 피고의 강박에 의하여 이루어진 것이므로 이를 취소하고자 이 건 청구를 하는 바입니다.

입 증 방 법

1. 호적등본 1통(갑제1호증)
1. 주민등록표등본 2통(갑제2호증의 1, 2)
1. 상해진단서 1통(갑제3호증)

20○○년 ○월 ○일

위 원고 김 갑 순 ㉔

○○법원 귀중

【서식 5】 혼인무효확인 청구의 소

혼인무효확인 청구의 소

원 고 이갑돌(李甲乭) 19○○년 ○월 ○일생
본 적
주 소

피 고 김갑순(金甲順) 19○○년 ○월 ○일생
본 적 원고와 같은 곳
최후주소

청 구 취 지

1. 원고와 피고 사이에 20○○년 ○월 ○일 ○○시 △△구청장에게 신고하여서 된 혼인은 무효임을 확인한다.
2. 소송비용은 피고의 부담으로 한다.

라는 판결을 구함.

청 구 원 인

1. 원고와 피고는 전혀 모르는 사이입니다.
2. 원고는 20○○년 ○월 ○일경 미국 영주권을 얻고자 신문에서 이민알선광고를 보고 찾아갔는데 돈을 조금 내면 미국 시민권자와 허위로 혼인신고를 해 준다며, 법률상 혼인신고를 필하면 피고 쪽에서 원고에게 초청장을 보내게 되고, 그러면 미국에 갈 수 있다고 하는 속임수에 걸려들어 원고는 본의 아니게 혼인신고를 필하게 되었던 것입니다.
3. 그런데 원고가 피고에게 혼인신고에 필요한 모든 서류와 돈을 보내었는데도 1년이 넘도록 피고에게서는 아무런 연락이 없어 원고가 위 이민알선회사에서 알려준 전화번호로 피고에게 전화하였으나 그런 사람이 없다고 하였고, 피고의 주소지로 여러 차례 연락하였으나 답변이 없었습니다.

4. 결국 원고는 혼인신고를 알선해 준 위 회사에 찾아가 보니 이미 그 회사는 문을 닫고 없었습니다.
5. 이와 같이 혼인의 의사없이 허위로 된 혼인신고는 무효이므로 이 건 청구를 하는 바입니다.

입 증 방 법

1. 호적등본 1통(갑제1호증)
1. 주민등록표등본 1통(갑제2호증)

첨 부 서 류

1. 위 입증방법 각1통
1. 납부서 1통

20○○년 ○월 ○일

위 원고 이 갑 돌 ㊞

○○법원 귀중

【서식 6】 협의이혼 의사확인 신청서

협의이혼 의사확인 신청서

당사자 부 ○ ○ ○(　　　　　　　　)
주민등록번호
본 적
주 소
처 ○ ○ ○(　　　　　　　　)
주민등록번호
본 적
주 소

신청의 취지

위 당사자 사이에는 진의에 따라 서로 이혼하기로 합의하였다.
위와 같이 이혼의사가 확인되었다.
라는 확인을 구함.

첨 부 서 류

1. 호적등본 1통
2. 이혼신고서 3통
3. 주민등록표등본
(주소지 관할법원에 신청하는 경우) 1통
4. 진술요지서
(재외공관에 접수할 경우) 1통

20○○년 ○월 ○일

위 신청인 부(또는 처) ○ ○ ○ ㊞

○○법원 귀중

【서식 7】 구술신청조서

○○법원
구술신청조서

작성일 :

다음과 같이 신청인 진술

신청건명 : 협의이혼의사확인신청

당사자 부 ○ ○ ○(　　　　　　　　)

주민등록번호

본 적

주 소

처 ○ ○ ○(　　　　　　　　)

주민등록번호

본 적

주 소

신청의 취지

위 당사자 사이에는 진의에 따라 서로 이혼하기로 합의하였다.

위와 같이 이혼의사가 확인되었다.

라는 확인을 구함.

첨 부 서 류

1. 호적등본 1통
2. 이혼신고서 3통
3. 주민등록표등본 (주소지 관할법원에 신청하는 경우) 1통

법원주사 ○ ○ ○ 직인

【서식 8】 확인서

○○법원

확 인 서

호제 호

당사자 부 ○ ○ ○( )
주민등록번호
본 적
주 소

처 ○ ○ ○( )
주민등록번호
본 적
주 소

위 당사자 사이에는 진의에 따라 서로 이혼하기로 합의되었음이 틀림없음을 확인합니다.

20○○년 ○월 ○일

판사 ○ ○ ○ ㊞

【서식 9】 이혼(친권자 지정)신고서

이혼(친권자 지정)신고서

2○○○년 ○월 ○일

※ 뒷면의 작성방법을 읽고 기재하시되 선택항목은 해당번호 'O'로 표시하여 주시기 바랍니다.

구 분		남 편			처		
① 이혼당사자	본적		호 주 및관계	의		호 주 및관계	의
	주소		세대주 및관계	의		세대주 및관계	의
	성명	한글 서명(인)	전화		한글 서명(인)	전화	
		한자	본		한자	본	
	주민등록번호				주민등록번호		
② 부모	부	본 적			본 적		
		성 명			성 명		
	모	본 적			본 적		
		성 명			성 명		
③ 복적 또는 부흥할 가	본적				호주		
④ 신 본 적							
⑤ 부흥 또는 일가창립장소					일가창립원인		
⑥ 기타사항							
⑦ 재 판 확 정 일 자	2○○○년 ○월 ○일				법원명		
⑧ 친권자지정	미성년자성명						
	주민등록번호						
	친권행사자		지정일자, 원인	. . .		지정일자, 원인	. . .
⑨ 증인	성 명	서명(인)	주소				
	본 적		주민등록번호				
	성 명	서명(인)	주소				
	본 적		주민등록번호				

※ 다음은 국가가 인구정책수립을 위한 기초자료로 이용되오니 정확히 기재해 주십시오.

<table>
<tr><td colspan="2">⑩ 실제결혼년월일</td><td>년 월 일부터 동거</td><td colspan="2">⑪ 실제이혼년월일</td><td>년 월 일부터 이혼</td></tr>
<tr><td colspan="2">⑫ 20세미만자녀수</td><td>명</td><td>⑬ 이혼의 종류</td><td colspan="2">[1] 협의이혼 [2] 재판에 의한 이혼</td></tr>
<tr><td colspan="2">⑭ 이 혼 사 유</td><td colspan="4">[1] 부부불화 [2] 가족간 불화 [3] 건강상 [4] 경제문제 [5] 기타</td></tr>
<tr><td>⑮ 교육정도</td><td>남편</td><td>[1] 무학 [2] 국민학교 [3] 중학교
[4] 고등학교 [5] 대학 이상</td><td>처</td><td colspan="2">[1] 무학 [2] 국민학교 [3] 중학교
[4] 고등학교 [5] 대학 이상</td></tr>
</table>

【작성방법】

1. 신고서는 2부를 작성, 제출하여야 합니다.
2. 도장을 찍는 대신에 서명을 하셔도 됩니다.
3. 복적을 원할 경우, 협의이혼일 경우에는 처(妻)가 복적할 가(家)의 호적등본 1부와 협의이혼의사확인서 1통을 첨부하여야 하고, 재판에 의한 이혼일 경우에는 처가 복적할 가의 호적등본 1통과 이혼심판정본 및 그 확정증명 각 1통을 첨부하여야 합니다.
4. ①란에서 당사자의 본(本)은 한자로 기재합니다.
5. ②란에서 이혼당사자가 양자인 경우에는 양부·양모의 본적·성명을 기재하며, ( )하고 양부·양모임을 표시합니다.
6. ③란은 혼가를 떠나는 자가 친가에 복적하고자 할 경우에, ⑤란은 혼가를 떠나는 자가 친가에 복적하지 않고 일가를 창립하고자 할 경우에 각 기재하며, 혼가를 떠나는 자가 복적하려는 친가가 폐가(廢家) 또는 무후(無後)로 되어 친가를 부흥(復興)하려는 경우에는 ③란과 ⑤란을 같이 기재합니다.
7. ④란은 호적법 제19조의2(법정분가) 제2항 제1호에 해당되어 법정분가하게 되는 경우에 기재합니다.
8. ⑥란 기타사항에는 다음과 같은 내용을 기재합니다.
   가. 수반입적자(이혼당사자와 함께 이혼당사자의 가(家)에 입적할 자)가 있는 경우에는 그 사람의 성명(한글, 한자 병기), 생년월일, 부모성명, 이혼당사자와의 관계
   나. 신고사건으로 인하여 신분의 변경이 있게 되는 사람이 있을 경우에 그 사람의 성명, 생년월일, 본적 및 신분변경의 사유
   다. 금치산자가 협의상 이혼을 하는 경우에는 동의자의 성명, 서명(또는 날인) 및 생년월일
   라. 재판상 이혼의 신고시 호적법 제79조 제1항 제4호 또는 제5호의 사항을 기재할 수 없다는 취지 및 친가가 없거나 본적불명일 때의 그 취지

마. 기타 호적에 기재하여야 할 사항을 분명하게 하는데 특히 필요한 사항

9. ⑦란은 이혼판결(화해, 조정)의 경우에만 기재하고, 협의이혼인 경우에는 기재하지 않습니다.

10. ⑧란은 민법 제909조 제4항의 규정에 따라 친권을 행사할 자가 정하여진 때에 기재하고 그 내용을 증명하는 서류를 첨부하여야 합니다. 원인은 협의에 의해 지정한 때에는 '협의'로 법원이 결정한 때에는 '결정'으로 기재합니다.

11. ⑩, ⑪란은 호적상 신고일이나 재판확정일과는 관계없이 실제로 결혼생활을 시작한 날과 사실상 이혼한 년월일을 기재합니다.

12. ⑮란은 교육부장관이 인정하는 모든 정규교육기관을 기준으로 기재하되 각급 학교의 재학 또는 중퇴자는 졸업한 최종 학교의 해당번호에 ○표시를 합니다.

(예 : 대학교 3년 중퇴→④ 고등학교에 ○표시)

※ 호적법 제19조의2 제2항 제1호

제19조의2 ② 다음 각호의 경우에는 신호적을 편제한다. 이 경우 신고인은 신고서에 신본적을 기재하여야 한다.

1. … 이혼 … 인하여 타가에 입적하여야 할 자에게 배우자나 직계비속이 있는 때

※ 호적법 제79조 제1항 제4호, 제5호

제79조 ① 이혼의 신고서에는 다음 사항을 기재하여야 한다.

4. 혼가를 떠나는 자가 친가에 복적하는 때에는 그 가의 호주의 성명 및 본적. 그러나 친가를 부흥하는 때에는 그 취지 및 부흥의 장소

5. 혼가를 떠나는 자가 일가를 창립하는 때에는 그 취지와 창립의 원인 및 장소

※ 민법 제909조(친권자) ④ … 부모가 이혼한 경우에는 부모의 협의로 친권을 행사할 자를 정하고 협의할 수 없거나 협의가 이루어 지지 아니하는 경우에는 당사자의 청구에 의하여 가정법원이 결정한다. 친권자를 변경할 필요가 있는 경우에도 같다.

【서식 10】 양육비 청구의 소

양육비 청구의 소

원 고 김갑순(金甲順) 19○○년 ○월 ○일생
본 적
주 소
피 고 이갑돌(李甲乭) 19○○년 ○월 ○일생
본 적
주 소
사건본인 이○○(李○○) 20○○년 ○월 ○일생
본 적
주 소

청 구 취 지

1. 피고는 원고에게 사건본인의 양육비로서 20○○년 1월 1일부터 20○○년 12월 31일까지 매월 말일 금500,000원씩 지급한다.
2. 소송비용은 피고의 부담으로 한다.

라는 판결을 구함.

청 구 원 인

1. 사건본인은 원고와 피고와의 사이에 출생한 자입니다.
2. 원고는 20○○년 1월경부터 회사에 다니던 중 직장상사인 피고와 교제를 하였는데, 원고는 피고가 총각인 줄 알았으나 나중에 피고의 C가 직장에 찾아와서 피고가 유부남인 사실을 알게 되었습니다.
3. 그러나 원고와 피고 둘 사이의 사랑은 계속되어 결국 원고는 직장을 그만둔 후 집을 나와 피고와 동거를 시작하였고, 20○○년 1월 1일 둘 사이에 사건본인을 출산하여 피고의 호적에 출생신고까지 하였습니다.

4. 20○○년 4월경부터 피고가 갑자기 집에 들어오지 않아 원고가 알아보니 피고는 본처에게 가 버렸습니다.
5. 원고는 자신의 잘못이 있었으므로 피고에게 돌아오라고 할 수 없는 형편이라, 피고를 만나 아이가 어리고 원고가 일을 할 형편도 아니니 생활비를 달라고 하였으나 피고는 거절하였습니다.
6. 위와 같이 피고는 사건본인의 아버지로서 사건본인의 양육비를 지급할 의무가 있으므로 사건본인의 출생일부터 한푼의 양육비를 지급하지 아니하였으므로 사건본인의 출생시부터 20세가 되는 날까지 양육비를 지급받고자 이건 청구를 하는 바입니다.

입 증 방 법

1. 호적등본 2통(갑제1호증의 1, 2)
1. 주민등록표등본 2통(갑제2호증의 1, 2)

20○○년 ○월 ○일

위 원고 김 갑 순 ㊞

○○법원 귀중

【서식 11】 사실혼 해소로 인한 위자료 및 재산분할 청구의 소

사실혼 해소로 인한 위자료 및 재산분할 청구의 소

원 고 김갑순(金甲順) 19○○년 ○월 ○일생
본 적
주 소
피 고 이갑돌(李甲乭) 19○○년 ○월 ○일생
본 적
주 소

청 구 취 지

1. 피고는 원고에게 위자료로 금30,000,000원 및 이 사건 소장 부본 송달 익일부터 완제일까지 연 2할5푼의 비율에 의한 금원을 지급하라.
2. 피고는 원고에게 재산분할로 금60,000,000원 및 이 사건 판결확정 익일부터 완제일까지 연 2할5푼의 비율에 의한 금원을 지급하라.
3. 소송비용은 피고의 부담으로 한다.
4. 위 제1항은 가집행할 수 있다.

라는 판결을 구함.

청 구 원 인

1. 원고와 피고는 서기 20○○년 ○월경부터 동거를 시작한 사실혼 관계의 부부입니다.
2. 원고는 전남편과 사별하고 아들 한 명과 살다 역시 전처와 이혼한 뒤 1남 1녀를 네리고 사는 피고를 아는 사람의 소개로 만나 동거를 시작하였으나 혼인신고의 필요성을 느끼지 않아 혼인신고를 하지 않았습니다.
3. 피고는 원고와 만날 당시 전세보증금 2,000만원짜리 집에 살면서 트럭운전을 하였고, 원고는 피고와 재혼한 후 전남편 소생의 아들은 시어머니에게 보내고, 피고의 두 자녀들을 키우면서 알뜰하게 살림을 하였습니다.
4. 그 결과 20○○년 ○월경에는 그 동안의 모은 돈으로 32평짜리 아파트를 분양받아 20○○년 ○월 위 아파트로 입주하였으며 위 아파트의 시가는 3억5천만원 상당입니다.

5. 그런데 피고는 집에만 오면 원고에게 트집을 잡아 구타를 하고, 밖에서는 집에 전화하여 원고가 시장에라도 가느라 전화를 받지 못하면 집에 와서 이를 트집잡아 원고를 구타하는 등 점점 구타의 정도가 심해졌습니다.
6. 원고가 알고 보니 피고는 전처와도 전처에 대한 의처증과 구타 때문에 이혼을 한 것이었습니다.
7. 최근에 원고는 피고의 목소리만을 들어도 놀라는 등 노이로제 증상까지 생겨 견디다 못한 원고가 피고에게 이혼하자고 하였더니 피고는 "너와는 혼인신고가 안 되어 있으니 헤어지면 그만이다. 맨몸으로 나가라"면서 큰소리를 쳤습니다.
8. 이상과 같이 피고는 원고에게 구타를 하는 등으로 부당한 대우를 하였고 원고 또한 더 이상 피고와의 사실혼 관계를 유지할 수 없을 지경에 이르렀으므로 원고는 이 건 청구를 하는 바입니다.

입 증 방 법

1. 호적등본 2통(갑제1호증의 1, 2)
1. 주민등록표등본 1통(갑제2호증)
1. 상해진단서 1통(갑제3호증)
1. 납부서

20○○년 ○월 ○일

위 원고 김 갑 순 ㉐

○○법원 귀중

【서식 12】 이혼 및 위자료, 재산분할의 소

이혼 및 위자료, 재산분할의 소

원 고 김갑순(金甲順) 19○○년 ○월 ○일생
본 적
주 소
피 고 이갑돌(李甲乭) 19○○년 ○월 ○일생
본 적
주 소

청 구 취 지

1. 원고와 피고는 이혼한다.
2. 피고는 원고에게 위자료로 금50,000,000원 및 이 사건 소장부본 송달 익일부터 완제일까지 연 2할5푼의 비율에 의한 금원을 지급하라.
3. 피고는 원고에게 재산분할로 금100,000,000원 및 이 사건 판결확정 익일부터 완제일까지 연 2할5푼의 비율에 의한 금원을 지급하라.
4. 소송비용은 피고의 부담으로 한다.
5. 위 제2항은 가집행할 수 있다.

라는 판결을 구함.

청 구 원 인

1. 원고와 피고는 20○○년 ○월 ○일 혼인한 법률상 부부입니다.
2. 피고는 결혼 초부터 원고에 대한 구타가 잦아 사소한 일에도 트집을 잡아 구타하였습니다.
3. 원고는 20○○년 ○월경에는 피고의 구타로 병원에 가서 치료를 받기도 하였으며, 당시 피고가 다시는 구타하지 않겠다고 각서를 써 주기까지 하여 피고를 믿고 다시 결혼생활을 하였습니다.
4. 그러나 피고의 구타는 계속되어 더 이상 결혼생활을 유지할 수가 없고, 최근에는 피고의 구타로 원고가 임신 3개월의 태아를 유산까지 하였습니다.

5. 현재 피고에게는 주소지의 단독주택 시가 2억원 상당이 있고, 피고는 주식회사의 과장으로 월250여만원의 월급을 받고 있습니다.
6. 위 피고 명의의 단독 주택은 원고와 피고가 결혼 이후 원고가 결혼 전 직장생활하여 모은 돈 2,000만원을 합하여 보증금 4,000만원의 전셋집에서 신혼살림을 시작하였고, 결혼 이후 원고가 알뜰하게 살림하고 집에서 아이들을 가르치는 부업을 하여 생활비를 하고 피고의 월급을 대부분 저축하여 마련할 수 있었기 때문에 위 주택의 1/2지분은 원고 소유라고 할 것입니다.
7. 이상과 같이 원고와 피고의 혼인생활은 피고의 심히 부당한 대우로 인하여 파탄에 이르렀으며, 피고 명의의 부동산은 원·피고의 결혼 이후 함께 노력하여 모은 재산이므로 재산분할을 받고자 원고는 이 건 청구에 이른 것입니다.

입 증 방 법

1. 호적등본	1통(갑제1호증)
1. 주민등록표등본	1통(갑제2호증)
1. 상해진단서	1통(갑제3호증)
1. 등기부등본	2통(갑제4호증의 1, 2)

첨 부 서 류

1. 위 입증방법	각 1통
1. 납부서	1통

20○○년 ○월 ○일

위 원고 김 갑 순 ㊞

○○법원 귀중

【서식 13】 부양료 청구의 소

부양료 청구의 소

원 고 김갑순(金甲順) 19○○년 ○월 ○일생
본 적
주 소
피 고 이갑돌(李甲乭) 19○○년 ○월 ○일생
본 적
주 소

청 구 취 지

1. 피고는 원고에게 2001년 5월 ○일부터 2010년 4월 ○일까지 말일에 월 금○○○○○원의 금원을 지급하라.
2. 소송비용은 피고의 부담으로 한다.

라는 판결을 구함.

청 구 원 인

1. 원고와 피고는 서기 19○○년 ○월 ○일 혼인신고를 마친 법률상 부부로서 슬하에 1남 1녀를 두고 있습니다.
2. 그런데 20○○년 ○월 경부터 피고가 직장 내 여직원과 불륜관계를 맺고 외박을 자주하며 원고에게 생활비도 제대로 주지 않더니 20○○년 ○월 아예 집을 나가 위 여직원과 동거하면서 아이까지 낳았습니다.
3. 원고는 어릴 때부터 부모님으로부터 일부종사해야 한다는 가르침을 받으며 자랐고, 또한 어린 자녀들 때문에 피고와 이혼할 생각은 없어서 그동안 원고가 파출부 등의 일을 하여 번 돈으로 어렵게 자녀들과 생활을 꾸려왔습니다.

4. 그러나 이제는 자녀들도 자라 중학생이 되다보니 학비 등이 많이 필요했고, 원고도 나이가 들고 병이 들어 일을 계속할 수 없는 지경에 이르러 원고가 피고를 만나 생활비를 달라고 하였더니 피고는 "못 주겠다"며 원고를 외면하였습니다. 현재 피고는 첩과 아파트까지 장만하여 살고 있습니다.
5. 이상과 같이 원고는 부양의무가 있는 피고에게 우선 장래 10년 동안의 부양료를 지급받고자 이 건 청구를 하는 바입니다.

입 증 방 법

1. 호적등본 1통(갑제1호증)
1. 주민등록표등본 1통(갑제2호증)

20○○년 ○월 ○일

위 원고 김 갑 순 ㊞

○○법원 귀중

【서식 14】 복적(부흥, 일가창립) 신고서

<table>
<tr><td colspan="8">복적(부흥, 일가창립) 신고서
20○○년 ○월 ○일
※ 뒷면의 작성방법을 읽고 기재하시기 바랍니다.</td></tr>
<tr><td rowspan="6">① 당사자</td><td>본적</td><td colspan="4"></td><td>호 주 및관계</td><td>의</td></tr>
<tr><td>남편 성명</td><td colspan="3"></td><td>사망일자</td><td colspan="2">년 월 일</td></tr>
<tr><td>주소</td><td colspan="4"></td><td>세대주 및관계</td><td>의</td></tr>
<tr><td>부모 성명</td><td>부(父)</td><td colspan="2"></td><td>모(母)</td><td colspan="2"></td></tr>
<tr><td rowspan="2">본인 성명</td><td>한글</td><td></td><td rowspan="2">본</td><td rowspan="2">주민등록 번 호</td><td colspan="2" rowspan="2"></td></tr>
<tr><td>한자</td><td></td></tr>
<tr><td colspan="2">② 폐가, 무후가 원인 및 일자</td><td>원인</td><td colspan="2"></td><td>일 자</td><td colspan="2">년 월 일</td></tr>
<tr><td colspan="2">③ 복적 또는 부흥할 가</td><td>본적</td><td colspan="3"></td><td>호 주 및관계</td><td>의</td></tr>
<tr><td colspan="2">④ 부흥 또는 일가창립장소</td><td colspan="6"></td></tr>
<tr><td rowspan="6">⑤ 수반입적자</td><td colspan="2">성 명</td><td rowspan="2">생년월일</td><td rowspan="2">부 성명</td><td rowspan="2">모 성명</td><td colspan="2" rowspan="2">당사자와의 관 계</td></tr>
<tr><td>한 글</td><td>한 자</td></tr>
<tr><td></td><td></td><td></td><td></td><td></td><td colspan="2"></td></tr>
<tr><td></td><td></td><td></td><td></td><td></td><td colspan="2"></td></tr>
<tr><td></td><td></td><td></td><td></td><td></td><td colspan="2"></td></tr>
<tr><td></td><td></td><td></td><td></td><td></td><td colspan="2"></td></tr>
<tr><td colspan="2">⑥ 기타사항</td><td colspan="6"></td></tr>
<tr><td rowspan="2">⑦ 신고인</td><td>성명</td><td>서명(인)</td><td>주민등록번호</td><td colspan="2"></td><td>자격</td><td></td></tr>
<tr><td>주소</td><td></td><td></td><td colspan="2"></td><td>전화</td><td></td></tr>
</table>

【작성방법】

1. 도장을 찍는 대신에 서명을 하셔도 됩니다.
2. 신고명칭 중 해당하지 아니하는 사항은 삭제합니다.
3. 용어에 대한 설명
   가. 폐가(廢家) : 호주가 소멸시킨 가(家)
   나. 무후가(無後家) : 호주를 승계받을 사람이 없어서 소멸된 가(家)
   다. 부흥(復興) : 가.와 나.의 호적을 다시 살리는 것
   라. 복적(復籍) : 남편의 사망이나 이혼 등으로 친가의 호적으로 되돌아 가는 것
   마. 일가창립(一家創立) : 일가(한 집안)을 새로이 만드는 것
4. ①란에서 사건본인의 본(本)은 한자로 기재합니다.
5. ②란은 폐가, 무후가의 가족이 일가창립신고를 하는 경우에 기재합니다.
   가. 폐가원인 기재례 : 호주의 본가의 호주승계, 일가창립호주의 입양, 분가호주의 입양, 여호주의 혼인
   나. 무후가가원인 기재례 : 호주승계원인이 발생하였으나 그 가를 승계할 자가 없음. 폐가신고를 하여야 할 자가 신고를 않고 그 가를 떠남.
6. ⑤란의 수반입적자는 복적(일가창립)하는 자와 함께 복적(일가창립)할 가에 입적하는 사람이 있는 경우에 기재합니다.
7. ⑥란 기타사항에는 호적에 기재하여야 할 사항을 분명하게 하는데 특히 필요한 사항을 기재합니다.
8. ⑦란에서 자격은 '본인', '법정대리인' 등 해당되는 자격을 기재합니다.

【서식 15】 분가신고서

<table>
<tr><td colspan="10">분 가 신 고 서

20○○년 ○월 ○일
※ 아래의 작성방법을 읽고 기재하시기 바랍니다.</td></tr>
<tr><td rowspan="4">① 분가자</td><td>본적</td><td colspan="5"></td><td>호 주 및관계</td><td colspan="2">의</td></tr>
<tr><td>주소</td><td colspan="5">(전화 :)</td><td>세대주 및관계</td><td colspan="2">의</td></tr>
<tr><td>부모 성명</td><td>부(父)</td><td colspan="3"></td><td>모(母)</td><td colspan="3"></td></tr>
<tr><td>본인 성명</td><td>한글
한자</td><td>서명(인)</td><td>본</td><td></td><td colspan="2">주민등록번호</td><td colspan="2"></td></tr>
<tr><td colspan="2">② 분 가 장 소</td><td colspan="8"></td></tr>
<tr><td rowspan="11">③ 수반입적자</td><td colspan="3">성 명</td><td>생년월일</td><td>부(父) 성명</td><td colspan="2">모(母) 성명</td><td colspan="2">분가자와의관계</td></tr>
<tr><td>한글</td><td colspan="2"></td><td rowspan="2"></td><td rowspan="2"></td><td colspan="2" rowspan="2"></td><td colspan="2" rowspan="2"></td></tr>
<tr><td></td><td colspan="2"></td></tr>
<tr><td>한자</td><td colspan="2"></td><td rowspan="2"></td><td rowspan="2"></td><td colspan="2" rowspan="2"></td><td colspan="2" rowspan="2"></td></tr>
<tr><td></td><td colspan="2"></td></tr>
<tr><td>한글</td><td colspan="2"></td><td rowspan="2"></td><td rowspan="2"></td><td colspan="2" rowspan="2"></td><td colspan="2" rowspan="2"></td></tr>
<tr><td></td><td colspan="2"></td></tr>
<tr><td>한자</td><td colspan="2"></td><td rowspan="2"></td><td rowspan="2"></td><td colspan="2" rowspan="2"></td><td colspan="2" rowspan="2"></td></tr>
<tr><td></td><td colspan="2"></td></tr>
<tr><td>한글</td><td colspan="2"></td><td rowspan="2"></td><td rowspan="2"></td><td colspan="2" rowspan="2"></td><td colspan="2" rowspan="2"></td></tr>
<tr><td></td><td colspan="2"></td></tr>
<tr><td colspan="2">④ 기타 사항</td><td colspan="8"></td></tr>
</table>

【작성방법】

1. 도장을 찍는 대신에 서명을 하셔도 됩니다.
2. ①란에서 본인의 본(本)은 한자로 기재합니다.
3. ②란은 분가하는 곳의 주소를 기재합니다.
4. ③란의 수반입적자는 분가자와 함께 분가에 입적(入籍)하는 자가 있는 경우에 기재합니다.
5. ④란 기타사항에는 미성년자가 분가하는 경우에 법정대리인의 동의에 관한 사항과 기타 호적에 기재하여야 할 사항을 분명하게 하는데 특히 필요한 사항을 기재합니다.

【서식 16】 호적정정 신청서

<table>
<tr><td colspan="8">호적정정 신청서

20○○년 ○월 ○일
※ 아래의 작성방법을 읽고 기재하시기 바랍니다.</td></tr>
<tr><td rowspan="4">① 사건본인</td><td>본적</td><td colspan="4"></td><td>호 주 및관계</td><td>의</td></tr>
<tr><td>주소</td><td colspan="4"></td><td>세대주 및관계</td><td>의</td></tr>
<tr><td rowspan="2">본인 성명</td><td>한글</td><td></td><td rowspan="2" colspan="2">주민등록번호</td><td rowspan="2" colspan="2"></td></tr>
<tr><td>한자</td><td></td></tr>
<tr><td colspan="2">② 정정을 하고자 하는 사항</td><td colspan="6"></td></tr>
<tr><td colspan="2">③ 허가 또는 재판확정일자</td><td>20○○년 ○월 ○일</td><td>법원명</td><td colspan="4"></td></tr>
<tr><td colspan="2">④ 기타사항</td><td colspan="6"></td></tr>
<tr><td rowspan="2">⑤ 신고인</td><td>성명</td><td>서명(인)</td><td>주민등록번호</td><td colspan="2"></td><td>자격</td><td></td></tr>
<tr><td>주소</td><td colspan="4"></td><td>전화</td><td></td></tr>
</table>

【작성방법】

1. 도장을 찍는 대신에 서명을 하셔도 됩니다.
2. 이 신고서에는 호적정정허가의 등본(확정판결로 인하여 호적의 정정을 할 때에는 판결등본 및 확정증명서)을 첨부하여야 합니다.
3. ④란 기타사항에는 호적에 기재하여야 할 사항을 분명하게 하는데 특히 필요한 사항을 기재합니다.
4. ⑤란에서 자격은 사건본인, 부, 모, 후견인, 소제기자 등 해당되는 자격을 기재합니다.

【서식 17】 귀화 신고서

<table>
<tr><td colspan="12">귀 화 신 고 서

20○○년 ○월 ○일
※ 아래의 작성방법을 읽고 기재하시기 바랍니다.</td></tr>
<tr><td rowspan="6">① 분가자</td><td colspan="2">원국적</td><td colspan="9"></td></tr>
<tr><td colspan="2">부성명</td><td colspan="2"></td><td>모성명</td><td colspan="2"></td><td colspan="2">부모의 국적</td><td colspan="2"></td></tr>
<tr><td>본적</td><td colspan="7"></td><td>호 주 및관계</td><td colspan="3">의</td></tr>
<tr><td>주소</td><td colspan="7"></td><td>세대주 및관계</td><td colspan="3">의</td></tr>
<tr><td rowspan="2">성명</td><td>한글</td><td></td><td rowspan="2">본</td><td rowspan="2"></td><td rowspan="2">성별</td><td rowspan="2"></td><td rowspan="2">주민등록번호</td><td colspan="3" rowspan="2"></td></tr>
<tr><td>한자</td><td></td></tr>
<tr><td colspan="3">② 신분에관한 사항</td><td colspan="9"></td></tr>
<tr><td colspan="3">③ 허가일자</td><td colspan="3">20○○년 ○월 ○일</td><td colspan="2">고시일자</td><td colspan="4">20○○년 ○월 ○일</td></tr>
<tr><td rowspan="7">④ 수반국적취득자</td><td colspan="3">성 명</td><td colspan="2">귀화자와의 관계</td><td colspan="3">생년월일</td><td colspan="3">성별</td></tr>
<tr><td colspan="2">한 글</td><td>한 자</td><td colspan="2"></td><td colspan="3"></td><td colspan="3"></td></tr>
<tr><td colspan="2"></td><td></td><td colspan="2"></td><td colspan="3"></td><td colspan="3"></td></tr>
<tr><td colspan="2"></td><td></td><td colspan="2"></td><td colspan="3"></td><td colspan="3"></td></tr>
<tr><td colspan="2"></td><td></td><td colspan="2"></td><td colspan="3"></td><td colspan="3"></td></tr>
<tr><td colspan="2"></td><td></td><td colspan="2"></td><td colspan="3"></td><td colspan="3"></td></tr>
<tr><td colspan="2"></td><td></td><td colspan="2"></td><td colspan="3"></td><td colspan="3"></td></tr>
<tr><td colspan="2">⑤ 기타사항</td><td colspan="10"></td></tr>
<tr><td colspan="2">⑥ 신 고 인</td><td>성명</td><td colspan="2">서명(인)</td><td colspan="2">주민등록번호</td><td colspan="2"></td><td>전화</td><td colspan="2"></td></tr>
</table>

【작성방법】

1. 도장을 찍는 대신에 서명을 하셔도 됩니다.

2. 이 신고서에는 귀화 허가의 등본을 첨부하여야 합니다.
3. ①란에서 귀화자의 본(本)은 한자로 기재합니다.
4. ②란에는 이 신고서에 정한 사항 이외의 신분에 관한 모든 사항을 기재하여야 하며, 신분표를 첨부할 수도 있습니다.
5. ④란에는 귀화자와 함께 대한민국 국적을 취득하는 자가 있는 경우에 기재합니다.
6. ⑤란의 기타 사항에는 다음과 같은 내용을 기재합니다.
   가. 부 또는 모가 대한민국 국적을 가진 경우에는 그 본적
   나. 처 또는 자가 귀화한 자와 같이 대한민국 국적을 취득하지 아니한 때에는 그 사유
   다. 기타 호적에 기재하여야 할 사항을 분명하게 하는데 특히 필요한 사항

【서식 18】 국적상실신고서

<table>
<tr><td colspan="8">국 적 상 실 신 고 서
20○○년 ○월 ○일
※ 아래의 작성방법을 읽고 기재하시기 바랍니다.</td></tr>
<tr><td rowspan="4">① 국적상실자</td><td>본적</td><td colspan="3"></td><td>호 주 및관계</td><td colspan="2">의</td></tr>
<tr><td>주소</td><td colspan="3"></td><td>세대주 및관계</td><td colspan="2">의</td></tr>
<tr><td rowspan="2">성명</td><td>한글</td><td></td><td rowspan="2">주민등록번호</td><td rowspan="2" colspan="3"></td></tr>
<tr><td>한자</td><td></td></tr>
<tr><td colspan="3">② 국적상실일자및원인</td><td colspan="5"></td></tr>
<tr><td colspan="3">④ 취득한 외국 국적</td><td colspan="5"></td></tr>
<tr><td colspan="2">⑤ 기타사항</td><td colspan="6"></td></tr>
<tr><td rowspan="2">⑥ 신고인</td><td>성명</td><td>서명(인)</td><td>주민등록번호</td><td></td><td>자격</td><td colspan="2"></td></tr>
<tr><td>주소</td><td colspan="3"></td><td>전화</td><td colspan="2"></td></tr>
</table>

【작성방법】

1. 도장을 찍는 대신에 서명을 하셔도 됩니다.
2. 이 신고서에는 국적상실을 증명할 만한 서면을 첨부하여야 합니다.
3. ④란 기타 사항에는 호적에 기재하여야 할 사항을 분명하게 하는데 특히 필요한 사항을 기재합니다.
4. ⑤란에서 자격에는 호주, 호주승계인, 배우자, 4촌 이내의 친족 등 해당되는 자격을 기재합니다.

【서식 19】 국적회복신고서

<table>
<tr><td colspan="14">국 적 회 복 신 고 서

20○○년 ○월 ○일
※ 아래의 작성방법을 읽고 기재하시기 바랍니다.</td></tr>
<tr><td rowspan="5">① 국적회복자</td><td>본적</td><td colspan="9"></td><td colspan="2">호 주 및관계</td><td>의</td></tr>
<tr><td>주소</td><td colspan="9"></td><td colspan="2">세대주 및관계</td><td>의</td></tr>
<tr><td colspan="3">한국국적상실일자및원인</td><td colspan="5">20○○년 ○월 ○일</td><td colspan="2">회복전의 국적</td><td colspan="2"></td></tr>
<tr><td rowspan="2">성명</td><td>한글</td><td></td><td rowspan="2">본</td><td rowspan="2"></td><td rowspan="2">성별</td><td rowspan="2"></td><td rowspan="2">주민등록 번 호</td><td rowspan="2" colspan="2"></td><td>부성명</td><td></td></tr>
<tr><td>한자</td><td></td><td>모성명</td><td></td></tr>
<tr><td colspan="3">② 신분에관한사항</td><td colspan="11"></td></tr>
<tr><td colspan="3">③ 허 가 일 자</td><td colspan="11">20○○년 ○월 ○일</td></tr>
<tr><td colspan="3" rowspan="5">④ 수반국적취득자 또는 국적회복자</td><td colspan="2">성 명</td><td rowspan="2">국적회복자와의 관계</td><td rowspan="2">생년월일</td><td rowspan="2">성 별</td><td rowspan="2" colspan="6">본</td></tr>
<tr><td>한 글</td><td>한 자</td></tr>
<tr><td></td><td></td><td></td><td></td><td></td><td colspan="6"></td></tr>
<tr><td></td><td></td><td></td><td></td><td></td><td colspan="6"></td></tr>
<tr><td></td><td></td><td></td><td></td><td></td><td colspan="6"></td></tr>
<tr><td colspan="3">⑤ 기 타 사 항</td><td colspan="11"></td></tr>
<tr><td colspan="3">⑥ 신 고 인</td><td>성명</td><td>서명(인)</td><td>주민등록번호</td><td colspan="2"></td><td>전화</td><td colspan="5"></td></tr>
</table>

【작성방법】

1. 도장을 찍는 대신에 서명을 하셔도 됩니다.
2. 이 신고서에는 국적회복허가 통지서의 등본을 첨부하여야 합니다.

3. 본(本)은 한자로 기재하여야 합니다.
4. ②란에는 이 신고서에 정한 사항 이외의 신분에 관한 모든 사항을 기재하여야 하며, 신분표를 첨부할 수도 있습니다.
5. ④란에는 국적회복자와 함께 대한민국 국적을 취득하거나 회복한 자가 있는 경우에 기재합니다.
6. ⑤란 기타사항에는 다음과 같은 내용을 기재합니다.
   가. 부 또는 모가 한국인일 때 그 취지와 부모의 본적 및 호주성명
   나. 국적회복자의 처 또는 자 중 대한민국 국적을 취득하거나 회복하지 않은 자가 있는 경우에는 그 자의 성명 및 사유
   다. 기타 호적에 기재하여야 할 사항을 분명하게 하는데 특히 필요한 사항

【서식 20】 친생부인의 소

친생부인의 소

원 고 이갑돌(李甲乭) 19○○년 ○월 ○일생
본 적
주 소
피 고 이△△(李△△) 20○○년 ○월 ○일생
본 적
주 소
피고는 미성년자이므로 법정대리인 친권자 모
김갑순(金甲順) 19○○년 ○월 ○일생
본적 및 주소, 송달장소 : 위 피고와 각 같은 곳

청 구 취 지

1. 피고는 원고의 친생자가 아님을 확인한다.
2. 소송비용은 피고의 부담으로 한다.

청 구 원 인

1. 원고와 피고의 모 김갑순은 20○○년 ○월 ○일 혼인신고를 마치고 슬하에 1남을 둔 법률상 부부입니다.
2. 20○○년 ○월 ○일경 위 김갑순은 원고의 사소한 말다툼을 한 후 말도 없이 집을 나가 버린 후 한 달 만에 집으로 돌아왔습니다.
3. 그런데 위 이갑순은 집으로 돌아왔으나 몸가짐이 어딘지 어색하고 원고와의 부부관계를 거절하는 등 행동이 수상쩍었고 점점 위 김갑순의 배가 불러와 원고가 위 이갑순에게 경위를 물었으나 위 김갑순은 아무런 대답도 하지 않고 이혼만을 요구하였습니다.
4. 그 후 위 김갑순은 20○○년 ○월 ○일 피고를 출산하였습니다.
5. 이상과 같이 위 김갑순은 원고 아닌 다른 남자와 불륜관계를 맺어 피고를 출산한 것으로 원고의 친생자가 아니므로 원고는 피고와의 관계를 바로 잡기 위하여 이 건 청구를 하는 바입니다.

입 증 방 법

1. 호적등본 1통(갑제1호증)
1. 주민등록표등본 1통(갑제2호증)
1. 납부서

20○○년 ○월 ○일

위 원고 이 갑 돌 ㊞

○○법원 귀중

【서식 21】 인지청구의 소

인지청구의 소

원 고 김○○(金○○) 20○○년 ○월 ○일생
본 적
주 소
위 법정대리인 친권자 모 김갑순
본적 및 주소 위 각 원고와 같은 곳
피 고 박○○(朴○○) 19○○년 ○월 ○일생
본 적
주 소

청 구 취 지

1. 피고는 원고를 인지한다.
2. 소송비용은 피고의 부담으로 한다.

라는 판결을 구함.

청 구 원 인

1. 원고의 모인 김갑순은 고교 졸업 후 회사에 다니던 중 직장 동료인 피고와 교제중에 20○○년 ○월 ○일 원고를 출산하고 원고의 모의 호적에 혼인 외 출생자로서 출생신고를 하였습니다.
2. 그런데 원고의 모가 계속 피고에게 원고를 인지하여 피고의 호적에 올려달라고 요청하였으나 피고가 이를 거절하여 원고를 아비없는 자식으로 만들지 않기 위하여 부득이 이 건 청구에 이른 것입니다.

입 증 방 법

1. 호적등본 2통(원고, 피고)(갑제1호증의 1, 2)
1. 주민등록표등본 2통(원고, 피고)(갑제2호증의 1, 2)

첨 부 서 류

1. 위 입증방법 각 1통
1. 납부서 1통

20○○년 ○월 ○일

위 원고 김 ○ ○ ㊞
법정대리인 친권자 모 김 갑 순 ㊞

○○법원 귀중

【서식 22】 친권자지정(변경) 신고서

<table>
<tr><td colspan="10">친권자지정(변경) 신고서
20○○년 ○월 ○일
※ 아래의 작성방법을 읽고 기재하시기 바랍니다.</td></tr>
<tr><td rowspan="7">① 미성년자</td><td>본적</td><td colspan="5"></td><td>호주</td><td colspan="2"></td></tr>
<tr><td>주소</td><td colspan="8"></td></tr>
<tr><td>성명</td><td>한글</td><td></td><td>한자</td><td></td><td>주민등록번호</td><td colspan="3"></td></tr>
<tr><td>주소</td><td colspan="8"></td></tr>
<tr><td>성명</td><td>한글</td><td></td><td>한자</td><td></td><td>주민등록번호</td><td colspan="3"></td></tr>
<tr><td>주소</td><td colspan="8"></td></tr>
<tr><td>성명</td><td>한글</td><td></td><td>한자</td><td></td><td>주민등록번호</td><td colspan="3"></td></tr>
<tr><td rowspan="3">② 부</td><td>본적</td><td colspan="5"></td><td>호주</td><td colspan="2"></td></tr>
<tr><td>주소</td><td colspan="8"></td></tr>
<tr><td>성명</td><td>한글</td><td></td><td>한자</td><td></td><td>주민등록번호</td><td colspan="3"></td></tr>
<tr><td rowspan="3">③ 모</td><td>본적</td><td colspan="5"></td><td>호주</td><td colspan="2"></td></tr>
<tr><td>주소</td><td colspan="8"></td></tr>
<tr><td>성명</td><td>한글</td><td></td><td>한자</td><td></td><td>주민등록번호</td><td colspan="3"></td></tr>
<tr><td colspan="3" rowspan="2">④ 친권행사자로 지정 또는 변경된 사람</td><td>성명</td><td colspan="2"></td><td colspan="2">미성년자와의 관계</td><td colspan="2"></td></tr>
<tr><td colspan="3">지정・변경일자 20○○년 ○월 ○일</td><td colspan="2">지정・변경원인</td><td colspan="2"></td></tr>
<tr><td colspan="2">⑤ 기타사항</td><td colspan="8"></td></tr>
<tr><td rowspan="4">⑥ 신고인</td><td>성명</td><td colspan="2">서명(인)</td><td>주민등록번호</td><td colspan="2"></td><td>자격</td><td colspan="2"></td></tr>
<tr><td>주소</td><td colspan="2"></td><td></td><td colspan="2"></td><td>전화</td><td colspan="2"></td></tr>
<tr><td>성명</td><td colspan="2">서명(인)</td><td>주민등록번호</td><td colspan="2"></td><td>자격</td><td colspan="2"></td></tr>
<tr><td>주소</td><td colspan="2"></td><td></td><td colspan="2"></td><td>전화</td><td colspan="2"></td></tr>
</table>

【작성방법】

1. 도장을 찍는 대신에 서명을 하셔도 됩니다.
2. 신고 명칭 중 해당하지 아니하는 사항을 삭제합니다.
3. 법원이 친권행사자를 지정한 경우에는 재판등본 및 확정증명서를 첨부하여야 하며, 부모의 협의에 의해 친권자를 지정하는 경우 부모가 같이 신고할 때에는 협의사실을 증명하는 서류를 첨부할 필요가 없으나 부모 중 일방이 신고할 때에는 협으사실을 증명하는 서류를 첨부하여야 합니다.
4. ①란에서 2명 이상의 미성년자에 대해 친권자가 동일하게 지정(변경)된 경우에는 순서대로 기재합니다.
5. ④란에서 지정 또는 변경원인은 친권행사자를 협의에 의해서 지정 또는 변경한 때에는 '협의'로, 법원이 결정한 때에는 '○○법원 결정'으로 기재하며, 협의나 결정된 일자를 기재합니다.
6. ⑤란 기타사항에는 호적에 기재하여야 할 사항을 분명하게 하는데 특히 필요한 사항을 기재합니다.

【서식 23】 친권(관리권) 상실 신고서

<table>
<tr><td colspan="9">친권(관리권) 상실 신고서
20○○년 ○월 ○일
※ 아래의 작성방법을 읽고 기재하시기 바랍니다.</td></tr>
<tr><td rowspan="7">① 미성년자</td><td>본적</td><td colspan="5"></td><td>호주 및 관계</td><td>의</td></tr>
<tr><td>주소</td><td colspan="7"></td></tr>
<tr><td>성명</td><td>한글</td><td></td><td>한자</td><td></td><td>주민등록번호</td><td colspan="2"></td></tr>
<tr><td>주소</td><td colspan="7"></td></tr>
<tr><td>성명</td><td>한글</td><td></td><td>한자</td><td></td><td>주민등록번호</td><td colspan="2"></td></tr>
<tr><td>주소</td><td colspan="7"></td></tr>
<tr><td>성명</td><td>한글</td><td></td><td>한자</td><td></td><td>주민등록번호</td><td colspan="2"></td></tr>
<tr><td rowspan="3">② 권리 상실자</td><td>본적</td><td colspan="5"></td><td>호주</td><td></td></tr>
<tr><td>주소</td><td colspan="7"></td></tr>
<tr><td>성명</td><td>한글</td><td></td><td>한자</td><td></td><td>주민등록번호</td><td colspan="2"></td></tr>
<tr><td rowspan="2">③ 상실내용</td><td>범위</td><td colspan="7"></td></tr>
<tr><td>원인</td><td colspan="7"></td></tr>
<tr><td colspan="2">④ 재판확정일자</td><td colspan="4">20○○년 ○월 ○일</td><td>법원명</td><td colspan="2"></td></tr>
<tr><td colspan="2">⑤ 기 타 사 항</td><td colspan="7"></td></tr>
<tr><td rowspan="2">⑥ 신고인</td><td>성명</td><td colspan="2">서명(인)</td><td colspan="2">주민등록번호</td><td></td><td>자격</td><td></td></tr>
<tr><td>주소</td><td colspan="2"></td><td colspan="2"></td><td></td><td>전화</td><td></td></tr>
</table>

【작성방법】

1. 도장을 찍는 대신에 서명을 하셔도 됩니다.
2. ①란에서 2명 이상의 미성년자에 대해 친권(관리권)상실이 있는 경우에는 순서대로 적으시면 됩니다.
3. ③란에서 범위는 친권, 대리권, 관리권 등으로 기재하고, 원인은 상실, 사퇴, 정지 등으로 기재하며 상실 및 정지를 원인으로 하는 경우에는 재판등본과 확정증명서를, 사퇴를 원인으로 하는 경우에는 허가심판등본을 첨부합니다.
4. ⑤란은 기타사항에는 호적에 기재하여야 할 사항을 분명하게 하는데 특히 필요한 사항을 기재합니다.
5. ⑥란에서 자격은 재판청구자, 법정대리인 등 해당되는 자격을 기재합니다.

【서식 24】 친권(관리권) 회복 신고서

<table>
<tr><td colspan="8">친권(관리권) 회복 신고서
20○○년 ○월 ○일
※ 아래의 작성방법을 읽고 기재하시기 바랍니다.</td></tr>
<tr><td rowspan="7">①
미
성
년
자</td><td>본적</td><td colspan="4"></td><td>호주 및 관계</td><td>의</td></tr>
<tr><td>주소</td><td colspan="6"></td></tr>
<tr><td>성명</td><td>한글</td><td></td><td>한자</td><td></td><td>주민등록번호</td><td></td></tr>
<tr><td>주소</td><td colspan="6"></td></tr>
<tr><td>성명</td><td>한글</td><td></td><td>한자</td><td></td><td>주민등록번호</td><td></td></tr>
<tr><td>주소</td><td colspan="6"></td></tr>
<tr><td>성명</td><td>한글</td><td></td><td>한자</td><td></td><td>주민등록번호</td><td></td></tr>
<tr><td rowspan="3">②
권 리
회복자</td><td>본적</td><td colspan="4"></td><td>호주</td><td></td></tr>
<tr><td>주소</td><td colspan="6"></td></tr>
<tr><td>성명</td><td>한글</td><td></td><td>한자</td><td></td><td>주민등록번호</td><td></td></tr>
<tr><td rowspan="2">③
회
복
내
용</td><td>범위</td><td colspan="6"></td></tr>
<tr><td>원인</td><td colspan="6"></td></tr>
<tr><td colspan="3">④ 재판확정일자</td><td colspan="3">20○○년 ○월 ○일</td><td>법원명</td><td></td></tr>
<tr><td colspan="3">⑤ 기 타 사 항</td><td colspan="5"></td></tr>
<tr><td rowspan="2">⑥
신고인</td><td>성명</td><td colspan="2">서명(인)</td><td>주민등록번호</td><td></td><td>자격</td><td></td></tr>
<tr><td>주소</td><td colspan="2"></td><td></td><td></td><td>전화</td><td></td></tr>
</table>

【작성방법】

1. 도장을 찍는 대신에 서명을 하셔도 됩니다.
2. ①란에서 2명 이상의 미성년자에 대해 친권(관리권)회복이 있는 경우에는 순서대로 적으시면 됩니다.
3. ③란에서 범위는 친권, 대리권, 관리권 등으로 기재하고, 원인은 상실회복, 사퇴회복, 직무대행자 선임 등으로 하며 상실회복 및 직무대행자 선임을 원인으로 하는 경우에는 재판등본과 확정증명서를, 사퇴회복을 원인으로 하는 경우에는 허가심판등본을 첨부합니다.
4. ⑤란은 기타사항에는 호적에 기재하여야 할 사항을 분명하게 하는데 특히 필요한 사항을 기재합니다.
5. ⑥란에서 자격은 재판청구자, 친권을 행사할 자 등 해당되는 자격을 기재합니다.

【서식 25】 후견 개시 신고서

<table>
<tr><td colspan="8">후견 개시 신고서
20○○년 ○월 ○일
※ 아래의 작성방법을 읽고 기재하시되 선택항목은 해당번호에 '○'으로 표시하여 주시기 바랍니다.</td></tr>
<tr><td rowspan="7">①
미
성
년
자</td><td>본적</td><td colspan="4"></td><td>호주 및 관계</td><td>의</td></tr>
<tr><td>주소</td><td colspan="6"></td></tr>
<tr><td>성명</td><td>한글</td><td></td><td>한자</td><td></td><td>주민등록번호</td><td></td></tr>
<tr><td>주소</td><td colspan="6"></td></tr>
<tr><td>성명</td><td>한글</td><td></td><td>한자</td><td></td><td>주민등록번호</td><td></td></tr>
<tr><td>주소</td><td colspan="6"></td></tr>
<tr><td>성명</td><td>한글</td><td></td><td>한자</td><td></td><td>주민등록번호</td><td></td></tr>
<tr><td rowspan="3">②
후견인</td><td>본적</td><td colspan="4"></td><td>호주 및 관계</td><td>의</td></tr>
<tr><td>주소</td><td colspan="4"></td><td>전화</td><td></td></tr>
<tr><td>성명</td><td>한글</td><td>서명(인)</td><td>한자</td><td></td><td>주민등록번호</td><td></td></tr>
<tr><td colspan="2">③ 후견개시일자및원인</td><td colspan="6">20○○년 ○월 ○일</td></tr>
<tr><td colspan="2">④ 취임일자 및 원인</td><td colspan="6">20○○년 ○월 ○일 □ 지정 □ 법정 □ 선정</td></tr>
<tr><td colspan="2">⑤ 재 판 확 정 일 자</td><td colspan="2">20○○년 ○월 ○일</td><td>법원명</td><td colspan="3"></td></tr>
<tr><td colspan="2">⑥ 기 타 사 항</td><td colspan="6"></td></tr>
</table>

【작성방법】

1. 도장을 찍는 대신에 서명을 하셔도 됩니다.
2. 유언에 의하여 후견인을 지정한 경우에는 지정에 관한 유언서, 그 등본 또는 유언 녹음을 기재한 서면을, 후견인 선임의 재판이 있었을 경우에는 재판의 등본을 첨부하여야 합니다.
3. ①란에서 2명 이상의 피후견인에 대해 후견개시가 있는 경우에는 순서대로 적으시면 됩니다.
4. ⑥란의 기타사항에는 호적에 기재하여야 할 사항을 분명하게 하는데 특히 필요한 사항을 기재합니다.

【서식 26】 후견종료 신고서

<table>
<tr><td colspan="8" align="center">후견 종료 신고서
20○○년 ○월 ○일
※ 아래의 작성방법을 읽고 기재하시기 바랍니다.</td></tr>
<tr><td rowspan="3">①
피
후
견
인</td><td>본적</td><td colspan="4"></td><td>호주 및 관계</td><td>의</td></tr>
<tr><td>주소</td><td colspan="6"></td></tr>
<tr><td>성명</td><td>한글</td><td></td><td>한자</td><td></td><td>주민등록번호</td><td></td></tr>
<tr><td rowspan="3">②
후견인</td><td>본적</td><td colspan="4"></td><td>호주 및 관계</td><td>의</td></tr>
<tr><td>주소</td><td colspan="6"></td></tr>
<tr><td>성명</td><td>한글</td><td></td><td>한자</td><td></td><td>주민등록번호</td><td></td></tr>
<tr><td colspan="2">③ 종료일자 및 원인</td><td colspan="6">20○○년 ○월 ○일</td></tr>
<tr><td colspan="2">④ 재 판 확 정 일 자</td><td colspan="2">20○○년 ○월 ○일</td><td>법원명</td><td colspan="3"></td></tr>
<tr><td colspan="2">⑤ 기 타 사 항</td><td colspan="6"></td></tr>
<tr><td rowspan="2">⑥
신고인</td><td>성명</td><td>서명(인)</td><td>주민등록번호</td><td></td><td>자격</td><td colspan="2"></td></tr>
<tr><td>본적</td><td></td><td></td><td></td><td>전화</td><td colspan="2"></td></tr>
</table>

【작성방법】

1. 도장을 찍는 대신에 서명을 하셔도 됩니다.
2. 후견인 사퇴에 대한 법원의 허가가 있는 경우에 그 재판등본을, 후견인 해임의 재판이 있는 경우에는 그 재판등본 및 확정증명서를 첨부하여야 합니다.
3. ⑤란의 기타사항에는 호적에 기재하여야 할 사항을 분명하게 하는데 특히 필요한 사항을 기재합니다.
4. ⑥란에서 자격은 후견인, 법정대리인 등 해당되는 자격을 기재합니다.

【서식 27】 입적신고서

<table>
<tr><td colspan="11">입 적 신 고 서
20○○년 ○월 ○일
※ 아래의 작성방법을 읽고 기재하시기 바랍니다.</td></tr>
<tr><td rowspan="4">① 입적자</td><td>본적</td><td colspan="5"></td><td colspan="2">호주 및 관계</td><td colspan="2">의</td></tr>
<tr><td>주소</td><td colspan="5"></td><td colspan="2">세대주 및 관계</td><td colspan="2">의</td></tr>
<tr><td rowspan="2">성명</td><td>한글</td><td></td><td rowspan="2">본</td><td rowspan="2">주민등록번호</td><td rowspan="2"></td><td>부성명</td><td></td><td rowspan="2">입적하게 하는자와의 관계</td><td></td></tr>
<tr><td>한자</td><td></td><td>모성명</td><td></td><td></td></tr>
<tr><td>② 입적할 가</td><td>본적</td><td colspan="5"></td><td colspan="2">호주 및 관계</td><td colspan="2">의</td></tr>
<tr><td rowspan="3">③ 입적하게 하는자</td><td>본적</td><td colspan="9"></td></tr>
<tr><td>주소</td><td colspan="9"></td></tr>
<tr><td>성명</td><td>한글</td><td></td><td>한자</td><td></td><td colspan="2">주민등록번호</td><td colspan="3"></td></tr>
<tr><td colspan="2">④ 기타사항</td><td colspan="9"></td></tr>
<tr><td colspan="2" rowspan="2">⑤ 동 의 자</td><td>남편성명</td><td colspan="2">서명(인)</td><td colspan="2">생년월일</td><td colspan="4"></td></tr>
<tr><td>호주성명</td><td colspan="2">서명(인)</td><td colspan="2">생년월일</td><td colspan="4"></td></tr>
<tr><td rowspan="2">⑥ 신고인</td><td>성명</td><td colspan="2">서명(인)</td><td colspan="2">주민등록번호</td><td colspan="2"></td><td>자격</td><td colspan="2"></td></tr>
<tr><td>주소</td><td colspan="2"></td><td colspan="2"></td><td colspan="2"></td><td>전화</td><td colspan="2"></td></tr>
</table>

【작성방법】

1. 도장을 찍는 대신에 서명을 하셔도 됩니다.
2. ①란에서 입적자의 본(本)은 한자로 기재합니다.
3. ③란은 민법 제784조(남편의 혈족 아닌 처의 직계비속의 입적), 제785조(호주의 직계혈족의 입적)의 규정에 의하여 호주나 가족이 그 직계혈족을 입적시키고자 할 때 기재합니다.
4. ④란의 기타 사항에는 다음과 같은 내용을 기재합니다.
   가. 분가호주의 직계존속이 분가에 입적하고자 하는 경우에는 본가호주의 직계혈족이 아니라는 취지
   나. 기타 호적에 기재하여야 할 사항을 분명하게 하는데 특히 필요한 사항
5. ⑤란은 민법 제784조(남편의 혈족 아닌 처의 직계비속의 입적)의 규정에 의한 입적시 기재합니다.

6. ⑥란에서 자격은 모, 사건본인, 입적가의 호주 등 해당되는 자격을 기재합니다.
   ※ 민법 제784조(부(夫)의 혈족 아닌 처의 직계비속의 입적)
      가. 처가 부의 혈족 아닌 직계비속이 있는 때에는 부의 동의를 얻어 그 가에 입적하게 할 수 있다.
      나. 전항의 경우에 그 직계비속이 타가의 가족인 때에는 그 호주의 동의를 얻어야 한다.

   민법 제785조(호주의 직계혈족의 입적)
   호주는 타가의 호주 아닌 자기의 직계존속이나 직계비속을 그 가에 입적하게 할 수 있다.

【서식 28】 입양신고서

입 양 신 고 서

20○○년 ○월 ○일

※ 뒷면의 작성방법을 읽고 기재하시기 바랍니다.

구 분			양 부			양 모		
① 양친	본적			호 주 및관계	의		호 주 및관계	의
	주소			세대주 및관계	의		세대주 및관계	의
	성명	한글 / 한자	본	주민등록 번 호		한글 / 한자	본	주민등록 번 호
② 양자	본 적						호주 및 관계	의
	주 소						세대주 및 관계	의
	성명	한 글 / 한 자		본		주민등록 번 호		
③ 양자의 생부모	부	성명		본적				
	모	성명		본적				
④ 신 본 적								
⑤ 폐가할가						호주		
⑥ 기타사항								

⑦ 수반입적자	성명 (한 글)	성명 (한 자)	본	생년월일	부성명	모성명	양자와의 관 계

⑧ 증인	성명	서명(인)	주 소			
	본적		주민등록번호			
	성명	서명(인)	주 소			
	본적		주민등록번호			

⑨ 동의자	부	서명(인)	생년월일		모	서명(인)	생년월일	
	양자의 배우자		서명(인)	생년월일				
	후견인	서명(인)	생년월일		허가법원		허가일자	년 월 일
⑩ 신고인	양 부	서명(인)	양모	서명(인)	전화			
	양 자			서명(인)	전화			

【작성방법】

1. 도장을 찍는 대신에 서명을 하셔도 됩니다.
2. 본(本)은 한자로 기재합니다.
3. ④란은 호적법 제19조의2(법정분가) 제2항 제1호에 해당되어 법정분가하게 되는 경우에 기재합니다.
4. ⑤란은 일가창립 또는 분가로 인하여 호주가 된 자가 폐가(가를 소멸시킴)하고 양자로 될 때에 기재합니다.
5. ⑥란의 기타사항에는 다음과 같은 내용을 기재합니다.
   가. 새로 일가를 창립한 자가 양자가 되는 경우에는 그 취지
   나. 양자가 될 자(만15세 미만)의 법정대리인이 그에 갈음하여 의사를 표시하고 이를 신고하는 때에는 그 사유
   다. 일가창립 또는 분가로 이하여 호주로 된 자가 폐가하고 양자로 될 때에는 그 취지
   라. 기타 호적에 기재하여야 할 사항을 분명하게 하는데 특히 필요한 사항
6. ⑦란은 양자가 될 자와 함께 양가에 입적되는 사람이 있는 경우에 기재합니다.
7. ⑨ 동의자란의 기재요령은 다음과 같습니다.
   가. 양자가 될 자는 부·모의 동의를 얻어야 하며 부·모가 사망 기타 사유로 인하여 동의를 할 수 없는 경우에 다른 직계존속이 있으면 직계존속 중 제일 가까운 존속·연장자의 순으로 동의를 얻어야 합니다.
   나. 양자가 될 자가 미성년자(만15세 이상 만20세 미만)인 경우 위 '가'하의 부·모나 직계존속이 없는 경우에는 가정법원의 허가를 얻은 후견인의 동의가 있어야 합니다.
   다. 배우자 있는 자가 양자가 될 때에는 다른 일방의 동의를 얻어야 합니다.
   라. 금치산자가 양자를 입양시키거나 양자가 되고자 할 때에는 후견인의 동의를 얻어야 합니다.
8. ⑩란에서 양자란은 양자가 될 자가 기명날인(또는 서명)함이 원칙이나 양자가 될 자가 15세 미만인 때에는 법정대리인이 그 란에 기명날인(또는 서명)합니다.

※ 호적법 제19조의2(법정분가) 제2항 제1호

제19조의2 ② 다음 각호의 경우에는 신호적을 편제한다. 이 경우 신고인은 신고서에 신본적을 기재하여야 한다.

1. … 입양 … 인하여 타가에 입적하여야 할 자에게 배우자나 직계비속이 있는 때

【서식 29】 파양신고서

파 양 신 고 서

20○○년 ○월 ○일

※ 뒷면의 작성방법을 읽고 기재하시기 바랍니다.

구 분			양 부				양 모			
① 양친	본적			호 주 및관계	의			호 주 및관계	의	
	주소			세대주 및관계	의			세대주 및관계	의	
	성명	한글		본		주민등록 번 호	한글		본	주민등록 번 호
		한자					한자			

② 양자					
본 적			호주 및 관계	의	
주 소			세대주 및 관계	의	
성명	한 글		본		주민등록 번 호
	한 자				

③ 양자의 친생부모				
부	성명		본적	
모	성명		본적	

④ 복적 또는 부흥할 가	본적		호주	
⑤ 신 본 적				
⑥ 부흥 또는 일가창립장소			일가창립원인	

⑦ 수반입적자						
성명 (한 글)	성명 (한 자)	본	생년월일	부성명	모성명	양자와의 관 계

⑧ 기 타 사 항			
⑨ 재판확정일자	20○○년 ○월 ○일	법원명	

<table>
<tr><td rowspan="4">⑧
증
인</td><td>성명</td><td>서명(인)</td><td>주 소</td><td colspan="5"></td></tr>
<tr><td>본적</td><td colspan="2"></td><td>주민등록번호</td><td colspan="4"></td></tr>
<tr><td>성명</td><td>서명(인)</td><td>주 소</td><td colspan="5"></td></tr>
<tr><td>본적</td><td colspan="2"></td><td>주민등록번호</td><td colspan="4"></td></tr>
<tr><td rowspan="3">⑨
동의자</td><td>부</td><td>서명(인)</td><td>생년월일</td><td></td><td>모</td><td>서명(인)</td><td>생년월일</td><td></td></tr>
<tr><td>양자의 배우자</td><td>서명(인)</td><td>생년월일</td><td colspan="5"></td></tr>
<tr><td>후견인</td><td>서명(인)</td><td>생년월일</td><td></td><td>허가법원</td><td></td><td>허가일자</td><td>년 월 일</td></tr>
<tr><td rowspan="2">⑩
신고인</td><td>양 부</td><td>서명(인)</td><td>양모</td><td>서명(인)</td><td>전화</td><td colspan="3"></td></tr>
<tr><td>양 자</td><td colspan="3">서명(인)</td><td>전화</td><td colspan="3"></td></tr>
</table>

【작성방법】

1. 도장을 찍는 대신에 서명을 하셔도 됩니다.
2. 본(本)은 한자로 기재합니다.
3. 파양의 재판이 확정된 경우에는 재판의 등본 및 확정증명서를 첨부하여야 합니다.
4. ④란은 양자가 생가에 복적해야 할 경우에, ⑥란은 양자가 복적해야 할 생가가 폐가(廢家) 또는 무후(無後)로 되어 일가를 창립하여는 경우에 각 기재하며, 양자가 복적해야 할 생가가 폐가 또는 무후로 되어 생가를 부흥(復興)하려는 경우에는 ④란과 ⑥란을 같이 기재합니다.
5. ⑦란은 양자와 함께 양자의 가(家)에 입적되는 사람이 있는 경우에 기재합니다.
6. ⑧란의 기타사항에는 다음과 같은 내용을 기재합니다.
   가. 협의 파양을 하는 자가 만15세 미만인 경우에는 양자의 입양 당시 입양을 승낙한 자가 파양의 협의를 하여야 하고, 그 자가 사망 기타 사유로 협의를 할 수 없는 때에는 생가의 다른 직계존속이 협의를 하여야 하는데 그러한 경우에는 그 사유
   나. 신고사건으로 신분의 변경이 있게 되는 자가 있을 경우에는 그 자의 성명, 생년월일, 본적 및 신분변경의 사유
   다. 기타 호적에 기재하여야 할 사항을 분명하게 하는데 특히 필요한 사항
7. ⑫란에서 양자란은 파양을 하는 양자가 기명날인(또는 서명)함이 원칙이나 협의파양을 하는 양자가 15세 미만인 때에는 그 양자 입양시 입양을 승낙한 자가, 그 자가 사망 기타 사유로 신고할 수 없는 때에는 생가의 다른 직계존속이 그 란에 기명날인(또는 서명)하여야 하며, 파양의 재판이 확정된 경우에는 제소자 또는 소의 상대방 단독으로 신고할 수 있습니다.

   ※ 호적법 제19조의2(법정분가) 제2항 제1호

   제19조의2 ② 다음 각 호의 경우에는 신호적을 편제한다. 이 경우 신고인은 신고서에 신본적을 기재하여야 한다.

   1. … 파양 … 인하여 타가에 입적하여야 할 자에게 배우자나 직계비속이 있을 때

【서식 30】 친권상실선고 청구의 소

친권상실선고 청구의 소

원 고 김순돌(金舜乭) 19○○년 ○월 ○일생
본 적
주 소
피 고 이갑순(李甲順) 19○○년 ○월 ○일생
본 적
주 소

친권에 복종하는 자 1. 김복남(金福南) 20○○년 ○월 ○일생
2. 김복길(金福吉) 20○○년 ○월 ○일생
본 적
주 소

청 구 취 지

1. 피고는 그의 자 김복남, 김복길에 대한 친권을 상실한다.
2. 소송비용은 피고의 부담으로 한다.

라는 판결을 구함.

청 구 원 인

1. 피고와 소외 김갑돌은 20○○월 2월 1일 혼인신고를 마친 법률상 부부로 슬하에 본건 친권에 복종하는 김복남, 김복길을 낳고 살다 20○○년 3월 1일 이혼을 하였으며, 원고는 위 친권에 복종하는 자들의 큰아버지입니다.
2. 피고와 소외 김갑돌의 이혼 당시 피고의 다른 남자와 부정행위를 하다 발각되어 간통고소를 당하여 구속된 후 석방된 뒤에 소외 김갑돌과 이혼한 후 위 남자와 재혼을 하였습니다.
3. 그런데 소외 김갑돌이 혼자서 두 아들을 키워 오던 중 20○○년 1월경 횡단보도를 건너다 교통사고로 사망하였습니다.

4. 그 후 보험회사에서 보험금이 지급되게 되었는데 자녀들이 어려 친권자인 피고를 데려오라고 하여 원고와 원고의 형제들이 피고의 행방을 수소문하여 찾아보니 피고와 결혼하여 살고 있는 남자는 일정한 직업도 없이 술과 도박에 빠져 살고 있었고, 피고는 춤바람이 나서 집을 팽개치고 나돌아다녀 온 동네 사람들이 손가락질을 하는 형편이었습니다.
5. 위와 같이 생활하는 피고에게 자녀들을 맡겼다가는 자녀들 아버지의 목숨값인 교통사고 보상금이 일시에 탕진될 염려가 있고, 또한 피고는 "나는 이미 아이들 아버지와 이혼했고, 아이들도 지금까지 아버지가 키웠는데 이제와서 왜 나를 찾느냐"며 자녀들에게 전혀 관심이 없습니다.
6. 그러므로 피고의 아들 김복남, 김복길에 대한 친권을 상실시켜 친권에 복종하는 김복남, 김복길을 보호하기 위하여 이 건 청구를 하는 바입니다.

입 증 방 법

1. 호적등본 3통(갑제1호증의 1 내지 3)
2. 주민등록표등본3통(갑제2호증의 1 내지 3)

20○○년 ○월 ○일

위 원고 김 순 돌 ㊞

○○법원 귀중

부록편.

1. 가정법원과 가사 조정에 관하여

2. 가정폭력에 관하여

부록 1. 가정법원과 가사조정에 관하여

1. 가정법원

(1) 가정법원의 설치와 조직

• 가정법원의 설치와 조직

가사사건의 제1심 재판을 전담할 법원은 가정법원입니다. 그밖에 가정법원 단독판사의 제1심 재판에 대한 제2심 재판 역시 가정법원이 전담하며, 가정법원 합의부 제1심 재판에 대한 제2심 재판은 고등법원이 전담하고, 모든 가사사건에 대한 제3심 재판은 최고법원인 대법원이 전담합니다.

가족간의 분쟁사건인 가사사건은 법원의 적극적인 후견기능을 필요로 하므로 이에 부응하고 전문성을 살리기 위하여 각 지방법원에 대응하여 1개씩의 가정법원을 설치할 예정이었으나 현재는 서울가정법원 하나만이 설치되어 있을 뿐입니다.

가정법원 및 가정법원지원이 설치되지 않은 지역에 있어서는 가정법원에 속하는 사항은 해당 지방법원 및 지방법원지원에서 위의 업무를 담당합니다.

가정법원이 담당할 재판사무로는 가사소송법에 의한 가사사건, 호적법에 의한 호적사무의 감독 및 호적비송사건, 소년법에 의한 소년보호사건, 기타 다른 법률에 의하여 가정법원의 권한에 속하게 한 사항들을 담당하고 있습니다.

■ 가사 조정신청 안내 ■

나류(이혼) 및 다류(위자료) 가사소송사건과 마류(재산분할 청구, 양육에 관한 처분 등) 가사비송사건에 대하여 가정법원에 소를 제기하거나 심판을 청구하고자 하는 당사자는 먼저 조정으로 신청하여야 합니다.

이러한 사건에 관하여 조정으로 신청하지 아니하고 소를 제기하거나 심판으로 청구한 때에는 가정법원은 그 사건을 필요적으로 조정에 회부하게 되므로 참고하시기 바랍니다.

다만, 공시송달에 의하지 아니하고는 당사자의 일방 또는 쌍방을 소환할 수 없는 경우에만 그러하지 아니하게 됩니다.

2. 가사 조정신청 안내

(1) 가사조정제도

가. 가사조정제도의 의미와 장점

1) 가사조정제도에 대한 이해

가사조정(家事調停)이란 가사사건의 분쟁에 관하여 법관 또는 법원에 설치된 조정위원회가 가사소송법 및 민사조정법에서 정한 간이한 절차에 따라 가족 및 친족간의 가족법상의 분쟁이나 기타 민사상의 분쟁에 대하여 조정을 행하는 절차를 말합니다.

사건해결을 위하여 조정담당기관에서는 분쟁당사자들로부터 직접적인 진술을 듣고 자료와 증거를 검토한 후 여러 사정을 고려하여 그들에게 서로 양보하고 타협하여 원만한 합의를 유도함으로써 분쟁을 평화적이고 종국적으로 해결하고자 노력하게 됩니다.

가사소송법에 의하면 나류 및 다류 가사소송사건과 마류 가사 비송사건에 대하여 소를 제기하고자 심판을 청구하고자 하는 자는 먼저 조정을 신청하여야 하고 (동법 제50조 제1항) 만일 이러한 조정을 신청하지 아니하고 소를 제기하거나 심판을 청구한 때에는 가정법원은 그 사건을 조정에 회부하는 것이 원칙입니다(동조 제2항 본문). 이것을 조정전치주의(調停前置主義)라고 합니다.

2) 가사조정제도활용의 이점

① 가사분쟁은 본질적으로 분쟁당사자 사이에서 자주적으로 원만한 합의에 의하여 이를 해결하는 것이 제일 바람직한 것인데, 가사조정제도야말로 이러한 가사분쟁해결에 가장 적합한 제도로서 현대 가정법원제도의 운영에 있어서 제일 주안을 두어야 할 분야중의 하나입니다.

② 조정절차는 재판절차와 같은 엄격함이 없어 비교적 융통성이 있고 증거조사, 기타 절차상의 비용을 절약할 수 있는 이점이 있습니다. 일단 조정이 성립하게 되면 그 조정안은 확정판결과 같은 효력이 있는 재판상 화해가 이루어진 것으로 취급되기 때문에 상소과정을 거치면서 드는 시간, 비용, 노력의 절약도 할 수 있습니다.

③ 일반법정에 비하여 보다 자유로운 분위기가 보장되고, 비공개로 열리는 조정실에서 시간적 여유를 가지고 자신의 의견을 충분히 개진할 수 있습니다. 또 조정기일 이전에도 가사조사관에 의하여 당사자의 학력, 경력, 생활상태와 성격, 건강 및 가정환경, 분쟁의 원인 등에 대하여 매우 소상한 조사가 이루어져 이에 기초하여 올바른 타협안이 마련될 여지가 매우 크다. 더 나아가 사회 각계의 전문가가 조정위원으로 분쟁해결에 참여함으로써 그들의 전문적 지식이 사법절차에 널리 응용, 반영된다는 점에

서 당사자의 분쟁에 대한 타당한 분쟁해결책이 강구될 수 있습니다.

④ 그 결과 의무를 부담한 당사자 입장에서도 스스로 자신의 의무를 이행하는 분위기가 조정안 성립 시점에서부터 이루어져 실제 이행을 확보하는 데에도 유리한 것입니다.

나. 특히 가사조정제도가 활용될 여지가 있는 경우

1) 파탄에 직면하였으나 부부관계의 정상화를 바라는 부부

이혼에 직면하여 가정법원의 문을 두드리는 부부 중에는 종종 그들 부부 사이에 문제를 그 이전에 제대로 반성하고 다른 사람과 상의할 여유를 갖지 못한 채 이를 곪을 대로 곪게 방치하여 두어버린 결과 부득이 이혼에 이르게 되는 일을 자주 볼 수가 있습니다.

재판의 진행 결과 대부분 이런 부부들은 결국 이혼하는 쪽으로 결론이 나는 것이 일반적입니다. 그러나 그들 부부의 불행을 바라보면서 안타까운 일이 한두 가지가 아닙니다. 그들이 자신들의 불화를 그토록 방치할 것이 아니라 권위있는 제3자 또는 제3의 기관의 도움을 통하여 한 번쯤 부부관계의 정상화를 위하여 노력해 보았으면 어떻게 되었을까 궁금합니다.

가정법원에서 이처럼 완전히 파탄에 처한 부부관계를 정상화시키는 것은 매우 어려운 일입니다. 쌍방당사자 또는 적어도 한쪽 당사자는 이미 마음이 돌아서서 완강하게 이혼할 것을 요구하고 있기 때문입니다. 만일 이처럼 완전히 파탄만 되지 않았으면, 그리고 쌍방당사자가 어느 정도 재결합의 희미한 일말의 의사라도 남아 있는 경우라면 바로 여기에 법원의 조정제도가 활용될 수 있는 여지가 있게 되는 것입니다.

부부불화가 있는 경우에 물론 스스로의 힘으로 이것을 해결할 수 있으면 별문제일 것이고, 만일 자신들과 주위 사람들의 노력만으로는 도저히 문제를 해결해 볼 수 있는 길이 없다고 판단되면 가정법원에 '부부동거, 부부간의 협조 부양조정신청'을 내는 것도 매우 유용할 일이 될 것입니다.

이러한 조정신청이 있으면, 가정법원은 관련 전문가와 제반 제도 운영상의 경험을 동원하여 불화가 있는 부부에게 여러 가지 화합안을 제시하고 그들이 원만한 부부관계로 회복이 될 때까지 그 화합안의 이행상황을 점검해 줄 것입니다.

그간 일반인에 대한 홍보의 부족으로 가사조정제도의 장점과 의미가 일반에 그리 알려져 있지 않았습니다. 그러나 최근 법원의 적극적인 홍보와 계몽을 통하여 이 제도의 장점이 점차 알려지게 된 것은 그나마 다행으로 생각합니다.

아직도 가정법원에서는 이혼을 성사시켜 주는 곳으로만 인식되고 있는 것이 일반인의 상식일 터이나 이러한 이혼에 앞서 부부 사이의 분쟁이라고 하는 신분적인 질병을 치료받는 곳이 바로 가정법원이라는 점을 인식시키는 데 본서의 편집방향이 있음을 이 책의 독자들도 충분히 알았으면 하는 마음입니다.

2) 이혼에 합의는 보았는데, 이혼에 부수한 제반문제도 아울러 해결해 두고 싶은 부부

이혼에 당면한 부부의 불행은 비단 이혼을 하는 것만으로 끝나는 것은 아닙니다. 이제 불행의 시작이라고 보아도 과언은 아닐 것입니다. 생각해 보면. 이혼부부 사이에 출생한 자녀들의 문제는 어떻게 할 것인가?

위자료를 주기로 했고, 그와 함께 매월 양육비도 주기로 했는데, 이혼을 하고 나더니 아무런 생계대책도 마련해 주지 않을뿐더러 주기로 약속한 돈까지 차일피일 시간만 미루면서 주지 않는다면 어떻게 할 것인가?

이혼으로 더 이상 꼴도 보기 싫은 사람을 만나지 않아도 되겠지 하고 속시원해 하였는데 자녀문제로, 돈문제로 또 그 사람을 만나서 싸워야 할 것을 생각하면 참으로 가슴 답답한 일이 아닙니까?

서둘러 덜컹 이혼부터 해 둔 부부 중에는 종종 이런 문제로 골머리를 썩이는 경우를 볼 수가 있습니다. 어렵게 이혼재판을 하였거나 또는 가기 싫다는 사람을 겨우 설득하여 협의이혼부터 해 둔 사람이라면 한 번 쯤은 생각할 문제이지요.

이제 이들 부부는 다시 법정에서 만나 양육비, 위자료, 재산분할 등의 문제를 놓고 제2라운드, 제3라운드의 혈투를 벌리게 됩니다. 그뿐인가, 이런 소송 진행과정에서 누가 고소를 하고 상대방측에서는 이를 반박하면서 무고 고소를 하기도 한다. 상대방 배우자 명의로 되어 있는 재산에 대하여 가정법원에 재산분할을 청구하는 이외에 민사법원에 명의신탁물 반환청구소송도 걸게 됩니다.

이런 정도가 되면 그야말로 분쟁은 꼬리를 물고 줄이어 나타나 아무런 보람도, 이익도 없이 오직 송사에만 집착하는 소송광으로 전락해 버리게 될 것이고 오직 자신에게 남는 것은 쌓여가는 소송비용지출명세서뿐일 것입니다. 누가 이런 상황을 예상이라도 하겠습니까? 그러나 유감스럽게도 가정법원의 주변에는 이러한 사례가 자주 나타나고 있습니다.

이혼은 불행한 일이지만 그래도 더 이상의 불행에 빠지지 않기 위하여 그리고 나아가 미래의 행복을 위하여 하는 이혼이라면, 역설적으로 들릴지 모르지만 그 이혼은 결혼을 할 때에 버금갈 정도로 행복하고 축복된 이혼이 되어야 할 것입니다. 그리고 상대방의 행복 역시 내심으로 기원해 줄 정도는 되어야 할 것입니다.

이런 축복된 이혼을 위하여는 이혼을 하는 시점에서 더 이상 미래의 분쟁소지를 만들어 놓지 않는 것이 선결과제입니다. 줄 것이 있으면 주고, 받을 것이 있으면 받아 두고, 정리해 둘 것이 있으면 문서라도 만들어 명확히 해 둔 다음에 이혼을 할 일이지요.

그러나 대부분의 경우에 이처럼 모든 문제를 다 해결하고 이혼할 수 없는 것이 일반적일 것이다. 그러므로 종종 당사자들이 생각하는 것 중에는 이혼조건을 문서로 만들고 이를 공증 받고자 하는 것입니다. 그러나 이러한 공증문서 자체로는 아무런 강제력이 없다는 것을 알아야 합니다. 훗날 의무 있는 자가 그 공증된 문서상의 의무를 이행하지 않으면 결국 소송을 통하여 재판을 받은 다음 그 재판서를 가지고 강제집행을 할 수밖에는 없습니다.

이때 공증문서는 그 소송상의 증거자료 정도의 의미가 있는데, 다만, 공증을 받아 둔 효력에 의하여 그 합의서가 위조되지는 않았을 것이라는 정도의 추정을 받게 될 뿐입니다. 그렇다면 비싼 돈을 들여 공증을 받을 것이 아니라 당사자가 스스로 자필로 서명한 다음 인감도장을 찍고 그 합의서에 합의용 인감증명서를 첨부하는 것 정도로도 마찬가지의 효과를 얻을 수 있을 것입니다.

이런 경우엔 가사조정제도는 매우 유용하게 활용될 수 있습니다. 이혼에는 합의하였으나 아직 부수적인 이혼조건, 즉 위자료의 액수나 양육비의 액수 등에 의견의 대립이 있거나 이러한 부수조건까지 합의가 이루어졌을 경우에 훗날의 분쟁에 대비하여 이 문제를 확실히 해 두고자 하는 사람이 있다면 이 제도는 편리한 점이 한두 가지가 아닐것입니다.

가정법원의 경우 내규에 의하여 즉일조정제도가 마련되어 있으므로 이때 이혼조정신청과 더불어 부수조건에 대한 조정신청을 동시에 하면서(수수료는 5,000원이다. 다만, 전형적인 민사사건이 병합되어 있는 경우에는 그 민사사건의 수수료의 액수의 5분의 1과 5,000원을 비교하여 많은 액수의 수수료를 내면 됨) 쌍방당사자가 그 날 법원에 출석하여 조정을 해 줄 것을 요청하면 그 날로 조정당직판사가 조정안을 성안하여 쌍방이 동의를 한다면 이혼 및 기타 사항에 대한 조정이 성립된 것을 선언해 줍니다. 며칠 후에 집으로 그 조정조서가 송달이 되면 그 조정조서를 가지고 본적지 등의 호적관서에다 이혼신고를 하면됩니다.

한편 조정조항 중에 이혼에 부수한 제반 조건에 관한 조항(예컨대, 위자료 재산분할, 친권행사자, 양육자지정, 부동산명의이전조항 등)에 대하여서는 확정판결을 받은 것과 동일한 효력이 있게 되므로 만일 타방이 의무이행을 하지 않으면 막바로 그 조정조서에 터잡아 강제집행, 기타 의무이행을 청구할 수 있게 됩니다. 이러한 제도를 활용하면 법원에 한 번 출석한 것만으로 이미 재판을 받아 둔 결과가 되어 시간과 비용, 노력이 소모되어 번거롭기 짝이 없는 재판절차를 생략할 수 있다는 엄청난 이점을 활용할 수 있는 것입니다.

가정법원의 실무례를 보면 협이이혼당직판사가 즉일조정당직판사의 직책을 겸하게 됩니다. 협의이혼의사확인과정에서 당사자의 의사를 타진하여 쌍방이 즉일 조정을 원할 경우에는 그 협의이혼의사확인절차를 바로 중단하고 새로이 조정절차를 개시하여 원하는 조정안을 마련해 주고 있습니다.

3. 조정절차

(1) 관할법원

가사조정사건은 그에 상응하는 가사소송사건이나 가사비송사건을 관할하는 법원에 신청하여야 하는데, 그 구체적인 관할법원은 개별적으로 설명하는 부분에서 참조하기 바랍니다. 그 이외에 가사조정사건에 대하여는 당사자가 합의로 정한 가정법원(가정법원이 없는 지역에서는 지방법원 또는 지방법원지원)에도 신청할 수 있는데, 이는 조정제도를 이용하는 당사자의 편의를 위한 것임은 두말할 나위도 없습니다.

(2) 조정신청의 방법

조정의 신청은 조정신청서라는 서면을 작성하여 관할법원에 제출하면 된다. 그런데 이러한 조정신청서를 작성할 자신이 없는 경우에는 법원에 직접 출석하여 법원사무관 등에게 구도로 신청을 하면 그 직원이 신청서에 적정하게 조정신청서를 작성함으로써 그 신청서 작성에 대신할 수 있습니다. 또 이미 재판이 진행중인 사건이라도 법정에서 법관에게 조정의 의사를 밝히면 특별한 사정이 없는 한 사건을 조정에 회부하고 있습니다.

조정신청서에는 신청인과 피신청인이 성명과 생년월일, 본적, 주소 등을 명백히 기재하여야 하며, 특히 피신청인의 주소를 정확히 적어주어야 나중에 그에 대한 조정기일소환장 등의 서류가 제대로 송달될 수 있습니다.

신청서에는 소정의 수수료 상당의 인지를 첩부하여야 하는데, 그 수수료는 사건내용에 관계없이 일률적으로 5천원이며, 다만 민사사건의 청구를 병합하여 신청하는 경우에는 그 민사상의 청구에 대하여 민사소송등인지법 제2조의 규정에 따라 산출된 액의 1/5과 위 5천원 중 많은 액수가 그 수수료로 된다. 또 위 인지대 이외에 드는 비용으로서는 조사기일소환장과 조정기일소환장 및 조정조서정본 송부를 위하여 통상 24,000원의 송달료를 납부하여야 한다. 납부한 송달료 중 절차

종료 후 남은 부분은 반환됩니다.

(3) 조정기관

가사조정은 한 사람의 판사만으로 구성되는 조정담당판사가 1차적인 조정기관이 되어 조정을 하도록 하고 있습니다. 조정담당판사만의 절차진행으로는 상당하지 않다고 판단되면 그 조정사건은 조정위원회로 회부되어 진행되는데 조정위원회는 법관인 조정장 1인과 학식, 덕망이 있는 사람 중에는 위촉된 2인의 조정위원으로 구성됩니다.

(4) 조정절차의 진행

조정을 하기에 앞서 사건의 진상을 명확히 파악하기 위하여 특별한 사정이 없는 한 조정장 또는 조정담당판사는 가정법원에 소속된 가사조사관으로 하여금 당사자를 출석시켜 학력, 경력, 생활상태, 재산상태, 성격, 건강 및 가정환경과 분쟁의 원인 등 조정을 위한 진술을 청취하게 합니다. 그리고 그 내용은 가사조사관이 직접 작성한 조사보고서에 기록되어 조정기관에게 통보되는 것입니다.

조사가 완결되면 조정장 등은 조정기일을 정하여 통지하게 되는데, 조정기일에는 원칙적으로 본인이 직접 출석하여야 하는 의무를 부담하게 됩니다.

소환을 받은 당사자가 조정기일에 출석하지 아니하는 경우에는 50만원 이하의 과태료의 처분을 받거나 구인될 수도 있습니다. 본인이 직접 출석하기 어려운 사정이 있는 때에는 조정장이나 조정담당판사의 허가를 받아 대리인을 출석하게 할 수도 있고, 절차진행을 도울 보조인을 동반할 수도 있습니다.

이때 대리인이나 보조인은 원칙적으로 변호사이어야 하며, 변호사 아닌 사람이 대리인이나 보조인이 되기 위하여는 다시 별도로 미리 조정장이나 조정담당판사의 허가를 받아야 합니다.

조정절차는 비공개로 진행되며 당사자들이 조정기일에 출석하여 조정절차가 진행되면 조정장이나 조정담당판사가 이끄는 바에 따라 신청인이 먼저 주장사실의 내용을 진술하고, 피신청인은 이에 대한 타당성 여부에 관하여 의견을 명백히 표현하여야 합니다. 이 경우 당사자들은 될 수 있는 대로 격한 감정을 버리고 조리 있고 차분하게 각자의 주장을 할 뿐만 아니라, 상대방의 주장을 끝까지 잘 듣고 그 내용을 선의로 해석하는 아량을 지녀야 할 것입니다.

(5) 조정결정의 종류

① 조정성립 : 당사자 사이에 조정과정에서 합의가 이루어진 경우에는 조정기관이 이를 확인, 공증하는 의미에서 위 합의된 사항을 조정조서에 기재함으로써 조정은 성립됩니다.

② 조정을 하지 아니하는 경우 : 조정위원회나 조정담당판사는 조정신청된 사건이 성질상 조정을 함에 적당하지 아니하다고 인정하거나 당사자가 부당한 목적으로 조정의 신청을 한 것임을 인정하는 때에는 조정을 하지 아니하는 결정으로 사건을 종결시킵니다.

③ 조정불성립 : 당사자 사이에 합의가 성립된 가능성이 없거나 성립된 합의의 내용이 상당하지 않다고 인정하는 때에는 조정기관은 조정이 성립되지 아니한 것으로 사건을 종결시킬 수 있습니다.

④ 강제조정 : 합의가 성립된 가능성이 없어 조정이 성립되지 아니한 사건에 관하여도 조정담당판사, 조정장은 상당하다고 인정하는 때에는 직권으로 당사자의 이익, 기타 모든 사정을 참작하여 신청인의 신청취지에 반하지 아니하는 한도 내에서 사건의 공평한 해결

을 위하여 특별한 사정이 없는 한 조정에 갈음하는 결정(강제조정)을 하도록 하고 있습니다.
강제조정결정도 당사자가 이에 불복하지 아니하고 확정되면 조정이 성립된 것과 같은 효력 이 있다. 강제조정에 불복하는 당사자는 조정조서정본이 송달된 날로부터 2주일 이내에 이의를 신청하여 다툴 수 있고, 이때 이의신청으로 강제조정결정은 그 효력을 상실합니다.

⑤ 소송이행 : 조정절차를 진행한 결과 조정이 성립되지도 아니하고, 조정에 갈음하는 결정이 없거나 조정을 하지 아니하기로 하는 결정이 있을 때에는, 신청인은 조서등본이 송달된 날로부터 2주일 이내에 조정의 목적인 청구에 관하여 제소신청이나 심판에의 이행신청을 할 수 있습니다. 그리고 조정을 거치지 아니하고 제기되었던 소송이나 심판청구에 대하여는 이 경우에 조정기관이 직권으로 사건을 다시 수소법원에 회부하게 됩니다. 또한 강제조정결정이 이의신청에 의하여 효력을 상실한 때에는, 신청에 의한 조정의 경우 신청인은 상대방의 이의신청이 있다는 통지를 받은 날로부터 2주일 이내에 제소신청이나 심판에의 이행청구를 할 수 있고, 직권회부에 의한 조정의 경우에는 조정기관이 직권으로 사건을 수소법원에 회부하며, 위의 경우 강제조정결정에 대하여 신청인이 이의신청을 한 경우에는 이의신청시로부터 2주일 이내에 제소신청 등을 하여야 합니다.

4. 조정의 효과

조정은 당사자 사이에 합의된 사항을 조서에 기재함으로써 성립하고

(가사소송법 제59조 제1항), 조정 또는 확정된 조정에 갈음하는 결정은 재판상 화해와 동일한 효력이 있습니다(동조 제2항 본문). 한편 재판상 화해는 확정판결과 동일한 효력이 있으므로 (민사소송법 제206조) 결국 이러한 조정은 재판과정을 거쳐 최종적으로 확정된 판결과 같은 효력이 있게 되는 것입니다. 따라서 이러한 조정조서 또는 확정된 강제조정결정에 대하여는 준재심 등의 사유가 있는 경우를 제외하고는 상소 등 불복을 할 수 없게 될 것입니다.

5. 가사조정 신청의 대상이 되는 사건

이혼, 위자료, 재산분할, 친권행사자 및 양육자, 양육비, 면접교섭권 등은 당연히 조정의 대상이 됩니다. 그러나 그 외에도 가사조정의 대상이 되는 사건은 많습니다. 이를 구체적으로 살펴보면 다음과 같습니다.

(1) 가사소송법상의 나류 가사소송사건

① 사실상 혼인관계존부확인
② 혼인의 취소
③ 재판상 이혼
④ 부의 결정
⑤ 친생부인
⑥ 인지의 취소
⑦ 인지에 대한 이의
⑧ 인지청구

⑨ 입양의 취소
⑩ 파양의 취소
⑪ 재판상파양

(2) 가사소송법상 다류 가사소송사건

① 약혼해제 또는 사실혼관계부당파기로 인한 손해배상청구(제3자에 대한 청구도 포함) 및 원상회복의 청구
② 혼인의 무효, 취소, 이혼의 무효, 취소 또는 이혼을 원인으로 하는 손해배상청구(제3자에 대한 청구 포함) 및 원상회복청구
③ 입양의 무효, 취소, 파양의 무효, 취소 또는 파양을 원인으로 하는 손해배상청구(제3자에 대한 청구 포함) 및 원상회복의 청구

(3) 가사소송법상 마류 비송사건

① 부부의 동거, 부양, 협조 또는 생활비용의 부담에 관한 처분
② 재산관리자의 변경 또는 공유물의 분할을 위한 처분
③ 자의 양육에 관한 처분과 그 변경, 면접교섭권의 제한 또는 배제
④ 재산분할에 관한 처분
⑤ 친권행사자의 지정과 변경
⑥ 친권, 법률행위대리권, 재산관리권의 상실선고 및 실권회복의 선고
⑦ 친족회의 결의에 대한 이의
⑧ 부양에 관한 처분
⑨ 상속재산에 대한 기여분의 결정
⑩ 상속재산의 분할에 관한 처분

(4) 관련민사사건

당사자 사이의 분쟁을 일시에 해결함에 필요한 때에는, 당사자는 조정위원회 또는 조정담당판사의 허가를 받아 조정의 대상인 가사사건의 청구와 관련 있는 민사사건의 청구도 병합하여 조정신청을 할 수 있습니다.

부록 2. 가정폭력에 대하여

1. 가정폭력의 정의

(1) 가정폭력의 정의

① 가정구성원간의 폭력을 '가정폭력'이라고 합니다.

② 가정폭력을 가한 가해자는 사건의 성질이나 동기 및 결과, 행위자의 성행 등을 고려하여, 검찰에서 용서를 받거나(기소유예), 가정법원에서 '가정폭력방지법'에 의한 '보호처분'을 받거나, 형사법원에서 일반형법이나 특별법에 의한 징역형이나 벌금형 등에 처해질 수 있습니다.

③ 가정폭력 가해자를 용서할지, 가정폭력방지법에 의한 보호사건으로 처리할지, 일반 형법 등에 의하여 처리할지 여부는 검사가 판단하며, '가정폭력방지법에 의해 처리되는 경우', '검찰단계에서 용서하거나 벌금형에 처해지는 경우', '일반 형법에 기해 형사법원에서 처리되는 경우' 등의 비율로 처리되고 있는 것이 최근까지의 통계입니다.

(2) 1998.7.1.부터 시행되고 있는 '가정폭력방지법'이란

'가정폭력범죄의 처벌 등에 관한 특례법'과 '가정폭력방지 및 피해자 보호 등에 관한 법률'을 의미하며, 이하에서는 가정폭력범죄의 처벌 등에 관한 특례법(이하 '위 법'이라고만 한다)을 중심으로 살펴보기로 하겠습니다.

(3) '가정폭력'이란

'가정구성원 사이의 신체적, 정신적, 또는 재산상의 피해를 수반하는 행위'로서, 여기서 말하는 '가정구성원'이란 아래와 같습니다(위 법 제2조 제1호, 제2호).

① 현재 또는 과거의 배우자 : 현재 법률상이건 사실혼관계이건 부부인 자, 과거 법률상 혹은 사실상 부부관계였지만 현재는 이혼하거나 헤어져서 남남인 자들을 모두 포함함.

② 현재 또는 과거의 자기 또는 배우자의 직계존비속관계 : 현재 및 과거의 법률상, 사실상의 시부모, 장인 장모, 자녀나 손자손녀 등의 관계에 있거나 있었던 모든 자

③ 현재 또는 과거의 계부모와 자, 적모서자 관계

④ 동거하는 친족관계에 있는 자

(4) '가정폭력'이란

형법 제2편에 규정된 29가지의 범죄와 아동복지법상의 금지행위(아동에게 구걸시키거나 아동을 이용한 구걸행위)를 위반한 범죄 및 이들 죄의 상습범 등에 대하여 가중처벌하는 폭력행위등처벌에관한법률상의 21가지 범죄를 말합니다(위 법 제2조 제3호).

(5) 신고와 고소

① 가정폭력범죄의 신고는 피해자 본인은 물론 누구든지 할 수 있습니다.

② 교육기관, 의료기관, 상담기관, 보호시설, 복지시설의 장이나 종사자는 가정폭력범죄를 알게된 이상 이를 신고할 의무가 있습니다.

③ 일반 형법상의 범죄와는 달리, 자기 또는 배우자의 직계존속(시부모, 장인 장모 등)도 이 법에 의해서 고소할 수 있습니다.

④ 신고는 112, 1366, 가까운 파출소나 경찰서 등 수사기관에 할 수 있고, 상대방의 주소지를 관할하는 수사기관이나 가정폭력이 이루어진 곳을 관할하는 수사기관에 고소를 하면 됩니다.

⑤ 가정폭력으로 형사고소를 하기 전, 혹은 고소를 한 후에는 여성단체나 법률상담소 혹은 법률전문가와의 상담을 통하여 필요한 서류나 앞으로의 처리방향, 대응할 자세 등에 대하여 사전지식을 알아두는 것이 필요합니다.

⑥ 가정폭력으로 고소장을 작성할 때는, 최근의 가정폭력 뿐 아니라 그 전에 있었던 가정폭력이나 혹은 피해자와 가해자와의 관계 등에 대하여 고소장에 자세히 언급함으로써(예컨대 이혼소송 중이면 이러한 내용이 자세히 언급되어 있는 이혼소장을 첨부하는 것도 하나의 방법임) 이번의 폭력이 우발적이거나 일회적이 아님을 강조할 필요가 있고, 상해진단서나 소견서, 멍들거나 다친 부위의 사진 등을 고소장에 첨부하여야 합니다.

⑦ 현재 진행 중인 가정폭력을 신고하였을 경우, 사법경찰관리는 즉시 현장에 출동하여 아래의 응급조치를 취하여야 합니다(위 법 제5조).

- 폭력행위의 제지 및 범죄수사
- 피해자의 동의가 있는 경우 피해자의 가정폭력관련 상담소 또는 보호시설 인도
- 긴급치료가 필요한 피해자의 의료기관 인도
- 폭력행위 재발시 격리 또는 접근금지 등의 임시조치를 신청할 수 있음을 통보

⑧ 경찰의 응급조치에 불구하고 가정폭력범죄가 재발할 우려가 있다고

인정될 경우, 검사는 직권 혹은 경찰의 신청에 의해 법원에 다음과 같은 임시조치를 청구할 수 있습니다(위 법 제8조).

- 주거 또는 점유하는 방실로부터의 퇴거 등 격리(예컨대 안방출입금지, 그 집에서 나갈 것 등) : 1회 연장을 포함하여 최장 4개월까지 가능
- 주거, 직장 등으로부터 100미터 이내의 접근금지 : 1회 연장을 포함하여 최장 4개월까지 가능

⑨ 만일 가정폭력을 신고하였음에도 불구하고 사법경찰관리가 현장에 출동하지 않거나 출동하더라도 '부부싸움'이라는 이유로 '원만히 해결할 것'을 권하고는 그냥 돌아가는 등 부적절한 태도를 보인다면, 경찰청이나 여성특별위원회, 1366 등에 진정(혹은 신고)를 하거나 사법경찰관리를 직무유기 등으로 형사고소하는 등 적극적인 태도를 취해야 하고, 이 방법만이 가정폭력에 대하여 관대한 태도를 보이고 있는 현행 수사기관의 자세를 바로 잡을 수 있는 지름길 중 하나입니다.

⑩ 가정폭력으로 수사기관에 고소장을 제출하였음에도 불구하고 상당한 기간이 지나도록 수사기관에서 아무런 조사나 조치도 취하지 않는다면, 직접 담당 수사관을 찾아가 그 사건이 어떻게 처리되고 있는지, 언제쯤 조사를 할 것인지 등에 대하여 알아보아야 합니다.

(6) 임시조치

① 가정폭력으로 신고하더라도 수사기관의 수사와 법원의 재판 등을 통하여 가해자가 일정한 보호처분이나 처벌을 받기까지는 상당한 기간(수개월)이 소요됩니다. 이 기간 동안 피해자는 가해자의 지속적인 폭력이나 괴롭힘, 신고에 따른 보복 등으로 두려움에 떨게

되는데, 이로 인한 피해자의 보호 등을 위하여 마련된 것이 임시조치입니다.

② 임시조치의 종류는 아래와 같으며, 하나 혹은 둘 이상 동시에 처할 수 있습니다.

- 주거 또는 점유하는 방실로부터의 퇴거 등 격리 : 1회 연장을 포함하여 최대한 4개월까지 가능
- 주거 또는 직장 등에서 100미터 이내의 접근금지 : 1회 연장을 포함하여 최대한 4개월까지 가능
- 의료기관 기타 요양소에의 위탁 : 1회 연장을 포함하여 최대한 2개월까지 가능
- 경찰관서 유치장 또는 구치소에의 유치 : 1회 연장을 포함하여 최대한 2개월까지 가능

③ 임시조치는 가정폭력을 신고하면서 경찰 또는 검사를 통하여 법원에 청구하거나 가정폭력사건을 담당한 판사의 직권으로 행해지며, 가정폭력사건과 무관하게, 즉, 피해자가 가정폭력을 신고하지 않고 임시조치만 판사에게 신청할 수는 없습니다.

④ 경찰청의 통계자료에 따르면, 1998년 7월부터 1999년 10월까지 경찰이 검찰을 통해 임시조치를 청구한 경우는 전체가정폭력사건 중 3.9%이고(검사가 직권으로 법원에 청구한 경우는 단 한 건도 없었음), 법원에서 이를 받아들여 임시조치를 결정한 것은 2.7%에 불과하여, 가정폭력으로 신고한 사건 중 임시조치처분이 내려지는 것은 100명 중 3명이 못되는 정도입니다.

⑤ 따라서, 임시조치처분을 받기를 바라는 피해자는, 한차례 임시조치를 해 줄 것을 말하고 가만히 기다리고 있지만 말고, 담당 경찰관이나 검사를 찾아가 임시조치를 신청해 줄 것을 강력히 요청하거나 혹은 서면으로 임시조치의 필요성을 작성하여 정식으로 수사기

관에 접수하는 것이 좋으며, 임시조치기간이 종료되면 그 기간을 연장해 줄 것을 다시 신청하고, 연장기간까지 종료되면 다시 임시조치의 필요성을 기재한 서면으로 임시조치를 취해 줄 것을 신청하는 것이 좋습니다.

⑥ 법원에서 임시조치 결정이 나더라도 가해자가 임시조치를 지키지 않으면(법원의 임시조치결정에 위반하여 안방에 들어오거나, 100미터 이내에 접근하는 행위 등), 현행법상 이에 대한 아무런 제재 규정이 없습니다. 따라서, 다시 임시조치를 청구하여 좀 더 강한 임시조치에 처해지도록 하거나 구속시키는 등의 방법을 강구하여야 합니다.

(7) 가정폭력사건의 처리

① 가정폭력사건은 검찰에서 불기소처분(기소유예, 기소중지 등)이나 구약식(벌금형)으로 종결되거나, 가정법원에서 가정보호사건으로 처리하거나 형사법원에서 일반 범죄처럼 처리될 수 있으며, 이들 중 어느 쪽으로 처리할 것인지는 일차적으로 검사가 결정합니다.

② 검사가 가정법원으로 송치한 사건을 심리한 담당 판사는 '불처분결정(아무런 처분도 하지 않는다는 결정)'(위 법 제37조)이나 보호처분(위 법 제40조)을 결정할 수 있습니다.

③ 가정폭력사건에 대하여 '불처분결정'을 할 수 있는 경우

- 피해자의 고소가 있어야 하거나 피해자의 명시한 의사에 반하여 처벌할 수 없는 가정폭력범죄인 경우에 피해자가 고소를 취소하거나 처벌을 원하지 않을 때
- 보호처분을 할 수 없거나 할 필요가 없다고 인정한 때

④ 가정폭력사건에 대한 '보호처분'의 종류

- 행위자가 피해자에게 접근하는 행위의 제한

- 친권행사제한(경찰청통계에 따르면 단 한 건의 사례가 있었음)
- 사회봉사, 수강명령
- 보호관찰
- 보호시설에의 감호위탁(현재까지 한 건도 이루어 지지 않았음)
- 의료기관에의 치료위탁(현재까지 한 건도 이루어 지지 않았음)
- 상담소에의 상담위탁

⑤ '보호처분'을 이행하지 않는 자는 2년 이하의 징역이나 2천만원 이하의 벌금 또는 구류형에 처해집니다.

(8) 배상명령신청

가정폭력의 피해자는 가정보호사건을 심리하고 있는 법원에 부양료나 가정폭력으로 인해 발생한 물적손해나 치료비 등을 청구할 수 있고, 피해자의 신청이 없더라도 법원은 직권으로 이를 인정할 수도 있습니다.

(9) 기타 사항

① 가정폭력방지법은 '가정폭력을 행사하는 자에게 보호처분을 행함으로써 가정의 평화와 안정을 회복하고 건강한 가정을 육성하는 것'을 목적으로 하고 있으며, 일반 형법상의 기소유예(용서)와 처벌(벌금형 또는 징역형)의 중간단계로서 보호처분을 도입한 것으로서, 위 법에서 정한 보호처분을 받은 경우는 전과자로 되지는 않습니다.

② 그러나 우리 국민 정서상, 가족구성원 중 한사람, 특히 남편을 형사 고소하여 수사기관과 법원을 오다니며 조사를 받고 재판을 받게 하였다면 그것만으로 이혼사유가 되기 쉬우며, 보호처분을 받았다

고 하여 평생동안 몸에 익혀진 폭력습벽이 교정될 것을 기대하기는 어렵습니다. 현실적으로 가정폭력방지법으로 보호처분을 받은 부부는 거의 대부분 이혼을 전제로 한 경우가 대부분입니다.

③ 간혹, 보호처분으로 원만한 가정을 되찾았다는 사람들도 있는데, 이런 가정이야말로 위 법이 추구하는 이상형이라 할 것입니다.

④ 가정폭력을 근절하기 위해서는 '가정폭력은 범죄행위'라는 인식과 "가정폭력을 절대 용납하지 않겠다"는 개개인의 강한 의지 등이 필요하며, 나아가 위 법의 내용과 이를 적용할 수 있는 여러 가지 제도적인 시설과 프로그램 등이 보완되어야 할 것입니다.

⑤ 가정폭력의 주된 문제와 해결점은 피해자가 아닌 가해자에게 있습니다.

2. 가정폭력에 관하여 자세히 다루기

(1) 가정폭력의 법적 정의

가정폭력방지법에서의 가정폭력이라 함은 가정구성원 사이의 신체적, 정신적, 재산상의 피해를 수반하는 행위를 말하며 가정구성원 사이의 모든 폭력을 포괄하고 있습니다. 즉, 남편의 아내에 대한 폭력, 자녀의 부모에 대한 폭력, 형제간의 폭력, 아내의 남편에 대한 폭력 등 가족간의 모든 폭력을 망라합니다. 가정폭력의 범주는 직접적인 폭행, 상해, 상습범, 유기, 명예훼손, 협박, 감금, 체포, 학대, 아동혹사 등과 아울러 심한욕설과 같은 언어적 폭력(폭언) 및 의심과 같은 정신적 폭력도 포함됩니다.

(2) 가정구성원의 범위

현재의 관계뿐만 아니라 전배우자와 동거하는 친족까지의 모든 실질적 관계를 의미합니다. 즉,

- 배우자(사실상 혼인관계에 있는 자를 포함) 또는 배우자관계에 있었던 자
- 자기 또는 배우자와 직계존비속 관계(사실상의 양친자관계를 포함)에 있거나 있었던 자
- 계부모와 자(子)의 관계 또는 적모와 서자의 관계에 있거나 있었던 자
- 동거하는 친족관계에 있는 자를 말합니다.

(3) 아내학대의 유형

가정폭력의 피해 대상은 주로 아내, 아동, 노인 등 사회경제적, 약자로 그 폐해 상황 역시 매우 심각합니다. 가정폭력 중에서도 아내폭력은 가족해체의 직접적인 원인이 되며 다른 가족구성원에게도 장기적이고 심각한 영향을 미친다는 특성을 갖고 있습니다.

보건복지부가 전국의 부녀상담소 이용자 7,500명을 대상으로 실시한 조사에서 남편으로부터 신체적, 정신적 폭력을 당한 경우가 61.1%로 나타났습니다.

가. 신체적폭력

처음에는 물건 던지기, 밀치거나 몸을 잡아 흔들기, 뺨 때리기 등 경미한 폭력으로 시작하지만, 시간이 흐를수록 발로 차거나 주먹으로 한 두대 때리기, 물건으로 구타하기, 닥치는 대로 구타하기, 목조르기, 담뱃불로 지지기, 가스통 열어놓고 불지르겠다고 위협하기, 칼같

은 위험한 물건으로 위협하기, 칼같은 위험한 물건을 사용해서 상해입히기와 같은 심각한 폭력으로 바뀌어 가고 있습니다.

나. 성적 학대

남편의 외도, 의처증도 성적학대에 포함시킬 수 있으나 더욱 심각한 성적 학대는 나체 상태에서 신체적 폭력을 당하거나 폭력을 당한 후에 강제적으로 성관계를 요구받게 되는 경우입니다.

다. 경제적 학대

폭력남편이 경제권을 가지고 생활비를 관리하면서 아내에게 경제적 자율권을 주지 않는 경우이며, 자신이 경제활동을 하는 여성도 남편에 의해 자신의 소득을 통제 당하는 경향도 있습니다.

라. 정서적 학대

폭력에 대한 협박 등 공포분위기를 만들며, 외출을 할 때는 물론 집안에서의 모든 행동을 통제하려하고, 아내로 하여금 이웃, 친지들과의 교류는 물론이고 사회적 활동을 하지 못하게 하며, 항상 다른남자와의 관계를 의심한다. 남편은 자신의 폭력에 대한 책임을 아내가 폭력을 사용하게 만들었다고 주장하며 아내에 대해 비난과 책임을 돌리기도 합니다.

(4) 가정폭력에 대한 잘못된 통념

가. 부부싸움은 칼로 물베기다?

'부부싸움은 칼로 물베기'라는 속담도 있듯이 우리는 흔히 '아내폭력도 칼로 물베기'라고 생각하거나, 가정 내 문제이기 때문에 남이 이렇다 저렇다 할 성질의 것이 아니라는 태도를 취하기 쉽습니다.

그러나 아내나 아동 등에 대한 가정폭력은 단순한 부부싸움이 아닙니다. 가정폭력은 피해자들에게 치명적인 신체적 손상과 정신적 황폐화를 야기한다는 점에서 가정폭력은 부부싸움이나 사랑의 매와는 본질적으로 다릅니다.

나. 맞을 짓을 했으니까 맞는다?

아이가 무슨 일인가 잘못했으니까, 아내가 남편을 자극했으니까, 부모가 얼마나 못났으면 자식이 저럴까? 등의 생각이 여기에 해당됩니다. 그러나 한국여성의 전화 상담통계에 의하면 아내를 때리는 남편들은 사사건건 트집을 잡아 폭력을 일삼는 경우가 많습니다. 설혹 아내에게 결점이 있다고 하더라도 그것이 매 맞을 이유가 될 수는 없습니다. '매 맞을 짓'이란 없는 것입니다. 아이의 경우도 우리는 흔히 '사랑의 매' 혹은 훈육을 목적으로 아동을 구타하는 경우가 많지만 한국여성의전화의 통계에도 나와 있듯이 3세 미만의 아동들마저 구타당하기 때문에 이는 훈육의 목적과는 전혀 관계가 없다고 볼 수 있습니다.

다. 가정폭력은 흔히 있을 수 있는 일이다?

이것은 아내와 아이를 자신의 소유물로 생각하는 가부장사회의 산물입니다. "못된 아내는 때려서라도 길들여야 한다" "아이는 때려서 가르쳐야 한다" "남편이 화가 나면 손찌검 정도는 해도 괜찮다"는 잘못된 사회통념 때문에 아내구타가 용납되고 정당화되어 만연되는 것입니다. 그러나 아내폭력, 아동폭력은 한 가정을 폭력의 도가니로 만들어 가정폭력의 피해자들은 그 속에서 불안과 공포에 떨며 폭력의 노예가 되어

갑니다. 설혹 어떤 문제가 생겼을 때 가벼운 '손찌검'일지라도 아내나 아동에게 폭력을 사용하는 것은 올바른 가족관계가 아닙니다.

라. 귀한 자식일수록 때려서 가르쳐야 한다?

우리 사회는 아이들에 대한 체벌을 정당화해 왔습니다. 그러나 한국 여성의 전화의 통계에 의하면 아이에 대한 구타 시작 시기가 훈육의 가능성을 찾을 수 있는 나이가 아니라는 것입니다. 이것은 바로 그 구타가 훈육과 교육의 목적이 아니라는 것을 잘 보여주는 일이며 아이들은 때려서 가르쳐야 한다는 것은 잘못된 생각이라는 것을 보여주는 것입니다.

마. 남자는 남자답게 여자는 여자답게 길러야 한다?

남자는 남자답게, 여자는 여자답게 길러야 한다는 잘못된 사회관습은, 남자아이의 폭력행위를 씩씩하게 자라는 것으로 보며 여자아이에게 무조건적인 순종을 강요하는 그릇된 양육태도를 낳게 했습니다. 자녀에게 가해진 신체적 폭력은 아동의 신체적·정신적 성장 발달에 매우 부정적인 결과를 가져오며 이유 없이 폭력을 당한 자녀들은 또한 그들의 또래 집단이나 형제 사이에 비슷한 폭력을 행사하게 되며 그릇된 행동이 가정 내에서와 같이 사회에서도 관용적으로 수용될 수 있다는 잘못된 신념을 조장시키는 결과를 가져옵니다.

바. 동방예의지국에 노인폭력이란 있을 수 없는 일이다?

이런 잘못된 생각으로 인해 노인들은 자신들이 자녀로부터 폭력을 당하는 것에 대해 부끄러워하기 때문에 주변에 알리지 못하는 경우가 상당히 많습니다. 특히 자식이 아무리 행패를 부려도 자식을 고소하거나 처벌을 요구하지 못하는 부모 입장에서는 자식이 최대한 법적 제재를 덜 받으면서 혼내줄 수 있는 길이 있다면 좋겠다고 이야기합니다.

사. 가정폭력자는 성격이상자나 알콜중독자다?

그렇지 않습니다. 가정폭력자 중에 알콜중독자가 있기도 하지만 극히 적은 숫자입니다. 아내폭력의 50% 정도가 술 취한 상태에서 이루어지기는 하지만 이는 술 때문에 폭력을 썼다는 핑계거리에 지나지 않으며 술은 구타한 사실을 부인하거나 술 때문에 구타했다는 변명거리가 됩니다. 또한 가정폭력자는 가정 이외의 사회나 직장에서는 원만한 생활을 하고 있기 때문에 오히려 많은 경우 피해자가 잘못했기 때문이라는 오해를 받기도 합니다.

아. 가정폭력은 가난한 집안에서 많다?

일반적으로 학력과 사회계층이 높을수록 가정을 화목하게 이끌어 갈 수 있는 여건과 능력을 소유하므로 가정폭력이 적을 것으로 생각되나 의사, 변호사 등 전문직 종사자, 성직자에서부터 직종, 교육 정도에 상관없이 가정폭력이 발생하고 있습니다. 자신의 아이에게 엄청난 정신적, 신체적 폭력을 행사하여 결국 죽음에 이르게까지 한 치과의사의 경우가 그 한 예라고 볼 수 있습니다.

(5) 가정폭력 예방지침

① 어떤 상황에서라도 폭력은 사용하지 맙시다.

② 자녀들에게 매를 들기 전에 다시 한번 생각합시다.

③ 평소 폭력적인 말과 행동을 삼갑시다.

④ 남이 폭력을 사용하는 것을 보면 제지합시다.

⑤ 가까운 경찰서와 가정폭력 상담기관의 전화번호를 메모해 둡시다.

⑥ 심각한 폭력이 일어나는 위기상황인 경우 바로 경찰에 신고합시다.

⑦ 경찰은 가정폭력 신고가 들어오면 즉각 출동합시다.

⑧ 의사나 간호사는 가정폭력 피해자를 위한 적절한 조치를 취해줍시다(진단서 확보, 피해자 보호, 상담기관과 연계 등).

⑨ 가정 내 폭력을 호소하는 가족이나 친구에서는 상담기관을 안내해 줍시다.

⑩ 가족간의 대화를 통해 서로를 존중하고 이해하도록 노력합시다.

(6) 가해자와 함께 살고 있는 동안의 대처방법

① 긴급전화번호를 미리 알아두거나 아이들에게 알려줍니다(파출소나 경찰서, 구급차, 긴급전화, 의사, 친구, 상담소, 보호소).

② 친한 사람들에게 만약 집에서 폭행을 당하고 있다고 의심되는 소리가 나면 경찰에게 폭력신고를 해달라고 부탁합니다.

③ 집에서 피난 갈 경우 갈 곳을 미리 4곳 정도 준비해 둡니다.

④ 미리 여유 돈, 차 열쇠, 옷, 중요한 서류를 다른 사람들에게 맡깁니다.

⑤ 만약 집에서 피난할 경우 가지고 나갈 것이 무엇인지를 생각해 둡니다(주민등록증, 운전면허증, 학교나 진료기록, 돈, 통장, 신용카드, 집열쇠, 차열쇠, 사무실열쇠, 자동차등록서류, 약을 복용하는 경우 약, 옷, 생활보호증, 여권, 이혼서류, 임대서류, 자신의 재산을 증명할 수 있는 서류, 차용서류나 기록, 보험서류, 주소록, 개인적으로 중요한 사진, 보석 등, 자식에게 중요한 장난감, 이불).

(7) 가해자와 헤어진 후 대처방법

① 열쇠를 바꿉니다. 현관문은 철이나 금속으로 된 재질로 바꾸고 보

안장치나 화재예방감지 장치를 설치하며, 집 밖에는 밝은 조명을 설치합니다.

② 특정인을 정하여 그 사람에게 가해자와의 관계가 끝났음을 알리고, 만약 가해자가 피해자나 자녀들 주위에 나타나면 경찰에 신고해 줄 것을 부탁합니다.

③ 자녀들을 돌봐주는 사람들(탁아소, 유치원, 학원, 학교, 교습소 등)에게 자녀들을 데리고 가는 것을 삼가합니다.

④ 직장동료 중 적어도 한사람에게는 자신이 처한 상황을 말하여 가해자가 전화를 걸어오면 바꾸어 주지 않도록 합니다.

⑤ 가해자와 함께 갔던 운행, 가게 등을 미리 생각하여 그 곳을 피하도록 합니다.

⑥ 법적인 보호를 받을 수 있는 사람을 생각해 두고 법적 절차에 필요한 서류를 1부는 자신이, 1부는 복사하여 그 사람에게 맡겨 놓습니다.

⑦ 만약 아무리 나쁜 관계라도 다시 돌아가고 싶다면 미리 도움을 구할 사람이나 상담소, 쉼터 등을 생각해 두고 준비합니다.

(8) 가정폭력사건의 처리절차

• 가정폭력사건발생

↓

• 고소 및 신고

※ 누구든지 가정폭력범죄를 안 때에는 이를 수사기관에 신고할 수 있습니다.

※ 아동상담소, 특례법에 의한 상담소 보호시설의 상담원 및 의료기관 등의 장 및 그 종사자 직무를 수행하면서 알 게 된 가정폭력 범죄를 즉시 수사기관에 신고하여야 합니다.

※ 가정폭력범죄의 피해자는 폭력행위자가 형사소송법상 고소할 수 없는 자기 또는 배우자의 직계존속인 경우에도 고소할 수 있습니다.

※ 피해자의 법정대리인이 폭력행위자인 경우 또는 폭력행위자와 공동하여 가정폭력범죄를 범한 경우에는 피해자의 친족이 고소할 수 있습니다.

※ 피해자에게 고소할 법정대리인이나 친족이 없는 경우에 이해관계인의 신청이 있으면 검사는 10일 이내에 고소할 수 있는 자를 지정하여야 합니다.

↓

• 경찰 조사 후 송치 - 응급조치

※ 진행중인 가정폭력범죄에 대하여 신고를 받은 사법경찰관리는 즉시 현장에 임하여 다음 각 호의 조치를 취하여야 합니다.

① 폭력행위의 제지 및 범죄수사

② 피해자의 가정폭력관련상담소 또는 보호시설 인도(피해자의 동의가 있는 경우에 한합니다)

③ 긴급치료가 필요한 피해자의 의료기관 인도

④ 폭력행위의 재발시 격리 또는 접근 금지 등의 임시조치를 신청할 수 있음을 통보

※ 검찰에 임시조치의 신청

응급조치에도 불구하고 가정폭력범죄가 재발할 우려가 있다고 인정하는 때에는 검사에 대하여 법원에 임시조치를 청구하여 줄 것을 신청할 수 있습니다.

※ 사건송치

사법경찰관리는 가정폭력범죄를 신속히 수사하여 사건을 검사에게 송치하여야 합니다. 이 경우 사법경찰관은 당해 사건이 가정보호사건으로 처리함이 상당한지 여부에 관한 의견을 제시할 수 있습니다.

↓

• 법 원

• 법원에 임시조치 청구

① 불기소처분으로 사건종결

② 형사사건으로 법원에 공소제기

법원(재판 후 판결)

유죄, 무죄

③ 가정보호사건으로 법원에 송치

※ 임시조치의 청구

검사는 사법경팔관리의 응급조치에도 불구하고 가정폭력범죄가 재발될 우려가 있다고 인정하는 때에는 직권 또는 사법경찰관의 신청에 의하여 피해자 또는 가정구성원의 주거 또는 점유하는 방실로부터의 퇴거 등 격리, 피해자의 주거, 직장 등에서 100미터 이내의 접근금

지의 임시조치를 법원에 청구할 수 있습니다.

※ 가정폭력범죄에 대한 처분의 종류
가정폭력범죄에 대하여 검사는
① 기소유예 등 불기소처분
② 형사처벌을 위한 기소
③ 가정보호사건 처리
등 세가지 중 선택하여 처리할 수 있게 됩니다.

※ 임시조치 결정
(검찰의 청구에 의하거나 사건송치 후 법원의 직권으로 하는 두가지 경우 있음)
조사
심리
- 임시조치
판사는 가정보호사건의 원활한 조사 · 심리 또는 피해자의 보호를 위하여 필요하다고 인정한 때에는 결정으로 행위자에게 다음의 임시조치를 할 수 있습니다.
① 1호 - 피해자 또는 가정구성원의 주거 또는 점유하는 방 실로부터의 퇴거 등 격리
② 2호 - 피해자의 주거 · 직장 등에서 100미터 이내의 접근 금지
③ 3호 - 의료기관 기타 요양소에의 위탁
④ 4호 - 경찰관서 유치장 또는 구치소에의 유치
(1호 · 2호는 2월을 초과할 수 없고, 3호 · 4호 는 1월을 초과할 수 없으나 1차에 한하여 연장할 수 있습니다)

※ 조사 · 심리
- 가정보호조사관제도 : 행위자 · 피해자 및 가정구성원의 심문이나 가정폭력범죄의 동기 · 원인 및 실태 등의 조사
- 전문가에의 의견 등 조회 : 행위자의 전신상태에 대한 진단소견 및 가정폭력범죄의 원인에 관한 의견조회
- 동행영장발부 : 조사 · 심리에 필요한 때 법원공무원이나 사법경찰관리로 하여금 집행하게 할 수 있습니다.
↓↓
피해자의 의견진술권

※ 불처분의 결정
판사는 가정보호사건을 심리한 결과 다음에 해당할 때에는 처분을 하지 아니한다는 결정을 하여야 합니다.
① 1호 - 피해자의 고소가 있어야 공소를 제기할 수 있거나(친고죄), 피해자의 명시한 의사에 반하여 공소를 제기할 수 없는(반의사불벌죄) 가정폭력범죄만을 대상으로 하는 가

정보호사건에 대하여 고소가 취소 되거나 피해자가 처벌을 희망하지 아니하는 명시 적인 의사표시를 한 때

② 2호 - 보호처분을 할 수 없거나 할 필요가 없다고 인정한 때

③ 3호 - 사건의 성질 및 행위자의 성행 등에 비추어 가정보 호사건으로 부적절하다고 인정될 때

※ 보호처분

판사는 심리의 결과 보호처분이 필요하다고 인정한 때에는 결정으로 다음에 해당하는처분을 할 수 있습니다.

① 1호 - 행위자가 피해자에게 접근하는 행위의 제한

② 2호 - 친권자인 행위자의 피해자에 대한 친권행사의 제한

③ 3호 - 보호관찰등에관한법률에 의한 사회봉사 · 수강 명령

④ 4호 - 보호관찰등에관한법률에 의한 보호관찰

⑤ 5호 - 가정폭력방지및피해자보호등에관한법률이 정하는 보호시설에의 감호위탁

⑥ 6호 - 의료기관에의 치료위탁

⑦ 7호 - 상담소에의 상담위탁

(1호 · 2호 · 4호 · 5호 · 6호 · 7호의 보호처분의 기간은 6월을 초과할 수 없으며, 3호의 사회봉사 · 수강명령은 100시간을 초과할 수 없습니다)

(1호 및 2호의 접근제한 및 친권행사제한에 따르지 아니하는 경우에는 2년 이하의 징역이나 2천만원 이하의 벌금 또는 구류에 처하게 됩니다)

(9) 가정보호사건처리

검사는 가정폭력범죄로서 사건의 성질, 동기 및 결과, 행위자의 성행 등을 고려하여 보호처분에 처함이 상당하다고 인정할 때에는 가정보호사건으로 처리할 수 있습니다. 이 경우 검사는 피해자의 의사를 존중하여야 합니다.

가정보호사건의 경우 그 사건을 가정법원 또는 지방법원에 송치하여야 합니다. 검사는 가정폭력범죄와 그 외의 범죄가 경합하는 때에는 가정폭력범죄에 대한 사건만을 분리하여 관할법원에 송치할 수도 있습니다.

법원도 형사사건으로 기소된 사건을 심리한 결과 특례법에 의한 보호처분에 처함이 상당하다고 인정하는 때에는 결정으로 사건을 가정보호사건의 관할 법원에 송치할 수도 있습니다. 이 경우에도 피해자의 의사를 존중하여야 합니다.

◆ 박 근 영 ◆

◆ 1983 : 전남대 법대 졸업

◆ 1995 : 제37회 사법시험 합격

◆ 1998 : 사법연수원 27기 수료

◆ 현 변호사 박근영 사무소 운영중(서울)

이혼 상식과 사례 정가 20,000원

2009년 7월 05일 1판 인쇄
2009년 7월 10일 1판 발행

감 수 : 박 근 영
발행인 : 김 현 호
발행처 : 법률미디어
공급처 : 법문 북스

152-050
서울 구로구 구로동 636-62
TEL : 2636-2911~3, FAX : 2636-3012
등록 : 1979년 8월 27일 제5-22호
Home : www.bubmun.co.kr

- ISBN 89-5755-106-6 13360